근대무용의 선구자 최승희 예술과 글

근대무용의 선구자 최승희 예술과 글

엮은이 · 이영란
펴낸이 · 이충석
꾸민이 · 성상건

펴낸날 · 2017년 11월 20일
펴낸곳 · 도서출판 나눔사
주소 · (우) 03446 서울특별시 은평구 은평터널로7가길
 20. 303(신사동 삼익빌라)
전화 · 02)359-3429팩스 02)355-3429
등록번호 · 2-489호(1988년 2월 16일)
이메일 · nanumsa@hanmail.net

ⓒ 이영란, 2017

ISBN 978-89-7027-310-5-03680

값 25,000원
※ 잘못된 책은 바꾸어 드립니다.

이 도서의 국립중앙도서관 출판예정도서목록(CIP)은 서지정보유통지원시스템 홈페이지
(http://seoji.nl.go.kr)와 국가자료공동목록시스템(http://www.nl.go.kr/kolisnet)에서
이용하실 수 있습니다. (CIP제어번호 : CIP2017029619)

최 승 희
국제문화
교류협회
총 서 3

근대무용의 선구자

최승희

예술과 글

이영란_엮음

나눔사

| 차 례 |

<간담회 모음>

한국무용의 무궁한 예술적 발전을 위하여……

올 해는 최승희 탄생 106주년이 되는 해이다. 필자가 무용가 최승희에게 관심을 갖기 시작한 것은 13년 전 『역사의 흐름을 통한 한국무용사』 책을 저술하면서이다.

이 책을 교재로 한 숙명여자대학교 〈한국무용사〉 강의 시간에 책 속의 최승희에 관한 무용사진에 지대한 학생들의 관심과 요구 때문이었다. 1990년대 초에는 몇 명만이 최승희에 대한 연구가 이루어졌고, 자유롭게 연구할 수 있는 분위기가 되지 못하였다. 최승희는 한국무용사적 측면에 있어서 오늘날 우리 민족의 춤의 발전을 가져오게 한 지대한 공적은 한국근대무용의 개척자인 점이다.

최승희의 자료를 수집하면서 그 당시 그녀의 모든 무용 사진을 비롯하여 교육 자료로 유출 금지된 것을 발견하게 되었다. 그리하여 교육자의 사명을 가지고 최승희 및 그 예술에 대한 자료를 찾기 시작하였다. 유수의 자료를 확보하기 위하여 국내외를 비롯하여 일본, 중국, 대만 연구자들과의 교류 및 면담과 직접 미국 국회도서관 등 현장에서 자료 수집을 하였다.

그에 기초하여 박사학위 논문 『최승희 무용의 사상적 근원연구』를 쓸 수 있었다. 학위논문을 쓰면서 역사학자 홍순우 교수께서 30년간 직접 북한에서 수집한 최승희의 글 및 기사 중국 및 세계 연구자들과 또한 최승희 1대 제자들로부터 수집한 자료 150여개의 바탕으로 이러한 책을 낼 수 있게 되었다.

최승희는 무용인생 40여 년 동안의 그녀의 결실인 〈조선민족무용기본〉과 〈아동무용기본〉을 음악에 비유하면 악보와 같은 것을 남겼다. 이는 오늘날 무용인들에게 우리 무용의 무궁한 발전을 위한 열정과 큰 가르침이며 사회적 책임을 다 하라는 격려라 할 수 있으며 책 『근대무용의 선구자 최승희 예술과 글』을 출판할 수 있게 되었다.

도움을 주신 많은 분들과 홍순우 교수님과 뉴욕의 제자들께 감사를 드립니다.

사랑하는 현리와 나눔사 사장님을 비롯한 임직원님들께도 진심으로 감사를 드립니다.

마지막으로 이 책이 하나님의 도우심으로 잘 출판됨을 진심으로 감사드립니다.

2017년 10월 아름다운 가을날, 숙명교정에서
採恩 이 영 란

Ⅰ. 최승희 무용이 무용사에 끼친 영향

| 최승희 무용예술 사상 |

최승희는 근대무용의 개척자이며 20세기 조선 민족 무용예술의 발전에 지대한 영향력과 큰 업적을 쌓았다. 또한 세계적인 무대 활략으로 조선춤 에서 "조선무용의 대표적 성격"을 통한 세계적 가치를 인정받았다. 그녀는 동양에서 온 가장 숙달된 명인으로 평가 받았다.[1]

최승희의 등장은 시대적, 환경적, 문화적 특성과 함께 무용가로서의 성장은 대 역사적인 전제와 근대적 전제 속에서 가능하다. 또한 그녀의 무용발 전과 성공은 그 시기의 사회적인 근대화의 발전에 따른 다양한 방면의 정치 · 사회 · 경제 · 문화 · 예술 등 신문화 운동의 흐름 속에서 가능 하였다. 최승희라는 인텔리 출신의 등장은 식민지적 예술 환경에 영향을 끼쳐 한국은 물론 세계 속에 인정받는 세계적인 춤꾼으로 영향을 미치게 된다. 최승희는 조선무용의 세계화를 꿈꾸며 1937년부터 1940년 만 3년 동안의 세계 공연을 하였다. 그녀의 관중석에는 세계적인 지휘자 스토코프스키 와 소설가 존 스타인벡, 화가 피카소, 희극배우 첼리채프린, 시인 장콕토 소설가 로망롤랑 등 유명인들이 자리하였으며 그 후 1950년대를 전후하여 일본, 중국, 조선에 무용연구소를 설립하여 중국 무용발전 및 각국의 전반적인 무용교육에 헌신하였다. 최승희는 특히 서양무용을 능가 하는 동양 무용창조를 통해 세계무용을 뛰어넘는 민족무용 체계화 및 무용발전을 위 해 헌신하였다. 이러한 노력과 무용업적은 세계무용사와 한국무용의 역사 적 관점에 논의 될 수 있는 중요점이다.

1. 세계 예술속의 최승희

19세기에서 20세기 초엽에 걸쳐 탄생한 이사도라 덩컨으로 시작되는 예술무용 또는 근대무용은 고전발레의 형식적인 전통에 대한

---

1) "Evering Herald", *Los Angeles Time*, 1940. 4. 1.

반발로부터 시작된 인간의 자유와 자연의 일체화를 내세운 표현성을 주장한 혁명적인 무용을 가리킨다. 그것은 현대무용의 초창기를 장식한 무용인 것이다.

항상 그렇듯이 새로운 스타일은 위대한 실천가라기보다는 이상을 가진 사람들로부터 시작된다. 이사도라 덩컨은 그리스의 조각에 생명을 불어 넣었으며 옛 헬레네의 춤을 조각 상태에서 그녀의 통찰력과 마법을 동원해 동작과 리듬을 다시 깨워냈다. 그녀는 발레에 대항하여 싸웠던 첫 사람도 유일한 사람도 아니다. 그러나 세기의 전환기에 그녀의 모방자들은 많았어도 실제 능력 있는 사람은 거의 없었다.[2] 그러한 의미에서 최승희는 소녀적 꿈인 '꼭 세계적인 무용가가 되어야겠다.'는 그의 결심이 그녀의 천재성을 통해 무용 능력을 세계인에게 각인 시켰다.

그녀는 춤을 갈망하는 사람에게 얻게 되는 "magic power"을 통해 승리 와 건강과 생명력을 얻어 순간 상상(imagination)과 환상(fancy)과 미래의 꿈(vision) 에 눈을 뜨게 되면서 창조력이 발휘되었다.

최승희가 무용에 입문하여 일본 및 조선에서 무용가로 인정받고 세계무 대로의 진출하여 성공할 수 있었던 것은 문화 통치기(1926~1933)시대와 전시 체제기(1934~1945)의 시대적 상황과 세계문화의 흐름 속에 가능했다. 20~30년대의 세계정세는 예측하기 어려웠던 국제 문화예술 영역에는 각종 예술전향과 예술유파 등 예술 형식이 용솟음쳐 나와서 서로 아름다움을 다투었다. 특히 동, 서양 문화 교류의 길이 활짝 열려서 발레, 현대무용은 강한 기세로 유럽, 아시아, 북아메리카 대륙을 휩쓸었다.

이러한 문화적 배경에서 최승희는 조선무용을 창작하여 세계일주를 하였다. 그녀는 조선민족 무용의 우수성을 전 세계에 널리 홍보하고 자랑하였을 뿐 아니라 최승희가 세계적인 무용가로 인정받게 된 계기는 1939년 12월 29일 뉴욕 세인트 제임스 극장에서 열린

---

2) Curt Sachs 저, 김매자 역, 『세계무용사』, 풀빛, 1983.

Frances Hawkins 축제에 아메리칸 발레 카라반(후에 뉴욕시티발레단)과 세계적인 무용가 마사 그라함(Martha Graham)과 함께 초청공연을 하였다.[3] 그때의 미국 최고의 무용단과 함께 공연을 하였다는 것은 미국의 예술계에서 최승희를 동양 최고의 무용가로 인정한 증거가 된 것이었다.

그녀는 세계무대에서의 여러 민족의 민속무용 속에서 우리 춤의 당당한 위상의 자리 굳히는데 기여하였다. 특히 세계 일인자인 마사 그라함과 함께한 이러한 공연은 세계인이 그녀를 인정 한 것이며 그녀의 미국공연의 성공적인 결과인 것이다.

1939년 1월 31일 프랑스의 가장 큰 '쌍프레지엘' 극장에서의 공연은 2700명이라는 만원으로 대 성황을 이루어 비평가와 신문 잡지 등 비상한 센세이션을 일으켰다. 같은 해 2월 6일[4] 벨기에 브뤼셀에서의 필하모닉 쏘 사이티 주최하의 공연에서 '발레 보살' 즉 〈승무〉를 공연하여 대단한 인기를 얻었다. 또한 칸느, 마르세이유, 스위스, 이탈리아, 로마 등 구라파 및 구주 대륙에 한국문화자랑으로 수많은 신문과 무용평론가들에게 '반도의 무희'가 아닌 '세계의 무희'로서의 평가와 그 명망을 세계무대위에 증명하였다.[5]

이처럼 성공적 공연의 결과로 벨기에 브뤼셀에서 개최하는 세계무용콩쿨에 심사위원이 되었다. 이러한 특별한 영예적 지위는 최승희 자신뿐 아니라 또한 한국이 얻은것이다. 이와 같이 최승희는 최초로 세계 여러 나라 를 순회하며 경이로운 공연을 했고 동양 무용을 내세워 서양무용에 도전한 누구보다도 앞서가는 예술사상가였다.

최승희가 동양 무용을 내세운 것은 서양 사람들의 관심을 모아 본인 스스로 세계적인 무용가가 되고자 하는 꿈과 무관하지 않았으며 동양무용의 세계화를 통한 이슈화를 시도하였던 것이다.

이와 같은 결과는 그녀의 세계 속의 인정받는 무용가로의 영향력

---

3) Lloyd, M , "Dances of the Far East", *Christian Science Monitor*(1908-current File), Dec 29 1939
4) 「구라파무대에서 한국문화자랑」, 『신한민보』 1939. 6. 29.(2)
5) 「구라파무대에서 한국문화자랑」

을 미치는 위상과 위치를 증명하고 있는 것이다.

그녀의 이러한 성공의 몇 가지 이유는 첫 번째로 솔로댄스로 훌륭한 신체조건과 아름다움을 가지고 있었다.

그 당시의(1938~1940)세계적인 무용가인 루돌프 바리시니코프, 마고트폰테인은 군무속의 솔리스트였다. 니진스키, 안나 파블로바, 아르헨티나와 같은 유명한 솔로 댄스가 사망 하였고 솔로댄서로는 발레 레귀, 우다이 상카, 요주 발레가 활동할 정도였고 마리 위그만은 못생겨 최승희가 낫더란 여론 이었다.[6]

둘째로 최승희는 천재적인 창작력과 표현 기술로 동양의 신비와 멋을 보여준 것이다.

세 번째는 훌륭한 프로그램이 성공을 획득 하였다. 그녀는 이국적인 시時의 분위기로 유혹적인 매력이 신변에 흘러나와 예술적 독창적인 재능이 완전히 표현 되었다.[7] 세계 어느 누구도 그녀를 넘가하는 무용가는 없단 평은 세계 속의 그녀의 위상을 증명 하는 것이다.

그녀는 세계 각 나라마다 그곳의 대통령을 비롯하여 유명 명사들을 〈리셉션〉에 초대받아 고관, 대작 또는 예술가들과 약 100~200명 정도 사귀었다. 엔 몰간, 헤렌, 파카스타, 마루피나 호포리나 등을 비롯하여 미주 쪽에서 만난 러시아 음악지휘자 스토코프스키와 존 스타인 벡, 배우 로버트 테일 러, 여배우 루이즈 레나를 비롯하여 프랑스에서는 세계적인 미술가 피카소, 그밖에 마티스, 장콕토 등등이다.

최승희는 세계 순회공연을 기점으로 오리엔탈리즘 춤으로 창작의 범위 를 넓혀갔다.

이는 중국 춤의 체계화 및 민족무용 세계화의 일념으로 세계무용사의 차 원에서 높이 평가할 만한 공적을 남긴 일이라고 볼 수 있다.

오늘날 중국의 경극이 세계적인 무대 예술로 각광을 받고 있는 것을 볼 때에 최승희의 이러한 작업은 세계 연극이 된 경극의 변천사에 기록해 두어야 할 중요한 과제라고 본다. 최승희가 만 3년 동안 150

---

6) 정병호, 『춤추는 최승희』, 뿌리깊은나무, 1995.
7) 최승희, 『구향 감상록: 대담 · 좌담』, 『삼천리』 제13권4호, 1941.4.

1938.02 LA. 이브닝 뉴스 최승희, 넬슨 에디와 공연예정

회 이상 유럽공연 후 일본 제국극장 에서의 24회 연속무용공연은 개인공연으로 명실 공히 세계에서 가장 긴 공연으로 기록 되었다. 이때 많은 한국교포들이 아낌없는 성원을 했었다는 기록이 있다.[8]

최승희 월북 이후의 사회주의 리얼리즘적 사상을 토대로 창작 한 작품들은 앞에서도 언급한 바와 같이 최승일, 안막, 막심고리키 등 사회주의 성향의 문학가들 영향을 바탕으로 한 북한의 문예정책 에서 요구한 사회주의 리얼리즘 기법을 기초로 민족적 발레의 창작을 실현 할 수 있었던 것이다.

이러한 결과는 1946년부터 1950년 6.25 동란이 일어나기 전까지 드라마 트루기 형식을 띤 극무용을 비롯한 현실체제의 무용창작품 들을 발표 하였다.

그녀는 활발한 창작 활동을 통하여 1947년, 1949년 헝가리 브다

---

8)『최승희 새로운 시도 제국극장에서 장기독무 공연』,『아사히신문』, 1942. 10. 14.

페스트 청년 대표대회 무용공연을 비롯하여 1951년 불가리아 제3차 청년 학생축제 참가하였다. 그리고 1957년 5개월간 100명의 무용단을 이끌고 소련, 불가리아, 루마니아, 체코, 알바니아 등 15 만명의 관중에게 창작무용을 선보였다.[9] 이 공연은 우방국들의 친선 및 문화교류사업의 강화 목적으로 이루어 졌다.

〈이 무용단은 천재적 집단〉, 〈독창적이며〉이란 소련의 논평을 받았다. 이처럼 그녀가 "세계적인 무용가", "동양의 무희Dances of Far East"로 평가 받으며 세계 속에 우뚝 설수 있었던 것은 열정적인 노력과 무용에 대한 헌신의 결과이다. "춤의 참 힘을 아는 자는 누구든지 신과 함께 있도다."란

섬세한 동작을 지닌 최승희
시카고 데일라 트라뷴(1940.2.23.). 내용:최승희는 각색의 흥미로운 프로그램, 숙련된 무용테크닉과 아름다운 인품으로 청중을 사로잡았다. 섬세한 디자인과 미묘한 상징적인 다양함을 지닌 공연은 놀라움을 금치 못하였다.결코 추상적이지 않은 매력적인 춤이었다.

페르시아 시인 Rumi(1207~1273)가 감동적으로 외쳤다.[10] 그는 "춤은 헌신의 의식이며 주문이요, 기도요, 예언이 된다."라고 했다. "그녀의 춤은 어떤 종류에 속하지도 않으며 어떤 종류의 무용과도 비교 될 수 없는 것이 그녀의 무용이다."[11]라고 평했다. 춤이란 초현세적이고 초인간적인 동작이란 관념을 지니고 있다. 중국인들은 우주의 조화는 춤에서 비롯되며 혹성과 신들은 춤을 추면서 우주를 운행한다고 생각한다.[12]

---

9) 최승희,『민족무용의 찬란한 발전에 바친 30년-인민배우 최승희의 무용 활동』,『문학신문』,1957. 11. 28.
10) 김매자, 『한국무용사』, 서울: 삼신각, 1983.
11) Lloyd, M , "Dance of the Far East", *Christian science Monitor*, Dec. 29. 1939.
12) 김매자 역, 『세계무용사』, 풀빛, 1983.

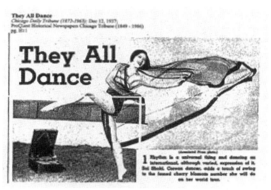

최승희 시카고 트라분지. 그들은 춤춘다(1937)

결론적으로 최승희의 춤은 세계무용사 및 세계무용인들 마음속에 영원히 지워지지 않는 감동과 치유의 춤으로 자리 잡고 있을 것이다. 또한 조선의 문화의 위상과 우리 춤으로 조국을 세계에 알리는 문화대사로서의 사명을 감당한 세계적인 무용가였으며, 세계적 평은 그녀는 무용이 가지고 있는 한계성을 성공적으로 극복 하는데 공헌 하였다고 하였다.

2. 한국 근대무용(1900~1960)의 최승희

역사적 관점에서 보는 근대近代는 1876년 문호개방으로 시작되었다. 한 국은 문호를 개방하자 세계 자본주의 질서에 편입되고 근대의 시기를 맞이 하게 된다. 근대가 요구하는 국민 주권주의의 국민국가와 민족자본 중심의 자본주의 경제체제를 수립하는데 실패함으로 식민지화를 피할 수 없었다. 20세기 초기에 들어 일본 제국주의에 의해 완전히 식민지화된 조선은 본 격적인 근대화를 맞게 된다. 이즈음 주로 일본에서 신극, 신문학, 신소설, 신미술 등의 '신문화'가 유입되고 또한 서양식 극장이 등장하여 무용공연이 행해지게 되었다.
이 시기부터 조선의 무용계는 근대무용기, 즉 극장무대를 중심으로 무용이 펼쳐지는 시대로 들어서게 된다.

　1905년 조선 근대무용사의 출발이 되는 서양식 극장무대인 원각사(1902년 개관)에서 관기들에 의한 궁중무용과 민속무용이 처음으로 공연되었다.

　조선의 근대무용은 서양식 극장에서 행해지는 모든 무용을 포괄하는 총칭으로 사용되었다.

　조선민족 근대무용의 역사를 살펴보면 1910년대 만 하더라도 무용은 춤 이라 불리면서도 기생이나 광대 그리고 무당들이었고 춤의 공간 들은 굿판이나 광대들의 놀이판 그리고 상류층의 술좌석이나 기방 등이었다.

　그러나 기생들은 전통무용을 무대에서 재현된 것들이고, 1920년대 중반 기에 배구자의 무용 창작적 실천과 함께 1930년대 한성준이 전통무용을 무대화한 작업이 근대무용의 시발이라 할 수 있다.

　조선의 근대무용의 본격적인 전개는 1930년대부터이며 그것은 최승희, 조택원 등에 의한 무용 즉 현대무용기법을 토대로 동양적, 조선적인 소재 에서 영감을 얻어 창작자의 자유로운 표현성을 살린 전혀 새로운 예술무용의 출현에서 부터이다.

　한국의 신무용사는 조택원, 최승희로 시작한다고 알려져 있다. 신무용은 말 그대로 "새로운 춤"을 의미한다. 신무용의 개념정리를 해 보면 ①서양식의 양춤, ②신식의 춤, ③신문화를 갈구 하는 시대에 알맞게 창작적 요소를 가미한 춤, ④한국의 독자적인 춤 양식과 미의식 및 창조적 신체의 움직엄으로서 주제를 전개하는 극장 종합예술로서의 민속무용, ⑤전통적 한국춤 시대에 맞게 창의적으로 만든 춤 이라는 다섯 개념으로 요약 된다.[13] 최승희는 일제시대 중기부터 말기에 걸쳐 조선민족 무용자체가 존립위 기에 처했던 시기에 새로운 이념과 형식의 예술적 조선무용을 창조 하여 조선인의 자존심을 지키며 무용 활동을 펼쳤다. 오늘날 한국에서는 이러한 형식의 무용을 '신무용新舞踊'이라 한다. 신무용이라는 용어는 과거의 조선춤과 다른

---

13) 이영란, 『역사의 흐름을 통한 한국무용사』, 금강출판사, 2005, 101쪽

신식의 춤이라는 의미를 가지고 있다.

1920년대에 범람했던〈新〉문화의 용어들처럼 일본으로 부터의 유입된 것이다. 즉 조선의 근대화의 과정에서 나타난 무용 중 그 가운데서도 창작자의 자유로운 표현을 살린 현대적 기법에 기초하여 창작된 무용을 '신무용'이라고 하지만 한국무용사적 측면에서는 오늘날 한국창작 무용이라 불린다.

특히 안제승은 해방 이전과 이후를 '새로운 춤'과 '새로운 한국무용'으로 구분 하고 있다.[14] 따라서 신무용의 개념은 과거의 형식 및 관습, 즉 전통을 그대로 받아들이며 전통에 바탕을 둔 새로운 것으로 변화시키려는 시대적 사회 환경에 따른 새로운 사조에서 비롯된 사조로서 본질은 창작화와 무대화이다. 즉 서구식 무대의 새로운 양식과 한국적인 춤의 창작이었기 때문이다.

> 최승희 춤 역시 당시의 철저한 사회, 역사적 산물이 이었으며 조선이
> 탄압받던 일제시기에 전통에 구속되지 않은 새로운 이념과 방법으로 무
> 대예술로서의 새로운 조선무용을 창조 했으며 근대무용의 확립에 기여
> 하였다.[15]

1930년 중반부터 그녀의 춤의 소재는 한국적인 내용으로 작품영역이 확대되어 이루어 졌으며 앞장에서 반복 얘기 하였듯이 1933년 일본에서의〈에헤라 노아라〉등 발표함으로서 우리 춤의 멋과 가락을 독특하게 현대화 시키기 시작 하였다.

1938~1940년 해외공연의 동양적 이미지와 한국적 이미지의 작품경향을 비롯하여, 1940년대 후반부터는 막심 고리키 영향인 '드라마 투르기' 형식 을 띤 우리 역사를 소재로 한 극무용 들을 창작함으로서 초창기 민속적 소재에서 연극성이 짙은 춤을 표현한 최승희 사상의 바탕에 근거한 춤 창작 정신의 맥을 이어왔다.

---

14) 한경자, 『최승희 예술이 한국창작 춤에 끼친 영향』, 『남북문화예술연구』 2호, 남북문화예술학회, 2008.
15) 정병호, 『춤추는 최승희』(세계를 휘어잡은 조선여자), 현대미학사, 2004.

최승희의 창작춤은 한국 민속무용을 소재한 작품들인 〈영산무〉, 〈승무〉,〈검무〉, 〈가면무〉, 〈봉산탈춤〉, 〈무녀무〉 등을 비롯하여 전통무용을 예술 적으로 재창조한 〈천하대장군〉, 〈사랑에 춤〉, 〈에헤야 노아라〉, 〈초립동〉,〈화랑에 춤〉 등 월북이후 극무용 형태인 〈사도성 이야기〉, 〈대동강변에서〉,〈노들강변에서〉, 〈꽃파는청산리〉 등 많은 무용창작을 하였다.

이러한 면에서 한국 근대춤에서 새겨진 최승희의 창작정신은 자신의 내면과 주관을 실체적으로 표현하고 전통과 독자성을 가진 새로운 창작과 춤으로 표현 하고자 하였다.

그녀는 서양의 창작 무용 메소드와 조선무용의 특정을 어떻게 조화롭게 표현할 것인가를 항상 고민하였던 것이다.

최승희에게 주목할 사항은 〈춤의 창작성〉에서 〈예술적인 성취〉가 갖는 특성이다. 즉 춤의 형식, 주제, 전통의 고수 및 언어개발인 동작, 호흡, 팔동작, 발동작 등 형태적 특성과 구성을 비롯하여 시대와 환경성을 반영한 철학적 사상을 바탕으로 우리의 신체와 무대에 맞추어 재창작 되었다. 이는 곧 전통의 재현이 아닌 수용의 과정을 거치면서 최승희의 무용가적 위치와 작품성 및 독창성을 인정받을 수 있었다.

최승희는 무용가 자신의 생각, 사상, 철학을 바탕으로 창작하지 않은 예술은 가치가 없다고 주장 하였다. 그녀의 조선민족 무용기본 체계 확립은 조선민족 무용 기본을 바탕으로 훌륭한 우리의 민족무용의 발전을 기대 하였던 것이다. 1958년 『조선무용기본동작』과 1964년 『조선아동무용기본』과 문학과 무용예술의 접합성격을 지니는 『무용극 대본집』, 『무용시』, 『음악 무용서사시』, 『무용조곡』 등 사상성, 예술성, 독창성과 현대성의 상호 불가분의 관계를 천명하며 이론을 확립하였다.

그녀는 조선의 양식과 현대양식을 결합한 새로운 형식의 예술창조에 힘을 쏟은 선각자로서 조선의 무용예술사에 위대한 공적을 남겼다.

결론적으로 오늘날 계승되고 있는 한국창작 춤의 창작추구 성향과

춤 형 식에서 〈전통의 현대화〉의 변화의 지향점은 그녀의 창작 정신
으로 부터이다. 그녀가 후대 무용인들에게 진정으로 가르치고자 하
였던 조선의 양식과 현대양식을 결합한 그 창작 표현정신은 새로운
형식의 한국 예술창조에 힘을 쏟은 선각자로서 한국의 무용예술사에
위대한 공적을 남겼다.

3. 세계 공연속의 평가

최승희는 그녀의 기본 사상인 민족주의 사상과 창작 표현추구정신
및 조선적인 것과 무용에의 열정과 헌신정신으로 우리 춤의 부흥 발
전에 집중 하였다. 이러한 예술목표는 조선춤의 세계화 및 세계적인
무용가가 되고자 하는 그녀의 철학적 정신으로 민족이 없는 암울한
시대에 세계에 조선을 알렸다. 그리하여 세계 속에 인정받는 그 누구
와도 비교될 수 없는 독창적 이며 뛰어난 무용가로 평가 받았다.

조선은 동양에 있어서 가장 오랜 역사와 독자적인 한 문화를 가졌
으나 온 세계에 알려지지 못하였다. 구라파와 아시아의 교통이래. 중
일전쟁, 아일전쟁을 인하여 처음으로 세계 정치가와 식자 간에 인식
되었을 뿐이다.[16] 1936년 베를린 올림픽 대회 손기정 선수의 세계
제패로 말미암아 한국이 세계에 알려졌고 뒤이어 최승희의 세계 공
연으로 인하여 한국을 전 세계에 선전하게 되는 민족적 자랑이며 보
배가 되었다.

따라서 본장은 최승희의 세계 공연 평을 통하여 그녀의 예술성과
작품성 및 세계인의 그녀에 대한 평가를 분석하며 하며 또한 그 자료
를 수집평가 함으로 무용사의 귀한 자료가 될 것이다.

최승희는 1938년에서 1940년 만 3년간 200회 이상의 세계 공연
을 통하여 우리민족 문화의 우수성을 전 세계인에게 각인시켰다.

처음 공연한곳은 미국 20회 그리고 프랑스로 가서 23회, 和蘭에서

---

16) 『최승희 여사 뉴욕에서 공연』, 『신한민보』, 1938. 3. 10.

11회, 白義구에서 9회, 남부 독일과 波蘭에서 40회, 약6개월간 아주 호평을 받았 습니다. 이것은 봄 씨전 이었는데 가을 씨--즌은 남구빨칸 제국(유고, 흥가리, 루마니아, 첵코, 오스트리아, 불가리아, 希腦 등) 과 이테리 ,영국, 등 여러 나라와의 60회 공영과 北 獨逸에서 40회 공연 후 다시 미국으로 3개월 공연 , 소화 15년 5월경 中米의 멕시코와 南美의 알제리, 브라질, 智利--, 페루, 코스타리카, 콜럼비아, 에콰도르 등에서 분에 넘는 격찬을 받았습니 다.[17]

이와 같이 세계 공연 귀국 후 1942년 일본 동경제국극장에서 24일 장기 공연 후 태평양전쟁 발발로 '대동아정책'을 수행하는 제국주의 무용작품을 강요하자 '동양주의'를 시도하며 중국으로 옮겨간다. 이곳에서 수많은 공연 하였다. 해방이후 월북하여 북한에서는 1947~1949년 헝가리 부다페스트의 제1.2차 세계 청년 대표대회 참석하였다. 또한 1949~1950년, 북경 아시아 부녀대표대회 비롯하여 1951년 동베를린 제3차 평화축전 참가 공연하였으며, 1957년 소련을 비롯하여 5개국(불가리아, 루마니아, 체코, 알바니아) 등 순회 하며 민족적 극무용인 발레트 〈사도성의 이야기〉를 비롯하여 각종 장르의 무용을 15만 외국 관중에게 보여 주었다.[18]
그녀의 세계 순회공연은 호평好評만 아니라 공연장도 최고 일류였으며 어느 나라에서나 메니져도 견식見識이 넓고 교양敎養이 있는 일류一流들이 어서 기분氣分 상상傷想하는 일이 없었습니다.[19] 라고 했다. 이것은 그녀의 인기와 위상을 엿볼 수 있는 면이다.

> 춤의 호평을 받은 것은 東洋的인 것들이라 했으며 비평가들은 서양 춤 추는 것을 좋아 하지 않았으며 東洋의 文化 , 東洋의 色彩, 냄새를 딴 東洋춤 을 추었으면 좋겠다고 主意를 시켜 레퍼토리를 30개중 대개는 東洋的인 것 이었다.[20] 라고 증언 하였다.

---

17) 최승희, 『최승희 귀향 감상록: 대담·좌담』, 『삼천리』제13권 제4호, 1941.4.
18) 최승희, 『뜻이 있으니 세상도 넓다』, 『문학신문』, 1957.1.31.
19) 최승희, 『무사히돌아왔습니다』, 『삼천리』, 제13권 제1호, 1941.
20) 최승희, 『삼천리』, 제13권 제1호.

특히 그녀는 동양의 고전을 소개하려 애썼으며 본국에서 깨닫지 못한 동양정서를 구미공연에서 더욱 발견하게 된다.

최승희 세계 공연 평가의 중요성을 의식 하여 최승희 연구자 정병호의 책[21]에 서의 최승희 연구는 무용전공자인 무용이론 연구자가 연구 할 것을 강조하고, 세계에 흩어져 있는 그녀의 무용공연 자료 수집의 중요성을 제언 하였다.

따라서 필자 자신도 그것의 중요성을 깨달고 자료 수집을 하였으며 이 자료 수집은 무용사적 측면에서 귀한 자료가 될 것이다.

먼저 일본에서의 평가는 작품 〈에헤야 노아라〉를 통해 무서운 신인이 나왔다란 평에 이어 1934년 제1회 신작무용공연을 통하여 노벨문학상의 작가 가와바다 야스나리를 통해 "일본의 제일 무용가란 평"을 받게 된다.

최승희의 일본 춤을 관람키 위해서는 극장 주변을 3~4바퀴 돌아야 했다 고 했다.[22] 그리고 항상 극장의 청중들로 가득 하였고 심지어 복도 및 밖에 서도 장사진을 칠정도 이었다고 하였다.

극작가 무라야마 토오시村山知義(1901~1977)는 1934년 9월20일 동경 제1회 무용발표회를 본 소감을 다음과 같이 전해 주고 있다.

> 최승희 춤을 만난 것은 驚喜였다.... 오래된 조선의 무용을 소생 시켰다..... 우리는 그미를 통해 〈일본적인 것〉의 어머니의 어머니의 어머니인 그 어머니의 입김을 느낄 수 있다.[23]

무라야마 토오시는 위의 글에서처럼 최승희 춤을 통하여 일본적인 면 뿌리를 느끼게 해주었다. 10년이 흐른 뒤 최승희의 일본 마지막 공연을 무라야마는 다음과 같이 회고 하고 있다.

---

21) 정병호, 『춤추는 최승희』 (세계를 휘어잡은 조선여자).
22) 정병호, 『춤추는 최승희』 (세계를 휘어잡은 조선여자).
23) 高興雄三郎, 『최승희』, 도쿄: 學風書院, 1959, 75쪽에 소개된 '村山知義의 최승희 무용평' 참조

태평양전쟁이 한창일 때도 그미는 다른 무용가들이 모두 국책에 순
응해서 전의앙양戰意昂揚의 무용을 추고 있는데 의연 하게 저항하고 한
번도 그런 춤을 추지 않았다. 제국극장에서의 일주일공연 프로그램도
국책적인 것은 없었고, 조선의 고전무용, 동양적 불교적인 그것도 아주
적은斷絃한 춤 을 추었다. 이것은 민족적인 것을 춘다고 하는 발뺌도 되
는 용기 있는 프로 그램이었다.[24]

　무라야마 토오시의 최승희의 위대함을 일제 탄압에도 얼마나 당당
하게 자신의 예술세계와 민족혼을 발휘 했는지를 짐작 할 수 있다.
그리고 그는 최승희를 〈세계무용계 태양〉으로 평가 하는데 주저 하
지 않았다.
　그 외 시인詩人 모기치의 〈승무를 읊은 노래〉 발표를 비롯하여 화
가 아리시마 이쿠마有鳥生馬(1832~1974)는 〈織女の 最承喜〉의 그림
을 빛의 상징으로 표현하였다.
　그 외 일본의 수많은 평론가들 지식인들은 그녀의 건강미, 슬픔에
미, 육체미, 등 호평하였다. 그중 야나기 무네요시는 동양의 미美, 특
히 조선의 멋 을 살린 점이라고 논평 하였다.
　최승희는 일본인들의 마음속에 민족적 전통미를 살린 그녀의 춤으
로 강한 조선인의 혼을 심어주었으며 조선에 대한 인식을 바꾸었으
며 또한 이해의 폭을 넓혔을 것이라. 그들은 최승희를 '반도의 무희'
라 칭하며 전 세계에 알려진 그녀의 탁월한 예술성을 높이 평가 하였
다.

　1940년 2월 22일 미국 Chicago의 Civic극장에서 첫 공연을 갖
은 공연의 신문 논평은 아래와 같다.

　　최승희는 가지각색의 흥미로운 프로그램, 숙련된 무용테크닉과 아름
다운 인품으로 청중을 사로 잡았다..... 섬세한 디자인과 미묘한 상징적
인 다양함을 지닌.... 공연 놀라움을 금치 못했다. 프로그램 소재는 무용

---

24) 高興雄三郎, 『최승희』 도쿄: 學風書院, 1959, 203쪽.

동작 그 자체 보다 모방, 케릭터, 스케치이었다. 작품 <유년의 꿈>은 세세한 유머로 가득 차 있다. 무대막간 한국무용공연을 고수. 결코 추상적이지 않은 매력적인 춤이었다.[25]

Guild극장의 두 번째 공연 평과 세인트 제임스극장 평은 다음과 같다.

사이쇼키는 정형화된 형식의 전통적 무용을 재현 하는 무용가가 아니다. 한국적 인상을 장식적으로 창작 하는데 전적으로 헌신 하였고 그들 무용이 지닌 한계점을 성공적으로 극복 공헌 하였다. 관중들의 박수갈채, 꽃 선물 앙코르가 넘쳤다.[26]

최승희는 세계무대에서 가장 아름다운 예술가 중 한 사람이다. 그녀의 예술은 사람들 기억에 영원히 남을 것이다.
New York Time, 1938

그녀의 광기 넘치는 춤을 본 사람은 평생 잊을 수가 없다. 공연장을 가득 메운 관객들을 환희의 도가니로 몰아넣었다.
할리우드 뉴스

자국의 독특한 무용적 특성을 지니고 솔로댄스로 서방세계에 입성을 위한 기호 필요조건을 만족 시켰다.... 섬세하고 매혹적이며 유머스러 우면서 생동감과 흥미를 더 하였다.[27]

그녀는 미국에서의 폭발적인 인기를 누렸으며 신문, 잡지는 물론 모든 언론은 그녀의 일거수일투족을 보도 하였다. 뉴욕 신문 평 은,

인종적 제한을 초월한 情妙의 기민의 기술 을 발휘하는 예술가이다...... 동양예술의 특유 의 우아 섬세의 情味가 그 특색 이였다..... 새 로

---

25) 『섬세한 동작을 지닌 샤이쇼키』, *Chcago Daily Tribune*, 1940.2. 29.
26) <한국무용 선보이는 사이쇼키 - 젊은 동양무용가의 두 번째 공연>, *New York Time* (1857-current File): Nov.7, 1938, p.22.
27) Lloyd, M., "Dances of the Far East"<극동의 무용>, *Christian Science Monitor* (1908-current File): Dec 29.1939.

운 천재 무용가라 평가 한다.[28]

위와 같은 반도의 아름다운 자태와 장식은 세계인은 물론이고 재류 조선 동포들에게 만장의 박수와 환호와 경탄과 찬사로 가득 하였다.

중국에서의 최승희의 평은 다음과 같다.

북경 발레단의 상임 안무자였던 장쭈이는 다음과 같이 말했다.

최승희는 중국무용계 발전을 위해 경극무용 체계를 확립하고 우수한 중국무용수들을 양성 하였으며 중국무용의 현대화 한 업적이 높이 평가 되는 점이다.

뉴욕 길드 극장 공연 기사(1938.2) 필자발굴, 미.뉴욕 링컨센터(2009)

중국 평론가 최석봉은 다음과 같이 말하였다.

연변사람은 정치사에서 우리민족의 영웅을 말할 때 이준과 안중근을 말 하고, 체육에서는 손기정, 예술에서는 최승희를 말하고 있다. 그래서 그녀를 <민족의 꽃>, <세계의 무희>라는 평가를 하고 있다.

북한에서 최승희 평전을 쓴 서만일은 다음과 같이 말했다.

최승희의 즐거움은 무용 애호가들로부터 온 많은 편지를 보는 일이

---

28) 기자, 『미국 건너가서 최고의 인기속에 싸이다』, 『삼천리』 제10권 제8호,1938.

다..... 최승희에 대한 사랑은 국내를 비롯 소련이나 동구권에서 많이 온다.
　　최경애는 북한에서 최승희는 김일성의 총애를 받았으며 아주 가깝게
지냈다. 엄청난 공연 수입으로 나라경제에 많은 도움을 준 사람이라 했
다. 민족이 사랑하는 무용가로 평가 받으며 미모와 기량이 뛰어난 세계
적인 무용가로 평가 받고 있다.[29]

이탈리아, 프랑스, 독일, 브뤼셀, 러시아 에서는 다음과 같이 논평
하였다.

　　그녀의 휴혹적인 魅力이 그 신변에 흘러 잊을 수 없는 藝術的 센세이
션을 창조 하고 있다. 그의 獨創的인 才能이 완전히 표현 되었다.[30]

　　최승희는 위대한 美다 그의 얼굴은 진주와 같은 光澤이 있다, 그의 舞
踊 이 성질과 일치해서 그의 東洋的 얼굴은 거울과 같이 靑春의 歡喜를
비춰 어 神聖하고 敬愛 하다....그의 춤을 보고 있으면 형 和的 인 몸짓으
로 눈에 안보이는 空氣의 〈精〉을 .....그의 주변에 미묘한 마력이 떠도는
것 같다. 그의 성공은 대단 했다. 세계에 확인 되었다.
　　　　　　　　　　　　　　　　　　　　　　브루쉘, 나숀. 베르쥬紙

　　최승희는 우리에게 신美的 歡喜와 風味에 넘쳐흐르고 同視에 가장
强하고 깊은 印象을 가진 푸리젠트를 했다.
　　　　　　　　　　　　　　　　　　라인르-쯔르아이톤그紙(독일)

　　최승희의 藝術은 新의 生生한, 그리고 壓緻的 인 畵像이다. 그의 創作
은 滿場의 觀客이 讚嘆과 그와 똑같은 程度의 感謝로 서 대접을 받았다.
　　　　　　　　　　　　　　　　　　　　　내셔널 쯔아토웅紙(독일)

　　위와 같은 세계논평을 통한 무용 활동의 평가는 그녀가 세계적인
무용가로 대중적 인기를 얻을 수 있었던 것은 무용의 능력 이었다.

---

29) 리경희, 『민족이 사랑하는 무용가』 (1)(2), 『금수강산』, 2003.8·9.
30) 『동양의 환상이 시현 하였다』, 『프 엑세루스와지』, 1939.

수천 명의 관객을 사로잡을 수 있는 신기한 표현력과 우수한 테크
닉, 섬 세함과 우아함. 유머스러움과 생동감 등이다.
  특히 최승희는 무용의 독창성과 표현력으로 한국 춤의 흥과 멋으
로 무대 위에서의 팔짓, 어깻짓, 허리돌림, 무대공간을 꽉 차게도 하
며 물 흐르듯이 흐르고, 격해지고, 멈추고 관객들을 압도하였다.

L. A. 이브닝 뉴스, 동양의 파블로바(1938.1)
필자발굴, 미.뉴욕 링컨센터(2009)

Koreans' Love of Americana Related

Hollywood 'Wonderful' to
Oriental Dancer Here
For Recital

By LIDA LIVINGSTON

훌륭한 한국인 무용수가 공연을 위해 할리우드
방문(1938.1) 필자발굴, 미.뉴욕 링컨센터(2009)

  그녀의 아름다운 육체에서 나오는 마력과 유난히도 빛나는 눈빛으
로 아름다운 의상과 선으로 세계 관중들을 매료시킨 조선이 낳은 세
계적인 무용가였다.
  그녀의 무용사상과 예술세계를 조명 해보면 그녀는 글로벌리즘
Globalism 을 지닌 시각과 한국춤의 세계화를 위해 노력한 세계적
인 무용가였으며 동양주의자이며 민족주의자로 자유주의 사상을 지

닌 순수주의 예술가였다. 또한 사실주의 무용가이며, 관능적인
Sexuality 페미니즘을 지닌 한국과 서양 무용의 접목을 시도한 융합
무용가였다. 나아가 교육자이며 민속무용가로서 극무용을 창시한 선
구자로서 세계에서 인정받는 천재적인 무용가였다.

II. 최승희 새 발굴자료
(사진, 기사, 포스트, 소설)

자료 1-그들은 춤춘다(시카고 Dily Tribune지 1937.12.12)

① 리듬은 보편적이고 무용의 표현은 다양하지만 국제적이다.
　자신의 세계일주 공연에서 최승희는 벚꽃 레퍼토리에 스윙의 감을 더한다.

자료발굴: 필자, 워싱턴 국회도서관 (2009)

자료 2

KOREA   1939
SAI SHOKI, FAMOUS KOREAN DANCER.
FRANCE-JAPON, NO. 38, 1939, P. 94.
OSS-P-12553

1939년 프랑스 파리 공연 중.
평상복 차림으로 파리 시내에서 활동 장면. 당시 28세.

자료발굴. 미국 국립 문서 보관서 역사학자-홍순우교수기증 2013년

자료 3

"半島の舞姬" 崔承喜

1937년 작품. 〈옥적의 곡〉
중국적인 춤을 한국적 춤으로 재창조한 작품이다. 두 개의 부채를 가지고
우아하게 추는 춤으로 최승희의 춤 중 수작이라는 정평이 있다.
이 자료는 흑백은 많이 나왔으나 최초 컬러사진이다

자료발굴: 인사동 고문서집(2012). 이 자료는 최초의 컬러 사진이다.

자료 4

①

이 기사는 최승희의 〈나의 자서전〉에서 인용한 일본 잡지책 내용이다.

②

③

〈사진 내용〉
① 1940년 작품인 〈아리랑조〉로 추정.
② 최승희의 점핑포즈의 최초 사진이며 내용은 밝혀진 바 없다.
③ 〈무녀〉의 무

자료발굴: 인사동 고문서집(2012). 이 자료는 최초의 컬러 사진이다.

자료 5

LOVELY *Sai Shoki*, of *Korea*, *will launch an Occidental dance tour Saturday night at the Community Playhouse.*

Korea Dancer, Sai Shoki, to Give Recital

THIS CLIPPING FROM
SAN FRANCISCO, CAL.
EXAMINER
JAN 16 1938

SAI SHOKI will present her "Korean General" mask dance as a featured number in the Korean Dance Revue to be given Wednesday night, February 2, at the Wilshire Ebell Theater.

KOREA SENDS A DANCER TO AMERICA

① 한국에서 온 아름다운 최승희가 토요일 저녁 지역 극장에서 서양의 댄스 투어를 시작한다. (1938년 1월 19일, LA, CAL, Evening News 발췌)
② 최승희가 2월 2일 수요일 저녁 Wilshire Ebell 극장에서 Korean Dance Revue 순서의 하나로 한국의 탈춤을 선보인다.
(1938년 1월 20일, LA, CAL, Evening News 발췌)
③ 한국에서 미국으로 댄서를 보내다.
(1938년 1월 16일, San Francisco, Cal, Examiner 발췌)

자료발굴: 필자, 워싱턴 국회도서관 (2009)

자료 6

ORIENTAL ARTISTRY

THIS CLIPPING FROM
LOS ANGELES, CAL.
MORNING NEWS

Korean Dancer Here Soon

THIS CLIPPING FROM
LOS ANGELES, CAL.
EXAMINER

AN 7 - 1938

THIS CLIPPING FROM
SAN FRANCISCO, CAL.
EXAMINER

Korean War Dance

DANCER COMES FROM KOREA

Korean Dancer To Appear Here

① 동양의 예술성 –한국의 전쟁 춤
   토요일 저녁 지역 극장에서 최승희가 미국에서의 첫 번째 발표회를 가진다.
   (1938년 1월 16일, Los Angeles, CAL, Morning News 발췌)
② 한국의 댄서가 곧 오다
   (1938년 1월 7일, Los Angeles, CAL, Morning News 발췌)
③ 한국 댄서가 여기에 나타나다
   (1월 18일 1938 San Francisco Examiner 발췌)

자료발굴: 필자, 워싱턴 국회도서관 (2009)

자료 7

THIS CLIPPING FROM
LOS ANGELES, CAL.
EVENING NEWS

JAN 31 1938

① **A dancer from the Orient**

LOS ANGELES, CAL.
MORNING NEWS

FEB 1 - 1938

Sai Shoki Dances ② Tomorrow

HOLLYWOOD, CAL.
CITIZEN - NEWS

FEB 3 - 1938

Korea Dance Star Lauded

LOS ANGELES, CAL.
EVENING NEWS
DANCE CLIPPING FILE

FEB 2 - 1938

THIS CLIPPING FROM
LOS ANGELES, CAL.
EVENING NEWS

FEB 1 - 1938

③ **A Korean dancer attracts notables**

① 동양에서 온 댄서
  (1938년 1월 31일, Los Angeles, CAL, Evening News 발췌)
② 내일 최승희가 춤춘다
  (1938년 2월 1일, Los Angeles, CAL, Morning News 발췌)
③ 한국 댄서가 유명인물들을 매료시키다.
  (1938년 2월 1일, Los Angeles, CAL, Evening News 발췌)

자료발굴: 필자, 워싱턴 국회도서관 (2009)

자료 8

최승희 공연 팜플렛의 그림. 1944년에 동경
제국극장에서 열린 장기 독무공연 때에는
그 극장의 화랑에서 여러 화가들이 그린 최
승희 무용화 감상회가 열리기도 했다.

해방 후에 일본의 신문은 노기 준이찌라는 사람의 말을 인용해 최승희
가 일본패망 전에 한국을 거쳐 북경으로 탈출했다고 보도했다.

중국의 유명한 경극무용가 메이 란팡(왼쪽에서 세번째)과 1943년의 상해 공연 때에 만나 경극무용에 대한 의견을 나누었다.

최승희 무용 감상회 팜플렛. 1943년 곧 일본 전국이 전시 체제로 바뀌어 가고 있을 때에 동경에서는 최승희 무용 동호회가 조직되어 그 감상회를 열었다.

① Sai Shoki(최승희의 일본이름)가 소매 춤을 추고 있다.
　이것은 유명한 한국 무용으로 소매와 얼굴표정으로만 추는 춤이다.

② 일본에서 고대무용은 여전히 살아있다.
　동경의 스타무용가들

동경 가부키(Kabuki) 극장에서 사람들은 일본의 최고 예술가들에게 찬사를 보낸다. 사이 쇼키(Sai Shoki)는 한국인이며 항상 빛나는 스타이다. 그녀는 유명한 일본 무용수, 바쿠 이시(Baku Ishii)가 발견하기 전에는 무명소녀였다. 이시이 바쿠(石井漢)는 한국여행을 했을 때, 한국의 무용과 풍요로움에 매료되었다. 어느날 그는 한 소녀를 만났고 그녀만이 한국의 모든 아름다움을 표현할 수 있다고 생각했다. 그는 일본으로 이 소녀를 데리고 가서, 몇 년이 지나자 그녀를 무용의 대가로 만들었다. 오늘 Sai Shoki는 전세계적으로 이름이 나있고 안무학교를 운영하고 있으며 그 학교에서 젊은세대에게 한국의 눈부신 무용을 가르치고 있다.

최승희소설

전선의 요화

崔 承 喜

1904년11월 합이빈(哈爾濱) 의 봄은 치웠다 그러나 젊은 '쿠룩게 윗지'의 생활은 따듯하고도 풍성 하였다. 쿠룩게윗지는 오랜 독신생 활과 작별하고 자그마한 잡화상(雜貨商) 가게와 그리고 거기두기는 너무나 곱다고 소문이 높은 신부(新婦) '하리토나'를 얻었다.

남편은 안해를 열열이 사랑하고 안해는 남편에게 온갖 정열(情 熱)을 받치니 볓은 이 두사람 때문에 빛나고 밤은 이 두사람 때문에 찾어 오는 듯 했다.

그야말로 글자 그대로 꿀과 같이 달고 즐거우 날이 흐르는 것이 었다. 그러나 역시 행복이라고 하는 것은 너무나 빨리 없어지랴는 환 영(幻影)에 지나지 안는 것을 두사람은 알지 않으면 안되게 되었다. 두사람은 영원(令媛)한 길인지도 몰을 리별을 하지 않으면 안될 무정 한 운명(運命)의 방문(房門)을 받은 것이었다. 만주(挽住) 넓은 뜰에 전운(戰運)이 오고가고 얼마 안있어 일·로국간(日露國間)에 선전(善 戰)은 포고(布告)되였다. '쿠룩게윗지'부처로서는 악마와도 같은 한조 각 소집령이 나렸다. 그것은 이나라의 황제일흠이 명령하는 절대적 (絶對的)인 것이었다.

「하라토나!」

「쿠룩게윗지!」

두사람은 서로 얼싸안고 울었다. 아모말이 나가지를 않았다. 온 세상보다도 귀한 남편을 생사물을 전선(全線)에 보내는 신부(神斧). 한때라도 떨어지지 않았던 사랑하는 안해를 혼자 남겨두고 가는 남편. 그곳에는 눈물만이 있을 뿐이었다. (오오 일본(日本)의 여러분!) 동부서백리아 조격보병 제14연대 제11중대(同父西白狸亞 調格寶瓶 濟14連帶 濟11中隊)의 한 병졸로서 이리하여 그는 출정(出定)하였다. 그러나 그는 조격보병의 그림자라고나 할까 행군(行軍)하는 도중에서 그는 컴컴한 서백리아 공중의 나타나는 하리토나의 환영(幻影)을 보았다. 용소슴치는 소연가운데서 그는 안해의 정다운 두 눈동자를 보았다. 아아, 그리고 매일 밤과 같이 로영(露營)의 꿈나라에서 난무(亂舞)하는 그리운 보두러운 살결, 향기(鄕妓).

액기 드끄러워 쿠룩게윗지!

잠꼬대가 하고 싶거던 밖에 나가서 하지!

흐흐 불행한 녀석!

이러한 냉소(冷笑)을 뒤집어 쓰면서 그는 매일밤 매일 낮 하로밧삐 전화(典貨)가 꺼지기만 바라고 있었다.

조국 로시아가 이기거나 지거나 그이에게는 상관이 없는 일이었다. 살아서 하로밧삐 집에 도라가는 것이 그의 마음을 점령한 전부였다.

하리토나의 생각도 같았다. 더욱이 열어들살의 간엾은 여자의 손하나로서는 가개를 제법보아 나갈 수도 없었다. 넋잃은 것같은 매일(每日)이었다.

어떻게 하면 좋을까? 그런 생각을 하고 있는 어느날 '쿠룩게윗지'한테 소식은 종종 있소 하리토나를 찾어와 뭇는 사람은 남편의 아는 사람 젊은 철도기사(鐵道己巳) 콜스키-였다. 이 안악네는 잠자고 고개를 끄덕일뿐

"허허 그리 우울(憂鬱)해하면 몸에는 해(海)요 하리토나씨"

젊은 철도기사는 쾌활하였다.

어떻고 오늘밤 여러이서 모여서 놀면?

고맙습니다만은-----

이 한마듸가 어뜩게 힘이드는지 대답하는 소리도 가느다케-

그거 참 야단입니다 그려 그러면 몸에 제일 큰일이요 차리리 전선(全線)에 당신도 가시지요

의외(意外)의 말을 꺼냈다.

네? 그럴수가?

참 의상없군! 갈수있구 말구요 방법은 얼마던지 있지요 예(例)를 들어 말하자면 졸병은 별문제치고 장관(壯觀)의 부인들은 다 가있는 걸요 당당하게 간이도 있고-

'참말인가요'

특지간호부(特旨看護婦)가 되어가는 수도 있지요 물론 자기 남편에게만 하는 간호부의 별칭이라고 누구나 다 알지만 하여간 전지(全紙)의 장관들의 생활은 본국(本局)에서의 가정살림과 조곰도 다름이 없다고 들 합디다.

'저는 가겠습니다.'

결의(決意)를 양미간으로 굿게 보여주는 하리토나를 보고 젊은 그는 충동을 너머 하지나 않았나 하는 생각까지 들렀다. 그러나 차마 실행하리라고까지는 밋지않었다.

二,三일후 재차 찾어온 이 젊은 철도기사는 문닫처 있는 가개앞에서 눈을 둥글리며 중얼거렸다.

저런!

형편없는 짓은 줄은 하리토나도 몰으는배 아니였다. 그 이상 더 깊이 생각하려고도 하지 않었다.다만 남편을 맛나고 싶은 것 그것뿐이 마음의 전부였다.

하리토나의 고난(苦難)의 나그내길 합이빈에서 여순(旅順)까지는 멀고 고뢰워 어느때는 목숨도 위험하였다. 그래도 하리토나는 간다!

그는 남장(濫杖)하였다. 그는 병사수송화차(兵史輸送火車)에 몰래 탔다.

그는 군마유송화차(軍馬油松火車)의 벼집속에서도 잣다. 야숙(野宿), 공복(公僕), 피로(披露) 천신만고의 연고행(戀慕行)은 계속된다.

마침내 하리토나는 여순에 도착하였다.

그는 남편에게 면회를 청하였다. 그러나 허락할리는 만무하였다. 그는 중대장(中隊長)에 면회를 청하고 간원(懇願)하였다.

그러나 안된다 한다. 장관(壯觀)들은 부인들을 더리고 전선(全線)에 와서 있다.- 제정(制定)로시아의 군율(軍律)으 이렇게도 문란하였지만은 일병 쪽에게 그리워서 멀리멀리 온 여성(女性)을 쉽게 면회는 식이지 않었다. 그러나 합이빈서 온 그여자다. 목숨을 떼여 밭이고 온 하리토나다. 그는 읻을 동안이나 중대장에게 울면서 부탁했다.

오오! 하라토나!

쿠록게윗지!

드디어 그결과 두 번째 서로 얼사않고 울수있게 된 두 몸이었다.- 전율(典律)한 가운데에서의 행복(幸福) 그러나 그것은 짧었다. 용맹과감(勇猛果敢) 세계에 울리우는 극동(極東)의 소국(小國)의 군사는 여순을 포위(包圍)하고 탄환(彈丸)의 꽃다발을 맡이는 것이다.

로군(魯軍)은 고경(古經)에 빠졌다. 하리토나는 억지로 중대장을 설복(設伏)하여 남장한 억개에 총을 언고 남편과 같이 전선(全線)에 섰다. 二〇三 고지포루(告知砲壘)의 방비. 그것이 그여자의 임무였다.

오오 조국(祖國)의 짠다크!

하리토나! 하리토나!

용감한 우리의 소부(小部)!

사기(仕記)는 고무(鼓舞)되고 그여자가 소속된 일대(一代)는 가장 용맹하게 싸왔다. 중대장은 고소(告訴)하였다.

무엇이 어떻게 될른지 몰으겠네!

여자의 마음! 세상에 이렇게 까지도 불가해(불가해)함은 없으리, 그는 아푸리카의 사막(사막)과도 같이- 이러케 어떤 시인(是認)은 읊었다. 쿠록게위지는 부상(父喪)하여 입원(入院)하였다. 그때 하리토나의 태도는 표변(豹變)한 것이었다. 목숨까지 밭이여 사랑한 남편의 병고(兵庫)를 위안해 주는 대신 그여자는 무엇을 하였는가? 어제 짠다-크는 오늘은 요부(妖婦)가 되고 군(軍)의 해충(害蟲)으로 변하였다.

　중대장을 비롯하여 중대소속인 사관(史觀)이 개미와 같이 하리토나의 주위로 몰였다. 이남자들은 향기러운 과실(果實)에 금주리였던 것이다. 그것이 뜻하지 않은 곳에 있었던 것이다.

　하리토나는 창녀(娼女)로 변하고 매일밤의 꿈을 매일밤의 남자의 두팔에서 꾸었다. 탄우(彈雨) 가운데서의 도색(塗色)의 꽃. 이상하게 로영(魯英)의 꿈에 피는 이 문란(文蘭)이여

　여순함락(女順陷落)은 가까웠다. 이 함락은 오오 제정(制定)대로 서아의 붕괴(崩壞)를 의미하는 것이요 더구나 그 전선(全線)에는 부정간부(不正奸婦)! 전진(前進)의 독충(毒蟲)! 그 여자를 벼히라! 이렇게 칭찬은 노염으로 변하였다. 그 여자를 벼하라! 그러나 상관(上官)의 아니 상관들의 그것은 계집이 아닌가 쫄병들은 니를 갈었다. 그러나 요화(要化)도 짧었다.

　하리토나의 죽을 날이 왔다.

　일본군의 과감(果敢)한 맹격(猛擊) 은 밤을 낮으로 낮을 밤으로 계속되었다.

　난공불락(難攻不落)을 자랑하던 여순의 종언(終焉)의 날은 박두해 왔다. 그 하루밤 포루(砲壘)가운데서 어떤장교(將校)의 무릅에서 최후의 우슴을 웃고있던 하리토나의 머리우에 일본　포병진지(抱病眞知)에서의 탄환(彈丸)이 천지를 진동식이며 떠러졌다. 그 자리에는 한떨기 요화(要化)커녕 한조각 꽃닙도 남아있지 않었다.

　군사는 개가(開架)를 불렀다. 그러나 잠시후에 군사는 좀더 분개하였다.

　"그 독충(毒蟲) 이야기를 들었늬?" 응 ' 성(聖)게오르기- 훈장(訓狀)이래나 '로제국(魯諸國)최고의 영예(令譽)있는 훈장이다. 그게 저 간부에게 나린다. 나는 못밋겠네!' '그러나 사실은 사실이지'. 중대장의 허위구신(虛位九新)이다. 장교들의 추행(追行)을 감추려고 한것이지 그래도 좋다 그러나 우리들에게는 무엇이 있느냐 로국을 위하여 신명(神明)을 도(覩)하여 싸운 우리들에게는!

누가 그들으 분개를 책망하랴. 그들의 말과ㅏ 같으 중대장의 보
고도 그런 결과를 보게 된 거였다.

오오! 간부에게 빛나는 성(聖)게오르기 훈장.

항상 제일선(第一線)의 위험지대(危險支待)를 치구(治具)하면서 장
병을 도웁고 섬섬옥수 총을 잡고 적병(賊兵)에게 대하고 용감 몸을
던저 일신의 위협을 돌보지 않은 수염있는 남자로 하여금 놀낼일 만
큼 한 위대한 공적을 소관(小官)은-

이러한 의미의 글이 중대장의 구신서(九新書) 가운데 있었다.

그후 졸병들은 이 전후사릴을 공표하여 정부당국을 힐문하려고
한다는 소식은 들엇으나 그 결과는 나는 몰은다

로제국 패전사(魯諸國 敗戰社)의 이면(裏面)에 핀 이것은 '운명
의 여자'의 한토막이야기.

記者 -이것은 최근 度歐하는 조선이 낳은 세계적 무회 崔承喜
여사가 도구 前 특히 집필한 것이다.

출처:≪야담≫ 4권1호(경성: 야담사,)

- 소설평 -

숙명여자대학교 국문과 이명희교수

인간의 자기 이해방식은 사회적, 역사적 조건에 따라 다양하게 제시되고 전개되어왔다. 따라서 예술은 삶을 다양한 도구로 풀어, 무릇 그려냈다손 치더라도 반드시 당대의 사회나 역사적 의미들을 담아낼 수밖에 없다. 여기서 '예술가 노릇'은 단지 예술만의 문제로 남지 않는다. 예술가가 예술을 행하는 자기만의 방식은 예술 작품이 당대와 후대인들의 공감을 먹이로 생명을 유지한다는 면에서, 그들이 공유했던 사회적 장을 마땅히 담아내야 하는 의무가 주어진다. 작품이 예술로서 가치를 지니는 것 외에 정치나 사회의 문제를 외면해서는 안된다는 책임이 예술가에게 짐 지워지는 이유 역시 여기에 있다.

무용가 최승희의 경우, 프롤레타리아 문학단체와 계급문학운동에 깊숙이 관여한 오빠 최승일, 와세다 대학 러시아문학과에 다니고 있었던 사회주의자 안필승과의 결혼은 개인사로 볼 때 그녀에게 지대한 영향을 끼친 중심축이다. 한편 그녀를 혼돈의 세계로 밀어낸 또 다른 축을 들자면, 무용에 눈을 뜨면서 전 세계를 무대로 자기 예술세계를 구축해 나가는 동안 벌어진 중일전쟁, 일본의 신동아질서 및 대동아신질서건설, 제2차 세계대전과 해방, 월북, 한국전쟁 발발, 그리고 67년 북한에서 숙청되기까지의 격동의 시대가 있다.

최승희를 조금이라도 아는 사람이라면 부정할 수 없는 것이 그녀가 20세기를 대표하는 세계를 무대로 한 춤꾼이라는 것이다. 하지만 무용가 최승희 만큼 격동의 진원지에서 비껴가지 못한 자도 없다. 그녀는 춤으로 자신을 표현했고 세계를 향해 조선을 알렸음에도 불구하고 가혹하리만큼 친일과 사회주의 예술가라는 혐의를 벗지 못한다. '예술가 노릇' 안에 항상 '사회적 책임'이 요구되었으니 말이다.

「전선(戰線)의 요화(妖花)」는 러일전쟁을 배경으로 하고 있다. 러일전쟁은 동아시아에서 식민지분할을 위한 열강간의 제국주의 전쟁이다. 이 전쟁을 계기로 한국은 제국주의 열강의 승인 내지 묵인 하에 일본의 식민지로 전락한다. 이 작품은 제국주의 패권 다툼이 얼마나 개인의 생존과 행복권을 침해하고 인격을 훼손하는지를 보여준다. 『야담』에 실린 것으로 보아 실화나 떠도는 이야기를 근간으로 쓴 듯싶지만, 창작이라 하더라도 그녀가 보여주고자 하는 내용은 달라지지 않는다.

조국 러시아의 소집령으로 징집된 '쿠록게윗지'는 사랑하는 신부 '하리토나'와 생이별을 하고 전선으로 나간다. 둘은 서로 그리워하며 전화(戰火)가 꺼지기만을 기다리지만 남편을 만나고 싶은 일념 하나로 신부 '하리토나'는 남장을 하고 목숨이 위험할 수도 있는 연모행(戀慕行)을 실행한다. 짧은 만남이 이루어지지만, 전세가 악화되면서 그들의 삶은 원하는 대로 흘러가 주지 않는다. 남편은 전장에서 부상을 당하고 신부 '하리토나'는 요부(妖婦)로 변해 러군, 특히 사관들의 해충이 된다. '하리토나'의 변심을 "극동의 소국의 군사는 여순(旅順)을 포위하고 탄환의 꽃다발을 맡이는 것"으로 설명함으로써, 모국 일본의 사주를 받은 '하리토나'의 의도된 변심임을 암시하지만, 그렇지 않더라도 제국주의의 희생양이 되는 것은 매 한가지다. 그녀는 러시아의 붕괴를 의미하는 여순 함락의 끝자락에서 이루어진 일본의 맹공 속에서 최후를 맞는다. 그런데 전운이 가시고 '하리토나'에게 러시아제국 최고 영예의 훈장인 성 게오르기 훈장이 내려진다. 장교들의 추행을 감추려고 중대장이 남편과 같이 전선에서 싸운 그녀의 경험을 살려 러시아의 잔다크로 상부에 보고했기 때문이다. 하지만 이 글은 한국 및 만주를 둘러싼 양제국주의 국가의 무력충돌에서 빚어진 개인들의 초라하고 왜곡된 삶들이 널브러져 있을 뿐이다. "한떨기 요화커녕 한조각 꽃닢도 남아있지 않았다"는 표현은 이를 강변한다.

최승희는 개인의 이름을 걸고 미국과 구라파의 순회공연을 떠나기전 이 글을 남겼다. 아시아권 내에서의 무용가가 세계로 향해 발을 내딛고자 하는 순간이다. 1938년 1월에 샌프란시스코에서 첫 공연을 가지며 1939년 1월 파리에 입성함으로써 유럽에서의 공연도 길이 열린다. 그럼 1937년은 어떤 때인가? 일본어 사용을 강제하고 중일전쟁이 발발하며 남경대학살이 일어난 때이다. 일본의 제국주의가 정점을 향해 치닫고 있다. 따라서 러제국 패전사의 이면에 핀 운명의 여자, '하리토나'가 있음을 드러내는 마무리에서 이 글은 역으로 무용가 최승희가 세계적 무용가로 서고자 하는 시점에 제국주의에 의해 희생될 수 없다는 강렬한 거부의 외침으로 들린다. 그 이유는 제국주의 패권이 가한 개인의 희생을 비장하게 한 토막 이야기로 분명 들려주고 있기 때문이다. 그럼에도 러제국의 패망과 그들의 부정부패를 읽어내고 일본군을 위해 사랑의 신의도 버리며 일본 여성이 아이러니하게도 러시아의 영웅이 된 사실에 초점을 맞춘다면, 이 이야기는 일본 제국주의의 승전보이며 '러제국 패전사의 이면'에 숨어 있는 일본 여인의 영웅담으로 들린다. '제국주의에 의한 개인의 희생'과는 아주 다른 해석을 낳는다. 바로 이 부분이 최승희에게 요구하는 '예술가의 노릇' 외에 '사회적 책임'을 묻는 이유이다.

Ⅲ. 최승희 무용사진

〈남방무용 기본동작〉

〈돈황무용「천수보살무」〉

〈돈황무용 동작〉

〈남방무용 기본동작〉

〈무녀의 춤〉
1938. 작가미상

〈리릭그 뽀엠〉
1930. 작가미상

〈화랑의 춤〉
1937. 작가미상

〈기생춤〉
1939. 작가미상

〈장고춤〉
1942. 작가미상

〈북경 중앙희극학원 주은래 총리와 함께 1951. 작가미상〉

Ⅳ. 최승희 글 모음

《최승희의 글》

≪별건곤≫(제32호) 1930.9.1.

一家一言

崔 承 喜(舞踊家)

　겨우 제1회 창작발표를 하엿슬 뿐이고 日人의 원조를 떠나서 단독
으로 4,5명의 연구생을 다리고 專心으로 연구라고 하고 잇스나 원래
무용이란 것은 써-커스에서 하는 코믹한 舞踏나 다른 興行團에서 보
는 무의미한 輕踏亂舞라든가 유치원 원아들이 노래에 마처 몸과 팔
다리로 직접 노래의 내용을 형용하는 율동유희와도 달너서 統一的
線의 율동으로 한가지 감정이나 사상-예를 들면 <印度人의 悲哀>라
든가 <解放을 求하는 사람> <아니토라의 춤> 가튼-을 표현하게 되
는 것임으로 鑑賞眼을 가지지 못한 사람에게는 연출자의 熱과 興이
십분에 일도 전달되기가 어려운 것입니다. 손 하나 올나가는 것이라
든지 다리를 한 번 뺏는 것을 부분적으로 떼여 놋코 본다면 아무런
의미도 차즐 수 업지 만은 모든 線의 율동이 조화되고 통일되여 한
가지 목적하는 감정을 여실히 표현하엿다면 그 무용은 성공입니다.
그러나 공간적으로 幻影과 가티 흘너가 버리는 線의 율동이니 만치
詩나 소설가티 문자로 기록되는 예술과는 달너서 감상하기 어려운
것은 사실이지만, 이즉도 우리 朝鮮에 잇서 무용을 감상하는 사람들
이 가지는 태도라든가, 품위는 연출자가 불쾌하다 못해 侮辱感을 늣
기리 만치 低劣하고 無體面한 점이 만히 잇습니다. 舞踊 如何보담은
반나체로 뛰어 나오는 崔承喜를 보고자 모히는 분이 만흐닛가요. 예
술이란 원래 조고마한 邪心이나 가식도 許하지 안는 것임으로 동심
이 마비된 사람이나 양심에 가면을 쓰고 잇는 사람에게 정말 무용

예술이 알여 질 까닭이 업습니다. 그러나 아즉은 무용이 그들의 눈에 서투른 까닭이겟지요. 그래서 나는 압흐로 朝鮮의 정서가 만히 흐르는 비교적 알어 보기 쉬운 무용을 힘 써 작해 보려합니다. 될 수만 잇스면 歐米 선진국에 건너가서 직접 선배들의 敎導를 바더서 부족한 기예를 더욱 수련하고 보충하고 십지만 어듸 사정이 잘 허락해야지요.

그러고 요사이 푸로 사상을 가진 분들이 무용은 우리 실생할에 아무 관계가 업는 부르조아의 한갓 향략수단에 지나지 못한다고 무용을 背斥하는 말을 듯는데 그것은 그릇된 견해가 아닌가 생각함니다. 엇던 부문의 예술이고 간에 예술이란 원래 그 자체가 우리들 실생활에 잇서 시장할 때 밥 한 그릇의 직접효과는 낫하내이지 못하나 생활을 통해서 정신적 양식이 되여 감정을 통일하고 사상을 鼓吹하는 힘을 가진게 아님닛가. 일견 호화롭게 보히는 무용도 추는 사람의 사상경향에 따라 그 색채와 정신이 달너질 것이닛가요.

麗人隨筆 ≪만국부인≫(제1호) 1932.10.1.

어머니된 感想

崔 承 喜

〈첫 어머니 된 감상〉이요? 글세올시다.

살틀하신 어머니 무릅 아래서 철업시 날뛰든 때가 어제갓치〈44〉 생각되는데 어느듯 벌서 남의 안해가 되고 또 어머니가 되엿다고 생각하니 꿈갓기도 합니다.

〈어머니란 그 말이 나 안태는 너무나 녯 이약이갓치 인연이 머-ㄴ 것 갓드니 지금은 〈어머니〉란 그 명사가 나에게도 붓고 말엇슴니다.

어린애를 안고 안저서 물끄럼이 듸레다 보면 하로 잇흘 달너저 가는 것이 귀여워서 애착을 늣기게 되기는 함니다 만은 밤잠도 못 자게 빽빽 울 때라든가 또 맘대로 외출도 못하게 되는 때는 귀치안타고만 생각됨니다.

어린애 낫코 어적께 처음으로 외출햇는데 밧게 나가서는 온 정신이 어린애안태 잇게 되겟지요. 길에 걸으면서도 우지나 안는가 하는 생각만 가지게 되엿스며 어듸서 갓난애 우름소리가 들니면 죄다- 집에 애 소리 갓해서 정신이 산란햇슴니다.

어린애 우는 것이 가엽기도 하겟지만 더구나 미안하기는 싀댁에서 분주하게 되면 엇질가 해서요.

엇잿든 귓치안은 존재이지요. 더구나 우리는 아직 나희 어리고 또 각각 할 일이 엇는 것만큼 더 한 층 귓치안타고 힘잇게 늣기는 때도 잇서짐니다. 사실 이 가을에 동경 가서 그이는 남은 露語科를 마처앗치고 나는 舞踊을 할여고 햇는데 어린것이 너무 어리고 또 내 몸도 全快되지 못한 듯 십허서 못 가고 내년 봄으로 미루고 잇슴니다.

그러타고 어린애 때문에 모–든 푸란이 어그러지리라고는 생각지 안슴니다.

세상 사람들은 내가 결혼할 때부터 <인제 舞踊은 집어치우자.> <그만두는 게 낫지.> <여자는 싀집가면 그만이야> 등의 가지가지 말성이 만히 떠돌앗다는데 지금 어린애까지 나엇스니 인제는 정말 무용은 다–햇다고 생각할는지 물으겟슴니다만은 결코 어린애 때문에 그만두겟다는 생각을 가지지 안슴니다. 물론 조고만한 支障이 잇스리라는 것은 예측하고 엇슴니다.

우리의 목적울 하로 밧비 달하자면 (勝子)가 하로밧시 얼는 자라야겟지요. 그럼으로 나는 철도 안든 갓난애를 하로에도 몃 번식 듸레다 보면서 어서 커달나고 부탁임니다.

벌서 처음 날 적보다 차츰 사람의 허울을 써감니다. 四週日지나스닛까요.

늙으신 부모님께서들은 女子라고 좀 섭섭해 하시는지 몰으겟슴니다만은 우리는 거기 대해서만은 조곰도 섭섭한 관념을 갓지 안슴니다. 그래서 나는 어린개 일홈을 勝子라고 지엇슴니다. 男子보다 낫다고요.

신여성의 신생활론 No.1 《만국부인》(제1호) 1932.10.1.

新女性이여 舞踊하라
(여학교에 무용과 설치의 제창)

崔 承 喜

우리 생활에 잇서서 무용이 필요하다는 것은 벌서부터 늣기고 잇는 바임니다. 만은 아직 조선에 잇서서 더구나 일반 여성들에게 무용을 하라고 말슴하고 십지는 안슴니다.

그러기 때문에 나는 가정에 드러안진 여성들은 제외하고 다만 바라기는 각 여학교에서 학생들에게 무용을 성의잇게 가라처 주섯스면 하는 것임니다.

현재 여학교 학과 중에 체육 딴쓰시간이 잇기는 하지만 엇전지 다른 학과시간보담 등한시하지 안는가 하는 늣김을 가지게 됨니다.

남자에게도 무용이 필요하겟지만 여자에게 잇서서는 더 한층 필요함니다. 무용은 신체를 건전하게 할 뿐 안이라 동작을 敏活하게 하며 또한 동작 식히기 때문에 무용할 줄 아는 사람은 잘 너머지지는 일도 업스려니와 혹 너머지더라도 어듸 닷치거나 하는 일이 업슴니다.

그도 그럿켓지만 여자로서는 무엇보담도 동작을 곱게 하여야 될 줄 암니다. 손 하나 놀니드래도 가볍게 엡부게 놀님으로서 여성미를 낫타낼 수 잇는 것이라고 생각함니다.

내가 만히 지내보앗지만 동작이 낫부고 거름거리가 우습든 사람도 무용을 배움으로 말매암아서 점점 미화하여 가는 것이엿슴니다.

무용이란 결코 스테-지에서 관객의 마음을 끌키 위해서만 필요한 것이 안님니다.

우리의 생활을 좀 더 아름답게 빗나게 하는데 잇서 긴요한 것인 준 암니다.

그리고 또한 한 가지 무용의 대중화에 대하여 나는 이러케 생각함니다.

예술이라 하면 물론 그 엇던 종류의 것을 불문하고 그 것이 보통화하고 대중화하는 데에 그의 완전한 생명이 잇고 그의 건전한 성장이 잇는 것임니다. 그러나 오늘에 잇서는 모든 것이 상품화 하여가는 까닭에 예술 그 물건도 저들 부르주아 계급들에게 독점되여 잇는 感이 不無함니다. 예술 중에도 특히 지금 내가 專攻하고 잇는 무용예술 갓흔 것이 尤甚한 것 갓습니다. 그래서 나는 일즉이 石井漠씨의 문하에 잇슬 때부터도 늘 이 점에 대한 불평과 불만을 가젓섯습니다. 조선과 달니 일본 갓흔데만 하야도 아조 완전한 左翼劇場-例하자면 동경의 築地新劇場 갓흔 것이 잇서서 늘 푸로적 경향을 주제를 삼아 공연을 하게 되는 것이며 그를 보는 관중들도 조선과 갓지 안케 아조 계급적 분야가 선명해가지고 거의 근로계급의 대량관객들로만 만원을 일우는 성황임니다. 그런 까닭에 스테지 우에 낫 하나는 배우들의 태도와 기분이라는 것도 더 한 층 긴장하여지고 열혈이 充溢하게 됨니다. 그러나 우리 조선에서는 다른 불리한 객관적 정세와 한 가지로 예술에 대한 그것도 너무도 한심스러울만 함니다.

이번에 團成社에서 공연을 한 것은 임이 회수로 제5회를 거듭하게 되는 것인데 지난 제3,4 공연 때부터 내 딴으로는 首題에 더욱 치중해서 될 수 잇는대로 대중 층의 생활의식에 적합한 것으로 공연 푸로그람을 만들엇슴이다. 그래가지고 지난번에 지방 순회를 좀 하여 보앗슴이다마는 그 결과 예기치 안는 불행을 늣긴 일도 한 두 가지가 아니엇슴니다. 일반 관객들이 그대로 정숙하게 연주를 翫賞하지 안고 흥분된 발성과 행동을 간간히 가지는 까닭에 이 곳 저 곳에서 민중에게 자극을 주고 그를 선동한다는 이유로 혹 경찰에 동행도 되고 간섭도 만히 바닷습니다. 그러나 이는 모도가 예술에 대한 그들의 인식 부족으로 박게 생각되지 안슴니다. 그러타고 또 서울갓흔 도회

처에는 엇던가 하면 관객의 대부분이 거의 인테리나 소뿌르층들인 까닭에 모처럼 선택한 대중적 푸로그람도 고만 그의 관람 대상이 밧구어지는 까닭으로 그가 발휘할 예술의식을 일어바리고 그저 '춤'을 위하는 '춤'이 되고 공연을 위하는 공연만이 되여바림니다.

내가 압서 경영하고 잇는 무용연구소에는 연구 인원이 불과 8명 내외엇니다 만는 그의 역사는 임이 3년이나 되엿고 나로서는 하여간 압흐로 부족하게 생각하는 점을 어듸로나 만족식혀 줄가하야 압흐로라도 엇던 기회만 잇다면 따로 독립된 소규모의 극장이라도 소유하고 예술의 대중화를 철저히 부르짓고 십슴니다. 그러나 조선 현실의 객관정세가 그 것을 허락할는지도 역시 한 가지 의문으로 생각됨니다. 지금 현상 갓해서는 아모리 대중화를 부르짓는다할지라도 일반 푸로 계급에게 예술관념이 보급되여 잇지 안 것만콤 스테지에 나설 때도 긴장미가 업슴니다.

≪신여성≫(제7권 1호) 1933.1.

石井漠과 나와의 關係

崔 承 喜

내가 淑明女學校를 맛친것은 大正十五年 바로 내가 열여섯살먹은 째이엇습니다.

열여섯살이라고 하야도 '가소에도시'니까 一時學校에서는나가어려서 卒業狀을 주지못한다고 문제된일이 잇스니만치 아주 얼여쌔진少女이엇습니다.

그럼으로 年齡관게로 上級學校에도 가지못하고 그러타고 하야서 就職은 勿論하지 못하고 하야 하는수 업시 그대로 約一年간을 노를 작정하엿습니다. 그러나 바로 그째 즉 卒業期니까 三月二十日頃이지요 京城日報에 石井漠氏가 朝鮮에 나온것을 機會로 朝鮮少女研先生을 募集한다는 記事가 揭載되여 잇섯습니다. 勿論 그째 내 自身이야 그 記事에 대하야 別로 興味도 두지아는것이 事實이엇지요. 그러나 그記事를 그대로 看過하지 아는것은 나의 옵바이엇습니다.

옵바는 東京에 잇슬때 直接 石井氏의 公演도 자조듯고 坐石井氏의 人格도 알고 잇든차임으로 그記事를보고 즉시 내게로 와서 그런 말을 해주엇습니다. '너는 나도어리고 體格도조흐니 한번 무용게에나서 보는것이 어쩌냐?'라고요. 옵바의 말이 처음에 잘理解되지 안헛스나 그러라고 하야서 옵바의 勸하는것이 마음에 실치도 안헛습니다. 그래서 結局 옵바의 周旋으로 石井氏의 公演하든 이튿날 옵바와함께 公會堂에 가서 마네쟈-를 차자보앗습니다. 그리고 니어서 石井漠氏도 맛나보앗지오 처음 石井氏의 印象은 나의 先入見이잇서 그랫든지 아주 人格者답어보이면서 人情性이 잇서보이는 藝術家이엇습니다.

처음 石井氏가 무른말은 '너의決心만굿으면 다리고간다!'고하면서 그러나 父母를 맛나서 許諾을 마터야한다고 말하는 것이엇습니다.

바로 그이튿날 石井氏와 마네쟈-는 곳 우리집을 차저와서 父母에게 談判을 하는 것이엇습니다. 연구소에 데리고 가면 무용만하는 것이 아니라 성악도 배우고 재봉도 배우고 기타 가정사리 전부를 다 배워준다고요.

그러니까 처음은 춤이라니까 극도로 반대하시든 완고한 부모들도 성악도 배우고 재봉도 배운다는 바람에 좀마음이 도라스는것 갓햇습니다. 그리하야 결국 게약은 成立된 셈이지오.

石井氏가 仁川公演을 맛치고 도라가게 될째 나는 졸업한지도 얼마 안디고 해서 인사겸 학교에를 차저갓섯지요. 學校先生들에게 그런 이야기를 하엿드니 先生들은 절대반대예요. 바로 공부도 잘못하고 그런 學生이면 그런 곳에 보내도 조치만 너가티 공보도 잘하고 얌전한 애가 왜 그런곳에 가느냐?고. 그리고 가지 못하도록 열번 백번 만류하는 것이엇습니다. 先生들이 다 그렇게 이야기하니 나 역시 어린마음에 좀 不安을 늣기게 되는것이엇스나 그새 게약도 다 成立된 후 그째에서 破約을 할수업는 形便이엇습니다. 그럴쑨 아니라 옵바는 어데까지든지 가는 것을 主張하고 勸하앗습니다.

바로 써나는날 京城驛食堂에서 石井氏들과 우리 家族 사이에 다시 具體的契約이 되여 修學年限을 二年간 義務年限을 一年간으로 하얏습니다. 그리고 바로 써나기로 하얏지오. 그런대 다 그러케 되여 바로 써나려고 할째 學校에서 쏘 先生一同이 우리 집에 차자와서 어머니를 모시고 驛까지나와 긔여코 보내서는 不可하다고 말렸지요. 그리하야 나는 바로 四月초사흔날 石井氏를 짜라 京城을 써낫지요. 아니 조선을 써낫습니다.

大邱와 釜山을 보고 東京에 간후는 熱心히 石井氏의 지도 아래서 무용에 열중하얏습니다. 그러나 그째만 하야도 집에서 무용 고만두고 나오라는 편지가 연줄다어 왔습니다. 그째마다 나의 마음에는 항상 故國과 兩親의 생각 哀愁가 찾자오는것을 금할수 업섯습니다. 그러나 그와 반면에 옵바만은 항상 激勵의 편지를 주면서 아무 짠마음먹지 말고 무용공부에 열중하라고 말해주는 것이엇습니다.

그리하야 어느듯 一年간이 지나가고 그 이듬해에 京城公演을나왓스니다. 그째에도 집에서는 그째 京城日報等을비롯하야 各紙에서 만흔 宣傳을 해엇습니다. 그째문인지 人氣는 대단한 것이여서 成績은아주 良好하얏습니다.

그째에도 집에서는 그째를 긔회로 가지말고 이곳에 남어잇스라고 勸하얏스며 쏘石井氏도 혹시 집에서 잡어두지나 아니할가 하고 매우 근심하는 모양이 엇습니다.

그러나 긔시 시작한일이라 그러케 中途에 그만두어서야 아무것도 못될터이니 어데 그만둘수 잇서요. 그래서 다시 그대로 石井氏를짜라 드러가게 되엇지요.

바로 그 이듬해 다시 두 번재 京城公演에 나왓습니다. 人氣는 前年에比하야 一層 조왓습니다. 그리고 日本 드러간 후에도 나에 對한 宣傳은 如干한 것이 아니엇습니다.

邦樂座에서 연기할 쌔에는 조선留學生會에서 다 차자오고 花環이 드러오고 야단이엇습니다.

그리고 그뒤에 日本의 各地는 아니간 곳이 업시 다 다녀보앗지요. 北海道, 樺太, 臺灣等….

이와가티 石井氏門下에서 約三年간 지나게 되니 그째부터 제게는 이상한 새로운 藝術慾望이 생기게 된 것을 늣기게 되엇습니다.

그째까지는 다만 先生이 배워주는것을 充實하게 작히고 복습하는 生徒이엇스나 그후부터는 나에게는 그것으로는 滿足할수 업섯습니다. 무엇인지 작구만 創作을 해보고 십흔 마음이 생기게 되엇서요. 그러나 그째에 잇서서는 나는 스타―가아니고 石井氏의 相對役인 小浪(石井氏의妻弟)의 重要한 補助役에 不過하얏습니다. 그럼으로 敎授 그리 滿足하게 充實하게 밧지 못하게 되는 것이 事實이엇세요. 勿論 石井

氏夫妻는 제에게 對하야서만은 特別히 사랑하고 귀여워해주엇세요. 他國에 와서 '히네쭈레루'하면 안된다!고 하면서 친쌀자식만치나 귀여히 여겨주엇습니다. 그래서 平常時에는 스타-小浪과 나 사이의 감정까지 좀 傷한 일이 잇지요. 내 人氣가 너무 올라가면 혹시 스타-인 自己의 地位를 내가 쌔앗게 되지 아니할가 하고.

石井氏夫婦는 그만치 나를 사랑해 주엇습니다. 그럼에도 不拘하고 이상에도 말한 바와 가티 三年되는 째부터는 나의마음은 차차 先生의 門下에 잇는 것에 不滿을 늣기게 된 것이 엇습니다. 勿論 이것은 내 舞技가 벌서 石井氏에 배울것이 업으리만치 向上되엿다는것을 意味하는 것이 아니라 다만 견딜수 업시 自由스러운 創作慾이 생기게 된 까닭이엇습니다. 그러나 先生의 指導 아래서 어쩌케 創作을 할 수가 잇서서야지오.

그러든次에 쏘 한가지 일이 생겻습니다. 그것은 다른 것이 아니라 石井氏夫婦와 스타-'小浪'과 사이의 紛爭이엇습니다. 그째 小浪은 엇전셈인지 차차 人氣가 써러지기만 하고 評判도 차차 납버지는 축이 엇습니다. 그런데도 그째 小浪은 新婚을 한뒤라 經費는 만히 요구하게 되고하니 그저 매양 經濟的으로 풍부하지 못한 石井夫婦- 그리고 돈에 눈이 어두운 石井婦人가튼이는 小浪에게 염증이 생기게 되었습니다. 그리하야 언제나 石井氏夫婦는 小浪에게 冷靜한 태도를 취하고 야박한 대우를 하는 것이었습니다.

그째 나는 平常時에 小浪과의 의가 납벗슴에 不拘하고 小浪의 境遇가 同情이되엿습니다. 그래서 어느듯 나를 사랑하고 귀여워하든 石井氏 편이 아니고 도리여 小浪편이 되게 되엿습니다. 그러케 되니 그런 境遇와 小浪은 나를 절대 好感으로 마저 가지고 결국 나와 그밧게 한애를 합하야 三人이 要求條件 즉 지금까지의 것으로는 우리들은 게속하여 무용을 할수업스니 一切의 대우를 개선할 것 그리고 石井氏婦人이 마네쟈-를 그만둘것 等을 要求하얏습니다. 말하면 一種의 '스트라익'인 셈이지오.

그째에 勿論 石井氏夫婦는 特別히나에게 小浪과 다른애는 나가도 조흐나 承喜만은 나가지 말나고 여러번 만유도 하고 권고도 하얏습니다. 그째 내 個人의일을 생각하면 勿論 그대로 남아 있어서 小浪의 뒤를 이어 스타-가 되는 것이엇습니다.

그러나 그런 것을 쌘하게 알면서 小浪等과 한번 가튼 立場에서 約束한 이상 中途에서 罷意하는 것이 自身 스스로가 더러워 보이고 비열한 것 가티 생각되엿세요.

그래서 결국 先生의 勸告도 저바리고 그대로 石井氏연구소를 나와버럿습니다.

그러기에 그러케 된 일을 옵바에게로 알리지 안코 나올째 電報한 장하고 그대로 쮜여 나왓지요.

그째 나올째는 勿論 나와서 연구소를 열거나 연구생을 모집할 작정은 아니고 러시아를 가거나 日本을 다시 가서 연구와 창작에 전문하려고 하는 決心이엇습니다. 그러나 그째 石井氏는- 내가 그러케 나가는 것은 결국 너의 옵바가 너를 다려내다가 公演을식히고 돈을 벌을 작정으로 약속이 되여 나간다고까지 말을 하얏습니다. 그러나 勿論 그런 약속은 처음부터 업고 쏘그르타고 하야서 그밧게 무슨 理由가 잇는것도 아니엇습니다.

그 후에 제가 歸國한 이후 갓흔 문제에 잇서 裁判까지 한 일이잇습니다. 그것은 제가 나온 후 어썬 日本사람의 後援(그후 곳 그日本人과는 破約햇습니다만)으로 第一間處女公演을 준비하든 째인데 그째맛치 日本서 石井의 동생되는 이(約四十 되는 이엇습니다)가 明治生命保險會社의 일로 朝鮮에 나와서는 京城에 별로 아는 사람도 업고 하니까 나를 차저왓서요. 그것을 보고 朝鮮日日新聞에서는 아주 터무니업는 추측을 해가지고 내가 石井氏연구소를 나온 것이 戀愛관게로 나왓다고 써드러노앗겟지요. 그러나 바로 맷츨 두고 一同公演이잇는데 그런 戀愛의 소문이 나게되니 어데 그대로 잇슬 수 잇나요. 그래서 名譽損害罪로 告訴를거럿지요. 그런 일이 세상에는 여러 가지로 虛傳된 것이 잇는 모양입니다.

大概 石井漠氏의 관게는 이상과 가틋습니다. 그후에 잇서 내가조

선서 얼마동안 연구소를 가지고 멧번 公演도 하얏스나 그것은 악가도 말하얏거니와 저의 本意가 아니고 나올 째에 가젓든 決意대로 로시아도 日本도 못가게 되니 그대로 가만이 잇는 것이 不可하고 또 조선大衆에게도 될 수 잇는대로 내 배운 것으로 힘을 다해 볼가하야 지금까지 노력해왓섯습니다. 그러나 인제고 그대로 있지안코 반듯이 다른 곳으로 간다는 결심은 언제나 버리지 아넛습니다. 그리고 그 決心을 실현하기 위하야 나는 이번 다시 石井氏에게로 가게된 것입니다. 그리고 몇 년 후에는 한칭 나은 무용가로서 조선에 나와 노력하렵니다.

朝鮮民衆과 舞踊

崔 承 喜

1. 머리말

　編輯部의 要求가 '朝鮮民衆과 舞踊'인 까닭에 그대로 題目은 걸었으나 그렇다고 하여서 내가 여기서 붓을 들게 된 것은 결코 朝鮮民衆과 舞踊에 대하여 歷史的 發展의 考察을 企圖하려는 것도 아니고 그렇다고 하여 今日의 朝鮮의 舞踊界의 不振等을 全責任을 전혀 朝鮮民衆에게 들려 보내려고 하는 것도 아니고 다만 내 自身이 지금까지 實地로 경험해온 범위 안에서 조선이란 특수환경과 무용 또는 조선의 일반민중과 무용의 이해 등에 대하여 내 자신의 정직한 감상을 몇 가지 말해 보려고 하는데 이번에 내가 붓을 든 主要動機가 있는 것이다.

　여기서 바로 문제를 돌려 본 문제에 들어갈 수 있는 것이나 순서상 또는 문제를 한층 더 명확하게 생각해 보기 위하여 먼저 일반적으로 무용에 대한 말을 간단히 설명하고 넘어갈 필요가 있을 것 같다.

2. 舞踊은 時代와 社會의 産物이다.

　다른 부분의 온갖 예술도 그러할 줄 믿는 바이나 이 무용이라는 것도 결국에 있어서 時代라는 것과 社會라는 것을 초월해 있지 못한다는 것을 나는 무엇보다도 먼저 생각한다.

　물론 舞踊家 또는 舞踊批判家에 따라서 舞踊을 시대와 사회의 현실 같은 것과는 아무 관계없이 다만 순전한 舞踊의 殿堂 안에서 생각하는 이들이 있는 것이나 그들은 자기네들이 주관적으로 아무리 그것을 부인한다고 하여도 결국에 있어서 역시 그것을 초월하지 못하고 있다는 것을 깨달아야 할 것이다.

이제 몇 가지 歷史的 사실로서 증명하는 것이 여러 가지 의미에서 意義가 있는 일일 것이다.

原始時代의 무용은- 그것이 繪畵에 있어 그러한 것과 마찬가지로 그리고 그것은 旣成 무용가들의 주장과 같이 무용이 먼저 있고 그 다음에 사회적 생산노동 행동이 있었던 것이 아니고- 그 시대의 自己들의 旋律로서 손짓과 발 흉내로 그 當時의 狀況과 光景을 再現시키려고 한 行動이었던 것이다. 封建時代에는 이러한 原始時代 舞踊 대신에 宮殿內에서 발전된 宗敎儀式 기타 禮祀樣式等의 반영으로 봉건귀족과 승려들의 손에서 키워왔던 것이다. 즉 그 시대의 무용은 直接間接으로 僧侶와 귀족들의 이데올로기(心理)를 反映시킨 것이었다.

그것이 새로운 시대 즉 오늘날의 자본주의 사회에 들어오게 되자 모든 것은 貴族的 宗敎的인 것에서 個人的 自由主義 思想에 그리고 個性을 解放하려는 것이 그들의 唯一의 모터며 絶叫이었다.

이러한 社會的 變動에 있어 舞踊만이 아무 影響도 받지 아니하고 그대로 남아 있을 수 있었다. 舞踊도 그기에 補助를 맞추어 지금까지의 宮殿과 寺院의 人形舞踊에서 個人主義的 自由主義的 傾向으로 흘려갔다. 지금까지의 것과는 달리 신발을 벗고 스커트를 짧게 하고 裸體의 장르 한 形態의 舞踊으로 변하였다.

그 당시의 先驅者로 우리들은 먼저 이사도라 던컨을 들 수 있다. 던컨은 그 당시 新興부르조아지의 개성을 진실하게 표현하고 있었다. 그리고 동시에 무용을 위한 무용 즉 순수한 의미의 무용 지상주의자였다. 그리하여 그는 무용은 결국 순전히 視覺的인 것이라고까지 주장하게 되었다. 그리고 이 이론을 그대로 尊奉한 무용가들로 우리들은 루돈루프, 폰라벨라매리, 위크맨 등을 들 수 있다.

그러나 이러한 기성 무용가들 즉 무용의 殿堂 안에 蟄居하던 무용

지상주의 무용가들은 그들이 토대로 하는 자본주의 사회가 근본적으로 그에 포함하고 있는 모든 모순을 스스로 발로시키게 되는 때에 무용 역시 지금까지 무용의 靈泉을 잃어버리고 말았다.

지금까지의 個性의 解放을 부르짖은 것 같은 것은 이때에는 벌써 아무런 무슨 내용을 가지지 못하게 되었다. 그러므로 기성 무용은 어느덧 내용을 잃고 다만 기교가 남아 있을 뿐이었다. 이때의 무용 대표자 위크맨 사노름 아르헨티나 바바롭씨 등에게 공통점은 무용의 산 내용이 되는 예술적 靈泉은 없고 다만 기교에만 그 생명이 유지되어 있다는 것이다.

마치 다른 藝術에서도 自身의 內容은 잃어버리고 오직 화려한 기교와 형식만이 그런 腐敗한 內容을 陰蔽하게 되는 것과 마찬가지이었다.

이러한 현상에 대하여 石井漠氏는 현명하게 다음과 같이 말하고 있다.

明日의 舞踊은 다시 한걸음 나아가 그 本來의 意義를 찾아내기 위하여 모든 것을 출발시켜 가야 할 것이다. 그리고 그러한 일은 個人主義的 意識을 가지지 아니한 새로운 젊은 무용가들 손에서 키워질 것이다.

무용의 정당한 일반화는 이러한 方面에서부터 시작될 것이다.

그것을 위하여 첫째 履行되어야 할 일은 지금까지 특수예술로서 무용 전문가들의 수중에 있던 것이 大衆의 손 가운데 올라가야 된다고 하는 점에 있다. 群舞는 우리들에게 집단적 의식을 주며 우리들을 鼓吹시키는 동시에 健康法의 役割을 한다. 舞踊은 가까운 장래에 있어 工場內로 그리고 農村으로 一般的으로 流行될 것이다.… 舞踊의 意義를 살리는 것 그것만이 무용의 正當한 方向이 아니면 아니된다라고 하였다.

以上의 石井漠氏의 말과 같이 참된 의미로서의 새로운 무용이라는 것은 지금과 같이 어떤 一部의 사람들의 手中으로부터 大衆의 手中으로 고쳐내지 않으면 아니 될 것이다.

그러한 것은 과거의 기성 무용가들은 무용의 타락이고 말한 사람
이 있을지는 모르나 그것은 결코 그렇지 아니하고 그렇게 되는 데서
무용은 未來의 무용 자신의 역할과 임무를 다하게 될 것이다.

3. 朝鮮民衆과 舞踊

이상의 간단한 설명 가운데서도 미래의 새로운 舞踊家들의 할 일
이 무엇인가 알려졌다고 생각된다. 그리고 나는 過去의 짧은 歷史 가
운데서 그것이 手段과 方法에 있어서는 아무리 誤謬가 많았음에 不
拘하고 意識과 慾望만은 새로운 舞踊家의 한 사람으로서 任務를 다
하려고 努力해온 것이 事實이었다. 個人的 舞踊에서 集團的 舞踊으로
나아가야 할 것이다. 나는 내 自身의 과대평가가 아니고 그것을 實現
하려고 努力만은 해왔던 것을 告白할 수 있다.

그러나 이러한 나의 企圖에 대하여 그것을 庇護하며 키워주지 않
으면 아니 될 母體 조선 아니 일반 조선의 민중들은 어떠한 態度를
가지고 대하였으며 또 대하고 있는가.

내가 企圖한 舞踊에 대하여 어떤 사람들은 말했다. '저것이 다 舞
踊이야'라고 그리고 다른 사람은 '주먹춤…'이라고 冷嘲의 皮肉的 名
稱을 붙여 주었다.

대개 그렇게 말하는 民衆層을 보면 그들은 現社會에 아주 無關心
한 現實生活에 아무 注目도 안 가지는 사람들이 말썽이었다.

'즉 舞踊이란 것은 高貴한 것인데 저것은 무용의 타락이고 卑俗化
다'라고 말한다.

그렇게 말하는 사람들은 대개 現實을 모르는 小市民들이다. 그렇
지 않으면 職場에 있으면서도 순전히 의식 없는 사람들의 말이었다.

'新舞踊의 건설도 아무 것도 아니고 다만 새 것을 위한 새 것이
다.…'라고 말하고 싶다. 그리고 그러한 批評家들은 '마다마다なつて
いない'이라고 처음부터 問題視하지 아니한 것이었다.

그러나 그러한 賢明한 批評도 事實에 있어서는 구체적 실정과는
너무 떨어져 있는 事實을 無視하는 것에 지나지 아니하였다.

勿論 지금까지 내가 하여온 무용에는 여러 가지로 無理한 點과 わ ざごらしい한 點이 多分히 있었다. 지금까지 내가 배워온 것을 순전히 과거의 기성 무용가의 그슬리는 것일 뿐 아니라 조선이란 환경이 音樂 其他에 있어 自由롭지 못한 점이 너무나 많았다. 그리고 그러한 모든 조건을 극복하는 것은 그다지 용이한 일은 아니었다. 그러므로 나의 무용에는 자연히 거기에 따라오는 무리한 것이 많았다. 말하면 나의 무용은 극히 조잡한 未成品에 지나지 않았다.

그러나 어떠한 것이다. 새것은 결코 無에서 생겨지는 것은 아니다. 아무 것도 없는 데서 즉시 完全한 것을 만들려고 命令하는 것은 현명한 批評家의 할 일이 아니고 性急한 批評家들의 妄斷이 아니면 아니 된다.

새 무용의 건설이 얼마나 곤란한 일인가에 대하여 내가 자신의 것을 가지고 변명할 것이 아니라 다른 나라 사실의 例를 들면 러시아와 獨逸 같은 곳을 보면 명확해지는 사실이다.

今日에 러시아에서 다른 예술의 건설과 달라서 무용이 極度로 ゆ きつまり에 到達하고 있다는 사실 또는 독일과 아메리카에 있어서도 그것이 동일한 현상을 보여주고 있다는 사실 등이 있거든 하물며 조선 같은 환경에서 그것이 얼마나 곤란한 사업이라는 것을 넉넉하게 추측할 수 있는 사실인 것이다.

이상에서 조선과 무용에 대한 관계를 부분적으로 지적하였으니 그보다도 대체로 조선 대중의 흥미를 보면 그들은 무용보다도 소위 리뷰 같은 것을 한층 더 환영하는 것 같다. 勿論 무용에 비하여 리뷰 형식이 표현력도 풍부하니까 민중에게 환영받을 것은 사실일는지 모르나 그것도 조선민중이 리뷰에 대하는 태도가 결코 健康한 藝術을 진정하게 구하는 의미에서가 아니고 퇴폐한 변태적 기분에서 그것을 환영하고 있는 것이다. 그리고 그들은 역시 그러한 변태적 기분과 태도로서 무용에도 대하려고 하는 것이다. 그러므로 무용가도 단순히 그들의 비위만 맞추려면 역시 퇴폐하고 不健康한 무용을 가지고 등장해야 할 것이다. 不健康한 病的要求에 대하여 그대로 屈從하는 것이 아니고 그들이 될 수 있는 대로 正當한 意義로운 것에 나가도록 끌고 나가는 데 있을 것이다. 그러한 의미에서 나는 過去에도 未充分하나마 그러한 努力을 하여 왔고 또 未來에도 그러한 노력을 계속할 決心으로 있다.

4. 나중의 몇 마디

以上에서 말한 것과 같이 나는 과거보다도 '일은 이제부터다…'라는 決心을 가지고 있다.

그럼에도 불구하고 나는 이번 舞踊研究所를 解放시켰다. 그리고 이 사실은 세상에서는 내가 아주 舞踊이나 그만둔다는 것 같이 생각하는 이가 많은 모양이다. 여기서 물론 나는 이번의 사실에 대하여 이것저것을 구체적으로 말할 필요는 느끼지 아니한다. 다만 말해야 할 것은 그것은 결코 永久的으로 舞踊을 중지하는 것이 아니고 一步 前進을 위하여 二步를 退却한다는 行動이란 것이다. 나는 지금까지 먹어온 決心을 그대로 固守하여 그것을 實現하기 위하여 끝끝내 努力을 계속 할 것이다.

그리고 마지막으로 내가 이러한 企圖를 實現하는데 絶對努力을 하는 것은 고쳐 결심하는 동시에 참된 의미에서 새 무용을 건설해줄 만한 새 무용가들이 群出해 주기를 진심으로 빌어마지 아니하는 바이다.

≪삼천리≫(제8권 제12호) 1936.12.1.

露西亞로 가려다가

崔 承 喜

나는 어데까지든지 이후로도 예술 즉 무용과 싸우며 전진해 보자는 생각이 강해지면 강해질사록 끗까지 끌고 나가려고 합니다. 그런데 지금은 이 정열이 끌어서 견딜 수가 없고 또는 무용에 대한 창조적 쾌감이 저절로 머리를 들고 이러남니다.

그리고 나는 '만네리-즘'를 타파하고 또 다음 게단으로 오를 수 잇에 힘쓰지 않으면 아니 되겠다는 마음이 생겼읍니다. 그와 동시에 조선에서 태여난 무용가라고 하는 독특한 입장에 대해서 자각도 생겨나게 되여서 내가 아니면 할 수 없는 새로운 무용를 창작하고 십습니다. 나는 그러한 예술을 창작할 사명을 가지고 있다는 생각이 내 마음을 충동시킴니다.

또는 여기까지 어려 선생의 자애와 친절한 지도 아래 보내온 그날 그날의 생활이 그때 내게는 너무나 순조치 아니한가 하여 견딜 수가 없엇읍니다.

그래서 종종 기분을 고치고 "대체 나는 이렇게 무도생활을 계속해 갈까" 하는 것또 허할 수 있는가 장래 하늘 대해서 무엇인지 모를 불안이 저녁에 안개와도 같이 일어나는 등시에 나를 대중 압에 시험하고 시련해보기 위해서 이 사회의 험한 물껼가운데 뛰여들고 싶은 마음이 억제할 수 없이 이상하게도 강한 충동을 줍니다.

그렇지 아니하면 나의 생활은 격변하여 잘못 쓸어젓슬지도 몰랐을 것입니다.

이런 생각에 초초하고 있을 때에 로서아 대사관에 관계있는 분으로부터 "당신은 로서아에 가고 싶지 아니한가. 가고 싶다면 데리고 가겟노라" 하는 말을 들었다. 로서아라는 나라는 내가 소녀시대부터 동경해 오든 곳이외다.

　그래서 그 당시 나는 그러한 유혹의 손에 끌리여서 그저 기뿌다는 마음뿐이 가슴에 치밀었습니다. 여러 가지 의미로 초조한 내 마음이 로서아 가는 것을 쉽게 구체적으로 결정치 못하고 내게 잇서 제2의 아버지와도 같이 은혜를 애끼지 아니하고 끼처주신 석정선생의 곁을 떠나 그리운 동경을 버리고 내가 난 서울로 올 결심을 하였는데 그 때가 내가 서울서 연구생으로 입소했을 때에 약속한 3년간의 긔한이 끝난 소화4년 7월이였읍니다. 이 때에 석정선생을 버렸다는 것은 나는 어떤 방면으로 보든지 여러 가지 비난과 조소를 받었읍니다. 그러나 나는 잠자코 있었읍니다. 나는 내 아버지와도 바꿀 수 없는 은사 석정선생에게 활을 쏘려는 그런 생각을 가진 인간은 아니였읍니다. 또는 석정선생의 곁을 떠나는 것은 경제적 타산적으로 석정선생을 버린다는 말도 들었읍니다마는 원래 그러한 경제적 타산을 내버리고 뛰여 들어 온 길이 아니였읍니까. 그러한 일로 선생을 떠날 생각은 아니하였을 것입니다. 또는 내 형과 기타 애인 여러 사람의 지도와 권유로써 내가 그리 되였다는 말로 형을 비난하는 사람도 있었으나 어듸까지든지 선생에게 있어서 초지를 관철하지 않으면 아니된다고 선생의 곁을 떠나지 못하게 한 것이 형이였읍니다.

　지금 잇서 생각하면 내가 석정선생의 곁을 떠날 시기는 확실히 아니였든 것입니다. 순수한 무도나 레뷰 기타 대중의 악평을 받어 위험에 다다렀을 그 때 나는 어찌 하야 석정선생을 떠날 생각을 하였든가 하는 것이 내 자신이 떠나지 않으면 아니 될 이유가 있었겠지마는 현재 이때에 와 생각해 보면 선생에 대해서 면목이 없는 일이였었고 마음이 아픈 일이였다고 생각됩니다. 일부의 사람들은 그 때의 내 마음을 이해해줄 줄은 몰으고 무슨 다른 이미로 생각한 이도 있을 것 같은데 그렇게 생각하면 생각할수록 나는 불쾌하여 견딜 수 없읍니다. 만약 내가 나를 본위로 하는 여자여서 타산적으로만 행동하는 여자였드라면 나는 그 때 석정선생의 곁을 떠나지 않을 영리한 길을 택했을 것입니다. 소랑(小浪)이 떠난 후 뒤를 니어 석정선생의 상대역으로써 무대에 나올 수 있는 명예스러운 지위에 섯슬 대에 기회를 잡을 수 있었을런지도 몰랐을 것이외다. 어떻든 나는 내 자신의 예술을 세워보겠다는 한마음에만 쏠려서 고향인 서울로 급히 왔든 것입니다. 그래서 내가 가보려는 로서아를 목표로 하고 수업의 길을 떠나겠다는 빛나는 몽상을 가슴 속에 품고 있었읍니다. 로서아로 간다는 말이 최초에 로서아대사관에 관계있는 분이라 말하였지마는 이것은 서울의 영사관의 후원을 얻어 가지고 로서아로 가겠다는 계획이였읍니다. 그러나 서울에 와서 여러 가지로 영사관의 여러분들과 말슴하는 가운데 불행이도 여러 가지 사정이 방해를 했기 때문에 그 계획은 전혀 틀려지고 말았읍니다. 나는 내 마음이 어떤 물건에게 깨여저버리고 그 반동으로 내 마음은 방심된 것 같이 되였읍니다. 그러면 이제부터는 어떻게 해야 좋을까 여러 가지로 마음 에 안정을 얻지 못하였을 때 모든 것을 잊고 또 동경으로 가자. 그리해서 어떻게 해서든지 자립해서 하는 데까지 해보자고 이렇게 생각해 본 일도 있읍니다. 그러나 또 내가 석정선생의 앞에는 돌아갈 수 없다고 동경에는 석정선생밖에 다른 데는 믿을 곳이 없었든 것입니다. 그러나 이 때에 내 마음은 동경행을 바꿀 수밖에 다른 방법이 없었든 것입니다.

그렇게 되면 내가 취할 길은 두 가지 밖에는 없었든 것입니다. 즉 한가지라는 것은 내가 여태껏 밟어온 무도는 단념해 버리고 아버지와 어머님의 희망과 같이 배우자나 얻어 가지고 영민한 시악씨가 되여 가지고 전혀 가정의 사람이 되고 만다든가 그렇지 아니하면 끝까지 초지를 관철해서 무도에 길을 열기 위해 독립해 가지고 조그마하나마 경성에 내 연구소를 세우고 무도예술이라는 새로운 예술의 혜택을 받지 못하고 한 사람의 무도가도 내지 아니한 향토에 개간의 삽을 넣어 내가 무도에 종자를 뿌리고 갈까 이 두 길중 어떤 길이든지 밧삐 택하지 않으면 아니 되게 되였든 것입니다.

결혼을 하고 말까 하는 생각도 내 마음 속에 다소 동하고 있었읍니다. 그러나 무도의 길을 여기까지 밟고 와서 내여버린다는 것은 최초의 아버지와 어머님에 마음을 괴롭게까지 하며 내가 결심했든 내 뜻을 전혀 휴지와 같이 버리는 것이 되며 또 여태까지 힘써 오고 참어온 내 생활이 수포로 돌아가고 마는 것인데 내가 그렇게 힘쓴 것을 아깝게 생각하는 것보다도 무도예술에 대해서 내가 뜻하는 무도를 버리는 것이 너무나 안타까웠든 것입니다.

"그렇게 마음이 약하면 어떻게 하겠느냐. 너는 예술가다운 신성한 예술을 위해서는 끝까지 싸우기를 맹세한 네가 아니냐" 하는 형의 힘있는 말에 나는 제2의 길 무도예술로 전진할 단호한 결심을 했읍니다. 그리해서 경성에 내 무용연구소를 설립할 결심을 했읍니다. 이 때에 내 나이 18세. 그 때는 서울 하늘에는 힌 눈이 내리고 있는 첫 겨울이였읍니다.

— 自敍傳의 一節 —

≪여성≫(제2권 4호) 1937.4

- 조선을 떠나면서 -
오직 여러분의 聲援을 바랄 뿐입니다.

崔 承 喜

열여섯 살에 淑明女高를 졸업하고 오빠가 東京으로 가서 舞踊을 공부하라고 하시 길래, 무용이 무엇인지도 모르면서- 경성역에까지 모교 선생님과 어머님이 따라 나오시며 굳이 못간다고 말리시는 것을- 불안과 공포에 떠는 가슴을 안고 현해탄을 건너던 일이 어제 같은데 벌써 十二年이 되었습니다.

그동안 고생한 것을 이야기하자면 다 어떻게 하겠습니까. 하루에도 몇 번씩 낙망하고 무용이고 뭐고 다 집어치우자고 한 일도 여러 번이었습니다. 그렇게 무용을 연구하라고 제게 용기를 길러주시던 오빠까지도 한 때는 힘을 닦으셨던가 봐요, 安漠氏와 결혼한 뒤 이제는 무용이고 뭐고 다 집어치우고 동경에 가서 공부하는 安漠氏에게 학비나 잘 보내주며 시집살이를 하다가 安氏가 卒業을 하고 나와서 어디 취직이나 하면 幸福한 살림을 할 것이 아니냐고 하시기에 저도 거저 오빠의 말씀대로 그렇게 할까 하는 마음을 가지고 정말 시골 시댁에 가려고 했습니다.

그런데 그때 東京 安氏에게서 편지가 오기를 石井漠氏가 지금 당신을 곧장 오라고 하니 두말말고 들어오라는 것입니다. 그러나 오빠의 말씀이 어린 것까지 있는 몸이 이제는 무용을 하면 무엇하며 또 東京으로 가서 생활하려면 적은 生活費로는 도저히 안 될 텐데 가서 어떻게 고생하겠느냐고 하시면서 말리시는 거예요. 그래도 東京에서는 편지가 오고 전보가 오고 또 나중에는 旅費七十圓까지 보내면서 石井氏가 꼭 오란다고 하는 것입니다.

그제야 오빠도 그러면 가보는 것이 좋겠다고 말씀하시고 石井氏가 그처럼 그런다면 가보는 것이 뭔가 좋을 것 같아서 겨우 여섯 달되는 어린 것을 부둥켜안고 돈 칠십 원만 달랑 가지고 서울을 다시 떠났습니다마는 東京으로 가서 보니까 石井氏가 꼭 오란 것도 아니고 또 그이가 生活費를 보장해 준다는 말로 여비를 보낸 것도 전부 安漢氏가 한 일이었습니다. 돈 七十圓을 보낸 것도 자기 돈이 없어서 동무들한테 十圓씩 二十圓씩 취해 보낸 것이라나요.

그러나 저는 그때부터 재출발해 보겠다는 결심으로 安氏와 아이와 셋이서 단칸 방 하나를 새로 얻어가지고 밥을 짓고 빨래하고 장도 보아가면서 고생살이가 날마다 계속 됐습니다.

무 한 개를 사더라도 성한 놈으로 사면 二十錢, 三十錢을 하는 까닭에 저는 무가 근해져서 다른 사람이 사지 않는 것을 十錢이나 五十錢을 주고 싸게 사곤 했지요. 그런 생활을 하면서 저는 춤을 연구하겠다는 생각을 그때부터는 조금도 게을리 하지 않았습니다.

고생을 하면서도 뜻을 이루어보겠다는 마음이 너무 굳세었던 탓인지 한 번 두 번 무용공연을 거듭하는 사이에 여러분들이 저희 춤을 인증해주게 되었습니다.

서울에서 어린애를 부둥켜안고 떠날 적의 결심은 어떻게 해서든지 동경에서 진출해보리라고는 했지만 저같이 배경도 없고 돈도 없는 몸이 뜻대로 되리라고 어찌 믿었겠습니까.

이번에 美國에까지 잘 계약이 성립되고 보니 정말 세상이 고마운 것 같습니다. 美國에 가게 된 데 있어서는 여러 가지 풍설도 있는 듯 싶지만 제가 춤을 잘 춰서라기보다 거저 제가 추는 춤을 한 번 보고 싶다는 사람들이 西洋에도 얼마 있는 모양이어서 美國에서뿐 아니라 歐羅巴에서도 巴里를 中心으로 지금 교섭 중입니다.

아직 앞으로 일이니 어쩌니 하고 이야기하기가 거북합니다마는 이번 美國에 가서 그 사람들이 기대에 과히 어그러지는 일이 없이 된다면 歐羅巴에도 가볼 생각입니다.

어서 하루속히 가보고 싶은 마음이 간절하지만 各地에서 오는 주문이 美國을 떠나기 전에 한 번 와달라고도 하지만 제 준비도 아직 덜돼서 초조한 마음을 가지고 있습니다.

제 運이 나빠서 갑자기 世上情勢가 달라진다든지 혹은 그쯤에서 일본 사람을 배격하는 일 같은 것이 생기면 어쩔까하고 마음을 조리는 중입니다.

아직 떠나려면 여름도 지나서 十月中旬께나 돼야 떠날 것 같습니다. 갈 때엔 물론 安漠氏와 아이도 함께 떠나려고 합니다.

처음엔 아이는 두고 갈 작정으로 동경에 무용소를 새로 지었는데 다시 생각하니 데리고 가는 것이 좋을 상 싶습니다.

제가 떠난 뒤에 마음 놓을 수도 없으려니와 그 애가 지금부터 무용을 꽤 하는 편인데 장차 커서 무용을 그대로 하게 된다면 여섯 살에 어머니를 따라서 外國을 갔다왔다하는 것이 그 애를 봐서도 좋고 또한 이번에 가지는 弟子를 두 명 가량 데리고 가기는 하지만 幕間에 그 애를 내보낼 수 있다면 제 힘이 덜 들 것이라고 생각한 까닭입니다.

지금 예정은 두 해 가량 있으려고 합니다마는 어찌될는지요.

가면 만나보고 싶은 사람도 없지는 않습니다. 그러나 저는 본래부터 무슨 일을 시작하면 그 일에만 열중하는 성질인 까닭에 틈이 있을 것 같지 않습니다.

이왕 外國 땅을 밟는 이상 그 나라 사정이라든가 풍속이라든가 하는 데에 대해서도 잘 알아야겠지만 제 하는 일이 무용이고 또 장차로도 그것으로 일생을 바치려는 마음이니 힘자라는 대로 무용에만 전력을 다해서 그 사람들에게 조선에도 예술이 있다는 것을 알리려고 합니다. 크게 말하면 東洋의 舞踊을 똑바로 인식시키는 데 心血을 다하려고 합니다.

끝으로 여러분의 성원이 크실 것을 바라고 또 여러분의 건강을 비나이다.

≪삼천리≫(제10권 제10호) 1938.10.1.

桑港, 紐育에서 四回나 發表會

桑港 로산젤쓰에서 각 1회, 뉴욕에서 2회, 도합 4회의 발표회를 마치고 목하 뉴욕에서 추기발표회 준비를 하고 있읍니다. 秋期發表會 의 계약을 맺은 N·R·C 아-치스트 써비스는 아시는 바와 같이 고 쌰 리아핀의 마네저-로 메트로와 함께 미국 2대 마네-지멘트 회사의 하나임니다. 발표회는 대략 11월부터 시작되겠음으로 12월끼쯤 渡歐 할 예정임니다. 歐洲에서의 공연은 巴里의 '올가니자시옹, 알데스테 이크, 안델내슈넬'과 계약을 맺고 同社가 일체의 마네-지멘트를 맛게 되어있읍니다. 이것은 엘만 등의 마네저-임니다.

米人의 舞踊觀

4회에 亘하는 발표회는 결과가 예상 이상으로 호평을 받고 위선 안심하였읍니다만 어떤 비평가는 나의 무용을 순수한 민속무용이라 고 보았는지 '우데샹카'와 같이 피아노를 사용치 말고 原악기를 사용 하였으면 좋겠다구 합니다.

처음하는 외국공연임으로 푸로그람의 편성 등 여러 가지로 곤란을 당하였읍니다만은 로맨- 구릅 따이나믹크 그릅 코믹크한 그릅의 3부 로 난호아서 해보았읍니다. 미국관객은 일반으로 쨰스的 趣好가 강하 야 퍽 불안을 늣겼읍니다만은 결국 고토에서 조왔다구 평을 받은 작 품은 여기서도 마찬가지의 평을 받는 것을 보니 다소의 차이는 있어 도 洋의 동서를 막론하고 그 보는 눈은 거이 같은 모양임니다. 그러 나 너무 정적인 줌이면은 그 기분을 충분히 소화하지 못하는 것 같 이 보여집니다. 現今 미국에서는 독무로써 다수의 관객을 끄는 것은 퍽 곤란한 일인 모양임니다. 독무가로써는 무명한 사람들은 많은 모양이나 활약하고 있는 사람은 하나도 없습니다. 나의 무용회는 순전한 독무만임으로 옷 가려입는 시간이 많이 걸임으로 독무에 익숙치 못한 관객들이 너무나 심심할가 봐서 어떻게 조선 原樂人 5, 6인을 조직하야 막간에 이것을 했으면 어떨가?하는 이야기도 있습니다. 이때까지 내가 해 온 극장은 전부 무용공연으로 최상의 극장이었음니다만 정원이 1천명이여서 조용히 보기에는 좋으나 어쩐 일인지 미국 극장은 모다 일본보다 조명장치가 나빠서 무대효과상 퍽 곤란하였음니다. 나는 여기 와서 나의 춤에 대하여 냉정하게 비판할 시간을 가지게 된 것과 국제무용의 제일선에서 부닥치무로써 많은 공부가 되는 것같이 생각됨니다.

메트로와 N·B·C

現今 미국에는 歐洲의 불경기 때문인지 세계적 음악가, 무용가는 대부분이 와 있습니다. 지금에 있어서는 뉴욕이 세계의 중심이 되어 있는 감이 있습니다. 음악이 퍽 성하야 좋은 음악을 날마다 들을 수가 있음에 반하야 무용은 당초에 기세가 올으지 못하고 내가 본 중에는 <샹카> <바레투-쓰> <요-즈바레->의 3인이 가장 중요 인물이며 <모던 땐쓰>의 <위그만>들의 무용은 거의 <릿싸이터->를 갖지 못하고 연구생양성에만 힘을 드리고 있는 모양임니다. 그 이유는 뉴욕에서는 공연을 할나면 비용이 퍽 많이 걸니는데 더군다나 무용은 1천명 남짓한 극장에서 밖에 공연못하게 되고 관현악반주가 있어야만 3천명쯤 되는 <카-네-기홀>을 쓰게 됨으로 수지가 맞질 않어 여기에서는 무용가들은 큰 회사와 계약 안한 이상 1년에 한 번 공연하는 것도 여간 힘드는 일이 아님니다. 일본과 달리 미국에서는 마네이지멘트가 대자본 밑에서 행하게 되고 따라서 예술가는 마네저-의 지배 아래에 아무 능력 없이 다만 마네-저의 하는대로 따러 갈 뿐임니다. 나의 春期 공연 때의 마네지멘트를 한 메토로와 NBC는 전기한 바와 같이 아메리카의 2대 마네지멘트 회사로써 세계적으로 일음있는 예술가는 대부분이 이 두 회사와 계약하고 있고 이 두 회사와 계

약하지 않으면 아메리카에서는 활동할 수가 없다고 하여도 과언이 아닙니다. 마치 일본에서 松竹과 東寶가 레뷰-를 지배하고 잇는 것과 같다고 봄니다. 나는 다행히도 봄에는 메트로와 가을에는 또 NBC임으로 얼마간 안심임니다. 동양 사람으로는 梅蘭芳, 우데샹카, 나 이렇게 세 사람으로 내가 셋재번이라고 함니다.

排日 受難記

딴 이야기가 됩니다만 東京있는 내 연구소로부터 온 편지에 의하면 내가 아메리카에서 排日 운동을 한다는 소문이 떠돌고 또 여러 잡지에도 꼬싶이 났다는 것을 듯고 사실무근인 그런 소문에 놀나고 있음니다. 가령 그 소문이 허튼 거짓말이라 치드래도 그 소문의 성질이 나에게는 중대한 것이고 또 소문만이라도 그렇게 났다면 나를 길너준 東京 여러분께 미안하여 그냥 가만 있을 수가 없어서 여기 대사관과 로산젤쓰의 영사관으로부터 사실무근인 것을 외무성에 보고하였음니다.

뉴욕에 게신 총영사께서도 퍽 의외로 생각하시고 있음니다. 내가 외국에 온 것은 좋은 선물을 가지고 귀국할 목적임니다. 아무리 내가 점기로니 자기를 주는 것과 같은 매국적 행위는 상식으로 판단하여도 할 수 있는 일이 아님니까. 내가 나의 조국에 활을 노치 않고는 외국에서 성공 못한다면 빨니 귀국할 것임니다. 내가 생각컨대 예의 소문은 로산젤쓰에서 공연할 때 극장입구 부근에서 반도동포의 몇 사람이 排日마-크를 파렀다고 함니다. 그것을 내가 식혓느니 또는 알고도 묵인했다느니 하는 오해로서부터 생긴 것인가 함니다. 물론 반도동포 전부가 그런 것이 아니라 다른 사람들은 고향출신의 무용가라고 그립고 또 반가웠든지 여러가지로 환영하여 주었음니다. 이런 일은 나뿐만 아니라 徐廷權氏나 요새 와있는 玄海男이란 이도 일본인적 행위를 한다고 더러 몹살게 굴렀다고 함니다. 공연일에 그들이 입구 부근에서 排日마-크를 파렀다는 것을 그 이튼날 알고 퍽 놀랬음니다. 당일은 외국사람이 한 천명, 內地사람이 한 2백명, 조선사람이 한 1백명 쯤 왔다고 합니다만 나로서는 그런 이야기를 듯고 퍽 부끄러웠습니다. 今日의 아메리카는 일부의 콤뮤니스트들이 사람들이 많은 곳에 排日간판을 갖이고 돌아다니고 또는 援支기금을 모집하고 있는 형편임니다.

이것은 나의 공연 때에만 한 일이 아니라 국민사절단이 왔을 때에도 그랬었다고 합니다. 이것이 今日 아메리카의 모양임니다. 아메리카의 관헌도 또 우숩지요. 이런 것에 허가를 준다는 것임니다. 이상 쓴 것이 그 소문이 난 사정임니다.

護衛 속에 춤춘다

뉴욕 공연시에는 그들노 하여금 <崔承喜 배격>의 삐라를 입구와 길바닥에 뿌린 일이 생겼읍니다. 그것은 崔承喜가 일본문화 선전하러 왔다는 이유에서 그랬다는 것임니다. 이와 같이 여러 가지 사정이 위험하게 됨으로 뉴욕영사관에서는 여러 가지로 염려하여 특히 아메리카 경찰에 나의 보호를 청하여 주시여서 공연 할 때 경관이 화장실을 경계하고 있는 형편이였읍니다. 지금은 排日 기분도 많이 눅으러지였으니 가을 공연 때는 문제없을 줄로 믿고 있으나 그래도 불안함니다. 여러 가지 시끄러운 문제 때문에 얼는 渡歐하고 싶으나 歐洲의 마네-저가 예고 선전 기한이 있어야 된다고 하기에 금년 12월까지 여기 있기로 하였읍니다.

排日이라 하여 그것은 일반 대중이 아니라 코뮤니스트와 독일에 반감을 갖고 있는 유태인의 단체임니다. 하여튼 일본 것은 언제든지 만원이니 우수운 일임니다. 요사이는 겨우 외국생활에 좀 익숙하여졌읍니다. 가을부터는 충분히 일하게 될 줄 암니다. 지금 있는 뉴욕에는 일본 식당이 많어서 음식에는 부자유하지 않으나 아직 말을 못하야 벙어리짓을 하고 있읍니다. 그럼 이만 그치겠읍니다.

또 후일에 뉴-스를 보내지요.

≪삼천리≫(제10권 제10호) 1938.10.1.

米國 할리웃드 風景

최 승 희

고국 게신 여러 형제께 문안드리나이다. 저는 여러분께서 도와주시고 사랑하여 주시는 속에서 태평양을 건너 米國에 와서 이미 <로샌젤스>와 <華盛頓>과 <紐育>을 두루 걸처 몇칠 전 세계의 영화의 서울인 <할리웃도>로 왔나이다.

米國 와본즉 영화 사업이 놀랍게 굉장한데는 놀나기를 마지 않었읍니다. 자동차 사업이나 마천가지로 영화가 米國의 3대 산업의 하나라고 합니다.

할리웃드의 영화 시설이 인력을 다한 극진 極美한 데는 오직 경탄할 뿐이외다.

저는 오늘 여기에서 <로- 버트, 테일너>를 맞났고 또 <벤갈의 創騎兵>에서 나치 익든 <푸랜쯭, 톤>을 맞났읍니다. 모다 쾌활하고 好男兒들이더이다. 자세한 것은 別便으로 돌리기로 하고 爲先 여기에 끈칩니다.

≪삼천리≫(제10권 제10호) 1938.10.1.

아하, 그리운 新婦時節

崔 承 喜

- 아아, 그리운 新婦時代의 追想記 -
(朴英熙氏의 書齋에서)

昭和 4년입니다. 원대한 희망을 품고 고향에 도라온 나를 보고 어머님과 아버지는 무한히 기뻐하셨읍니다. 그런데 그것은 일개의 무용가로서 도라온 것을 기뻐하여 주시는 오빠의 기쁨과는 달은 것이었읍니다. 어머님과 아버지는-더욱히 어머님은 내가 조선 나온 것은 무용을 단념하고 그만 싀집갈여고 하는 것인줄 밋고 기뻐하신 것이였읍니다. 그래서 내가 오자마자 부모님께서는 후보자들의 사진을 연방 내들고선 싀집가기를 권하셨읍니다.

하나 그런 의사가 조곰도 없는 나로서는 그런 이얘기에 귀를 기우리지도 않은 것은 물론입니다. 그런데 한번은 너무도 간절히 말슴하시는 어머님의 말슴을 거절할 수 없어서 맛선을 본 일까지 있었읍니다. 이런 일이 있으면 있을수록 나의 마음은 무용 예술 연구에로 끊임없이 달니고 있었읍니다.

'독립하자. 그래서 내 자신의 예술을 수립하자.' 이런 마음 외엔 다른 생각이 있을 수 없었읍니다.

결국 오빠의 힘써 주신 덕택으로 연구소가 될 집을 하나 마련했읍니다. 연구소를 세우고 간판을 써부쳤드니 그래도 연구생들이 하나 둘 몽여 와서 한 15명 가량 되었읍니다. 그럭저럭 자리를 잡게 되였음으로 나는 더욱 신선한 희망에 가득 차 무용 개척의 제 일보를 밟었습니다. 하나 그것도 한때 뿐 날이 가는 사이에 물질적 고통은 점점 더해가서 내 희망도 하는 수 없이 주처안게 되였습니다. 연구생이 10여 명이라 해도 그 전부가 월사금을 내는 것이 아니고<99> 그 중 몇 사람만 내였으니까 곤란할 것은 사실이 아니겠습니까? 그래도 나는 월사금 밧고 못 밧는 것은 문제도 하지 않고 오직 연구에만 힘쓰고 있었을 뿐입니다. 심지어 그들의 생활비 용돈까지도 내 호주머니에서 나오게 되였든 것입니다. 이렇게 곤경에 이르게 되매 유혹의 손길은 한 두 번이 아니였습니다. 그러나 나는 그 생활고와 경영난과 싸호면서라도 마음과 몸을 다 기우려 하든 무용 예술의 신성함을 더럽히는 일이 있어서는 안 되겠다고 결심하고 파트론 구혼 其밖게 여러 가지 유혹을 물리쳤습니다. 나는 어릴 적부터 봉건적일지는 몰나도 "심신의 순결함을 잃고 사는 것은 죽는 것이나 마찬가지다"라는 생각을 가지고 있었든 까닭입니다. 나는 예술적으로도 앞이 꽉 맥힌 듯 싶은 마음이였습니다. 여자의 연약한 손으로 적으나마 한 개의 연구소를 경영해 나가지 않으면 안된다는 것도 확실히 어려운 일이였지만 예술의 막다른 골목에 다은 듯 싶은 고통은 더 말할 수 없이 나를 슯으게 했습니다. 이러는 사이에 열 아홉의 봄을 마지하게 되였습니다. 경제적 고통, 예술상 번민, 육체적 고통, 유혹 이것들은 나로 하여금 直正한 결혼을 생각하게 만들었습니다. 이전 지도 나는 훌융한 일개 예술가라고 자만하고 있었든 것이였습니다마는 공부하고 연구하여 가는 사이에 내 예술이 퍽으나 미숙함을 발견하지 않을 수 없었습니다. 그와 동시에 사회의 억센 물결을 헤치고 나갈여면 연약한 여자의 몸으로는 도저히 안 되겠다는 것을 깨닫고 예술상으로 생활상으로 훌융한 지도자가 있었으면 하는 것을 생각해 보게 되였습니다. 나는 결혼하기를 결심하고 옵바에게 이 사실을 고백했습니다. 오빠도 대 찬성이였습니다.

그런 후 몇일을 지나서 옵바는 훌융한 사람이 있으니 한 번 맛나 보려느냐고 물었습니다. 나는 오빠의 말슴이기에 당장<100> 그릴 것을 대답했읍니다. 그 청년을 맞나자고 약속한 일자는 닥쳐왔읍니다. 나는 그 날은 일부러 분도 바르지 안고 집에서 입든 옷대로 평론가요 작가인 朴英熙씨 서재로 옵바의 뒤를 따라갔읍니다. 거기는 늘 그때의 문학 청년들이 몰여서 상호간의 의견을 토의하는 장소가 되였든 것입니다. 그날도 내가 드러가니 朴英熙씨와 한 청년이 마조 안저서 문학상의 의론을 토론하고 있었읍니다. 그이가 즉 朴英熙씨와 오빠가 내게 선택해 주신 安弼承씨였읍니다. 그의 일흠은 일반으로 安漠이라고 한다는 것도 그 날 알었읍니다. 그날은 잡담으로 시간을 보내고 집으로 도라왔읍니다. 安은 당시 早稻田 대학 제일 고등 학원에 재학 중이였읍니다. 그 때가 바로 방학이라 歸省했든 때였읍니다. 조선에 있어서는 그때 벌서 문학 이론 방면에 상당한 일흠을 알리고 월간 잡지 등에 빼지 않고 집필하여 오는 신문학 운동을 하는 청년이였읍니다. 그 뒤 두어 번 나는 오빠의 허가 아래서 安漠씨와 맞나는 동안에 그의 선이 굵은 얼골과 어려운 의론만 하려드는 그에게 정을 느끼게 됐읍니다. 그리고 그의 앞에 갓가히 가면 가슴이 설네이고 마치 소설의 주인공과 같이 피가 뛰는 것을 억제할 수 없었읍니다. 그이는 나를 전부터 잘 알고 있었담니다. 내가 石井 선생을 따라 조선 공연을 왔을 때도 중학생으로 구경하려 왔었담니다. 또 내가 내지에 있을 쩍에도 전차에서 각금 맛났드라구요. 우리 둘은 어느듯 마음이 합치해서 필경은 장차 건설할 가정에 대한 꿈을 이야기하기까지 되었읍니다. 두 사람의 마음이 여기까지 미치게 되매 본래 오빠의 승낙까지 있고 했으니 언제 결혼해도 관계없읍니다. 부모님께서도 대찬성이였읍니다. 그런데 여기에 불찬성까지는 안 하지만 좀더 생각해 보라는 분들이 몇 분 있었읍니다. 그이들은 다른 까닭에 그러는 것이 아니고 예술가에겐 인기가 생명이라는 것이였읍니다. 하나 나는 "결혼해서 凋落하는 인기라면 그것도 할 수 없다. 결혼함으로서 한층 빛나는 예술가가 되고 싶다" 하는 굳은 신념을 가지고 있었고 또 그 불유쾌한 유혹을 근절식혀 버리고 거기서 완전히 해방되여 파트론 운운 하는 여러 가지 <떼- 마>에서 버서나 자유로운 세계를 가질려고 했읍니다. 그리하야 결국 나는 결혼하게 됐읍니다. 부모님께서는 그래도 귀여운 딸이라고 결혼식을 굉장히 하려고 했읍니다마는 우리는 그러한 허례를 즐기기에는 너무 순진했읍니다. 더구나 安은 "그런 여유가 있다면 당신의 무용 연구에 사용하는 것이 조치안소" 하고 양친의 제의를 거절해 버렸읍니다. 그리고 다만 <세비로>를 아모러케나 입은 신랑과 스포- 츠 뜨렛쓰를 걸친 신부는 튜렁크 하나를 들고 釋王寺로 밀월의 여행을 떠난 것입니다. 1주 예정한 것이 그만 2주일이 지내서야 京城에 도라온 신부는 행복감에 가슴이 꽉 찼읍니다. 그것이 바로 昭和 7년 내가 스므 살 安이 스믈 두 살의 봄이였읍니다. 결혼 후에도 나의 연구 생활은 그냥 계속 하겠다는 희망은 굳게 가지고 있었으나 만일 이것이 가정 생활을 유지하여 나가는 데 장해가 된다면 나는 선듯 예술을 버릴 작정을 하고 있었읍니다마는 安의 격려로서 나는 다시 마음을 굿게 먹고 예술의 길을 것기로 했읍니다. 일로부터 安이 학교에 갈 것을 쓸쓸히 생각하는 것 외엔 다른 생각 없이 정말 행복한 생활이였읍니다. 그러나 이것이 오래 계속되지 못하였으니 결혼 후 3개월이 되는 어떤 날 安은 불의로 요란스레 처들어 온 경찰관에게 붓잡혀 간 것입니다. 너무도 예기하지 않었든 일은 나를 暗然케했읍니다. 安은 여러 문학 청년들과 함께 사상범 혐의로 檢束된 것입니다. 그러나 슲으다고 그냥 주잔저서 슲어할 수는 없지 안읍니까. 준비가 다- 된 연구 발표회를 개최하였읍니다. 쪼들리고 학대 밧든 사람이 한 번 용기를 낼 때면 사람보다 배 이상의 힘이 나는 것이 인간성이든가 봐요. 탄력 잃었든 마음이 긴장되면서 반발심이 이러났읍니다. 그리고 安도 경찰서에 檢束되여 있는 몸으로서 늘 격려해 주며 조선 각 지방에 다니며 공연할 것을 권해 주었음으로 나는 마츰내 각 지방 공연의 길을 떠내게 됐읍니다. 객지에서 객지로 부자유한 安을 생각하면서 나는 마지막 공연인 安東縣에서 공연을 했을 때 였읍니다. 연일의 마음의 괴롬과 육체적 피곤으로 해서 최종 막이 내렸을 때는 그만 녹으라저서 묵어운 다리를 겨우 옴기여 화장실에 도라가니 거기엔 꿈에도 못있든 安이 지금 막 달여온 것처럼 서 있지 않습니까. 나는 그만 아모 것도 다— 이저버리고 安의 가슴에 머리를 파뭇고 울어버렸읍니다.

≪삼천리≫(제11권 제7호) 1939.6.1.

巴里通信

崔 承 喜

작년 歐洲에 도착하여 歐洲 각지 공연에서 예상 이상의 성과를 있고 있읍니다. 즐거히 여러분께 제2信을 쓰고 있읍니다.

1월 30일 <巴里의 살-브레이에르>에서의 巴里 제1공연은 定員 2,700의 巴里 제일의 會場이였으나 대성황으로 관객과 비평가에게 대단한 칭찬을 받아서 기뻐합니다.

었쨋든 巴里는 歐洲에서 예술의 중심지, 그런 만큼 데브-의 성공 如何가 歐洲 각지 공연의 성공 如何에 영향을 미치게 하는 것임으로 처음엔 퍽 불안해 했읍니다. 마는 成功裡에 끝을 막은 것은 1년간 아메리카에 있어서의 공연에서 어든 경험이라고 생각합니다.

2월 6일 白耳義, 브랏세르에서의 제1공연은 <파레·보자르>에서 퓌하모닉스사에데-의 주최 하에 했는데 이것 亦 滿員의 盛況이고 다시 2월 26일 南佛의 세계적 명승지 칸뉴의 <미읍시플·데아타>에서 무용 발표회를 가질 3월 1일에는 마르세유의 공연, 계속해서 西瑞의 쭈네바, 로-잔수 공연, 月末에는 伊太利의 <센트로·리리코>라는 伊太利 국립 마네-지멘트·뷰로-주최에서 미라노, 푸로렌쓰, 로-마 공연을 마치고 4월부터 愛蘭 5ヶ所 공연과 월말에는 白耳義 부랏세르 제2공연과 ? 안토와-부와 白耳義 3도시에서 하게 됩니다.

獨逸에서의 공연은 日字가 未定이나 5월중에는 확정되리라 밋습니다. 스칸데어나비아 각국과 英國은 그후에 하게 됩니다. 그밖께도 歐洲 각지 공연 신청이 만읍니다 마는 각지를 순서대로 해야겠음으로 아직 日字는 確定히 알 수 없습니다.

이러케 歐洲 공연은 至極 順調로 예상외의 성공을 보게 되였읍니다.

그리고 4월 30일부터 5월 초순에 이르기까지의 부랏세르에서 열니는 제2회 세계 무용콩쿨에 미숙한 내가 심사원의 한사람으로 선정되여 부랏세르에 가게 되였읍니다. 여러분도 아시겠지마는 제1회 인터내쇼낼 딴스·콩쿨은 수년전 윈에서 열였는데 이것은 그 제2회로 이번 것이 前回보다 대규모라 합니다. 약 2천 이상의 무용가와 무용단체가 참가한다고 합니다. 나는 부랏세르 무용심사에 간 길에 부랏세르 제2회 발표회를 할 작정니다.

그리고 巴里에 연구소를 두고 각국 공연에 갓다 와서는 틈틈이 新作 연습도 하고 무용 연구도 계속합니다. 巴里가 歐洲의 중심지요 또 내 全歐州 契約을 引受하고 있는 <오르가니자숑 알데이데이크 안데르내쇼낼> 본부가 巴里에 있는 까닭입니다.

5월 初旬 巴里에서

≪삼천리≫(제13권 제1호) 1941.1.1.

無事히 도라왔습니다, 東京帝國호텔에서

崔 承 喜

帝國호텔로 보내신 貴社의 편지를 받고 곧 무엇이나 말슴하신대로 적어보내려 하였사오나, 위선 族裝을 帝國호텔에 대강 풀어 놓고 있는 形便이고, 또 찾어주시는 新聞雜誌記者며 親知들 接待에 참으로 바쁘게 지냅니다.

애기는 念慮해 주시는 德澤으로 그 동안 평안히 잘 자랐습니다. 3年 사이에 어떻게 크고 여러 가지로 달러졌는지 놀랐습니다. 말도, 썩 잘 하고 모든 行動이 어른같어졌습니다. 오래 떠러저 있던 엄마를 조금도 서먹해 하지 않습니다. 오직 기뻐서 날뛸 뿐입니다.

太平洋을 航海하던 이 애길 어떻게 하면 잘 해디릴까요. 마주 앉어서라면 참 재미있는 이애기, 웃우운 이애기가 많지만 편지로는, 다 못하겠습니다, 어쨋던 陸地旅行보다 바다旅行이란 늘 재미있고 로맨틱한 거라고 생각합니다. 3年동안 汽車, 汽船을, 실증나게 타 보았건만 이번 돌아오는 길은 퍽 愉快하였습니다. 故鄕에 돌아오는 기쁨이 컷기 때문이었던가 봐요. 날세가 별루 춥지 않어서 甲板에 나와 하루하루 故國의 땅이 한마일씩 가까워 지는 것을 기뻐하며 오-랜 旅路의 疲勞도 다 잊었습니다.

太平洋을 航海하던 때의 日記를 달라 말슴 하셨는데 이런 쓸데없는 이애기만 해서 罪悚합니다. 하필 日記를 달라십니까. 그런 것을 달라실 줄 미리 알었더면 그날 그날 재미있던 일들을 적어둘 것을 그랬습니다. 원악 오랜 旅行을 한 탓도 있겠지만 늘 緊張하고 있던 몸이라 아주 疲困하여서 그런 것 쓸 생각은 조금도 하지 못했습니다.

　橫濱에 내리면 新聞雜誌記者들께 쪼들릴 줄 알고 일일이 말하는 건 힘이 들고, 또 말을 잘 할 줄도 몰으므로 그 이들 質問에 答할 材料만은 미리 써 가지고 왔습니다.

　昭和 12년 12月에 日本을 떠나 第一 먼저 北米에 건너가서 公演을 하고 거기서 歐洲 巴里를 中心하여 公演을 계속하여 波蘭, 白耳義, 獨逸, 英國, 各國을 도라 다니며 公演하는 中에 이번 大戰을 만나서 혼이 단단이 났습니다. 그 혼나던 이얘기는 歐洲에서 여러번 고국에 보낸 書信中에, 씨여 있었기 때문에 다시 이 얘기하지 않겠습니다. 마는 참 혼이 단단이 났습니다.

　그래서 昨年 9月에 다시 北米로 가지 않았습니까. 거기서 各 곳을 다 巡回한 뒤에, 第一 最後로 멕시코에서 公演을 하게 되었는데 우리 同胞들이 많이 가 살고 있는 곳이라 同胞들의 따뜻한 情을 무척 느꼈습니다.

　이번 世界巡回公演에 好評을 받은 것만은 事實입니다. 劇場도 제일류였을 뿐 아니라 대개 어느 나라에서나 마네-저두 見識이 넓고 敎養있는 一流들이어서 氣分 傷하는 일이 없었습니다.

　춤으로 評別이 좋은 것은 東洋的인 것들이었습니다. 웬일인지 批評家들 中엔 純西洋춤 추는 것을 좋와하지 않고 東洋의 文化, 東洋의 色彩, 냄새를 딴 東洋춤을 췄으면 좋겠다고 注意시켜 주는 분도 있었습니다.

　그러므로 레파-트리- 30個中 대개는 東洋的인 것이었습니다. 特히 朝鮮의 古典을 紹介하려고 애를 쓴 것들이었습니다. 그런 까닭에 本國 있을 때에 알지 못했던, 깨닫지 못했던 東洋情緖를 많이 發見한 것 같습니다. 대개 舞踊家들이 歐米公演을 하고 돌라오면 西洋춤을

輸入해 오는 것이 普通이인데 저는 아마 그 反對가 되었나 봅니다. 東洋的 춤을 輸入해 왔으니까요. 어쨋던 이번 公演이 여러 가지로 제게 배워준 것이 많습니다.

다른 이 애긴 만나 뵈올 때 하기로 하고 위선 이것만 말슴디립니다. 아직 짐짝도 채 整理 못 하고 해서 마음이 安定되지 못 합니다. 朝鮮 돌아가기까지 제 代身 朝鮮 게신 여러분께 인사 傳해 주십시요.

12月 10日

조선민주주의인민공화국 최고인민회의
제2차회의 회의록

(1949년 1월 28일)

최 승 희 대의원

토 론

저는 우리 조국의 민족문화의 부흥과 발전을 위하여 복무하는 예술가의 한사람으로서 토론에 참가코자 합니다.

여러 선생님들이 다 아시다싶이 2년전 김일성장군께서는 우리 민족사상에 처음인 1947년도 인민경제 부흥발전에 관한 보고 가운데서 "민주주의국가를 건설하려면 반드시 자기 민족의 자립적 경제기초를 확립하여야 되며 자립경제기초를 확립하려면 인민경제발전과 인민경제 향상이 있어야만 되며 이것이 없이는 우리는 독립할 수도 없고 건국할 수도 없고 또한 살 수도 없는 것이다"라고 말씀하시었습니다. 또한 1947년도 인민경제계획에 관한 총결과 1948년도 인민경제발전계획에 관한보고 가운데서 "북조선의 힘찬 인민경제계획은 조선의 민주주의 자주독립국가 건설을 촉진시키며 우리 조선인민의 물질적 정신적 기초를 창건할 것입니다. 뿐만 아니라 이는 또한 세계의 민주주의 국가와 민주와 평화를 갈망하는 전 세계 인민들의 열렬한 지지와 성원을 받을 것이며, 식민지 반식민지 해방운동의 선봉적 역할을 할 것입니다. 북조선 인민들은 조선민주주의인민공화국 수립의 기치를 높이 들고 인민정권의 주위에 더욱 굳게 단결하며 인민경제의 모든 부문에서 1948년도 계획을 초과달성하는 데로 매진할 것을 호소합니다"라고 말씀하셨습니다.

여기에 있어서 우리 조선 인민들은 김일성장군의 호소를 받들고 1947년도에 있어서나 1948년도에 있어서나 그 영예로운 위업을 어김없이 실행하였으며 넘쳐 실행함으로써 오늘의 승리적 인민 영웅적 인민으로서의 자랑을 떳떳이 쟁취하였습니다. 이러한 찬란한 승리는 무엇보다도 소련군대의 거대한 방조와 김일성장군의 총혜로운 영도와 우리 인민들의 부단한 노력과 투쟁의 결과이었다고 생각합니다. 실로 우리 인민들은 우리 조국과 우리 주권과 우리 영도자께 무상의 헌신성을 발휘하면서 조국의 영광을 위하여 만난을 물리치고 전진해 왔던 것입니다.

조국의 북반부 산하에서는 우리 민족 사상에 일찍이 볼 수 없던 수백만의 장엄한 건설의 노래가 그칠 줄 몰랐으며 이 위대한 노력전선에서 우리 조선 사람들은 모든 용감성과 인내성과 창발성의 고귀한 모범을 보여주었습니다. 우리는 북조선 방방곡곡에서 조국과 인민의 승리를 무엇보다 고상이 여기는 수만 수천만의 애국적 전형을 찾아낼 수 있었던 것입니다.

우리 조선인민들이 이러한 역사적인 위업을 실행함에 있어서 우리 인민들은 소련군대의 형제적 방조를 무한한 감사로써 받아왔으며 그와 동시에 인류사상에 일찍이 볼 수 없었던 소련의 위대한 사회주의 건설사업에 있어서 4차에 걸친 5개년 계획의 실행과정에서 구현된 소련인민들의 영웅적인 창조적 노력과 투쟁의 전 경험을 우리 조선인민들은 자기들의 가장 가치 있는 교훈으로 삼아 왔던 것입니다.

오늘 1949년도~1950년도 인민경제계획을 토의하는 이 자리에 있어서 저는 이 새로운 위업도 또한 반드시 성과 있게 달성되리라는 것을 확신하는 바입니다. 지난 두해동안의 우리 인민들의 승리의 전 경험이 이를 확신케 하며 우리의 영도자의 위대한 인도력이 이를 확신케 하며 또한 소련인민들의 끊임없는 방조가 이를 확신케 합니다.

조국의 완전독립과 국토완정을 위하여 금번의 인민경제계획의 의의와 이 사업 속도의 중대성을 더욱 깊이 인식하는 우리 인민들은 자기 앞에 놓여 있는 이 새로운 책임적 과업을 각 분야에 있어서 애국주의적 자각성을 발휘하면서 완수하리라는 것을 믿어마지 않는 바입니다.

여기에 있어서 우리 문학 예술인들도 우리 인민들의 위업을 위한 투쟁을 방조하기 위하여 모든 재능과 역량을 기우려 조국건설에 이바지 하리라는 것을 맹세하는 바입니다.

친애하는 대의원 여러분!

여러 선생님들께서 주지하시는 바와 같이 조국의 북반부에 있어서는 우리 민족문학과 민족예술 건설사업도 해방이후 3년 반이 채 못되는 짧은 기간에 거대한 승리를 가져왔던 것입니다. 물론 우리 문학과 예술은 나이어린 문학과 예술이며 아직도 그 잠재력을 전적으로 발휘시키지 못하였지만은 그러나 오늘조국의 문학가 예술가들이 북조선에서 축적해놓은 찬란한 창조적 성과는 조선문학과 예술이 멀지 않은 장래에 세계의 선진적 문학예술의 대열에 능히 들어설 수 있는 위대한 문학과 예술로써 형성될 막대한 가능성을 보여주고 있는 것입니다. 그러나 우리 문학예술 건설사업에 찬란한 승리가 있었다 하더라도 이것은 우리들의 첫 승리에 불과한 것입니다. 문명하고 부강한 조국건설을 위한 위업 인민경제부흥과 발전계획실행은 문학예술 사업뿐만 아니라 전 문화건설사업의 보다 높은 승리와 보다 높은 수준을 요구 합니다. 오늘 조선인민들 앞에 놓여있는 과업은 실로 영광스럽고 곤란한 과업입니다.

이 과업은 우리 인민들이 보다 고상한 사상을 가진 각성 있는 조국 건설자가 되며 우리 중앙정부의 정책을 옳게 이해하며 이 정책의 실현을 위하여 만난을 극복하고 현실적으로 노력하며 투쟁함으로써만이 달성할 수 있을 것입니다.

쥬다노프선생이 "인민의 정신적 재산은 물질적 재산보다 귀중한 것이다"라고 말씀하신 바와 같이 해방 이후 단기간에 있어서 조선인민들의 위대한 승리는 우리 정권이 민주주의적 고상한 사상으로서 인민들에게 높은 자각성과 문명성을 주입하면서 인민 속에서 실시한 광범한 교양사업과 문화건설사업의 경과이라고 생각합니다. 고상한 사상은 민주주의적 새 조선사회의 발전을 촉진시킬 것이며 그 위력의 원천을 증가시킬 것입니다.

우리 조선 인민들을 특히 후진들을 조국과 인민을 진실로 사랑하는 헌신적 애국자가 되게 하며 조국과 인민의 이익을 무엇보다 고상히 여기며 민주주의를 위한 투쟁에 있어서 용감한 혁신자가 되며 어떠한 난관이던지 능히 극복할 수 있는 준비성을 가지어 조국의 원수들에게 대하여 무자비한자가 되며 선진적 우방과 친선할 줄 알며 세계평화와 인류의 행복을 위하여 공헌할 줄 아는 그러한 고상한 민족적 품성을 가진 새로운 조선 사람으로 됨에 있어서 우리 문학과 예술은 다른 부문과 더불어 그 역할은 거대하고도 고귀한 것입니다. 그럼으로써 스탈린대원수는 "작가는 인간정신의 기사이다"라고 말씀하셨으며 김일성장군께서는 우리 문학가 예술가들을 격려하시는 말씀 가운데 <민족의 보배>라고까지 말씀하시었던 것입니다.

실로 우리 문학과 예술은 조선인민들의 도덕적 정치적 통일성을 촉진시키며 그들을 조국건설을 위한 영웅적 노력과 투쟁으로 고취하는 강력한 무기이라고 생각합니다. 이것은 두말할 것도 없이 우리 문학과 예술이 그 고상한 국가적 사명과 빛나는 위력을 원만히 달성하기 위하여서는 우리 문학 예술작품의 고상한 사상적 예술적 수준을 확보하여야 함을 책임지운 것이라고 생각합니다. 오늘 조선인민들의 사상적 문화적 수준은 현저히 장성되었습니다. 영웅적 인민 승리적 인민의 영예를 전취하면서 나날이 높은 곳으로 울려가고 있는 조선인민들은 이미 어떠한 정신적 산물이든지 주는 대로 받아들일 수 없는 정도까지 성장되었습니다. 그럼에도 불구하고 우리 문학예술 건설사업은 그 찬란한 승리와 아울러 아직도 장성된 우리 인민들이 요구하는 수준에까지 이르지 못하고 있습니다. 우리 문학가 예술가들은 진실로 인민들이 이해할 수 있으며, 인민들이 사랑할 수 있으며, 인민들의 심장을 고동 시킬 수 있으며, 인민들의 생활을 아름답게 함으로써 인민들의 정신적 양식을 풍부하게 하는 우수한 작품을 원만히 보장 못하였으며, 우리 조국이 요구하는 허다한 새로운 민족문학예술 간부양성사업을 원만히 보장 못하였습니다. 소련의 문학예술작품과 같은 최근 평양에서 상연된 〈시베리아 대지의 곡〉혹은 〈청년근위 대〉 등은 얼마나 우리 조선인민들에게까지 무한한 감동을 주었는가 를 생각할 때 오늘 우리 문학가 예술가들은 우리 인민들의 위업 달 성을 위하여 인민경제계획예정숫자 초과 달성을 위한 사업을 방조하 기 위하여 우수한 문학작품과 예술작품을 허다히 내놓아야 할 것이 라고 다시금 자기들의 중대한 책임을 느끼지 않을 수 없습니다. 그러 기 위하여 우리 문학가 예술가들은 선진적 소련문학과 예술을 마음 껏 섭취할 수 있는 가장 좋은 조건을 구비하고 있는 조선민주주의인 민공화국 북반부의 행복스러운 조건을 빠짐없이 이용하여 세계에서 가장 우수한 소련의 문학예술의 경험을 적극 배우고 섭취하여야 하 겠습니다. 동시에 우리 민족문화유산을 정당히 계승 발전시키며 우리 조선문학과 예술로 하여금 선진적인 외국문학예술의 수준을 따르며 그것을 세계적 높이에 끌어올리며 우리 문학예술로 하여금 인류의 문화계를 부흥하게 하는 그러한 영광스러운 위업을 위하여 백년대계 를 세우고 준비하는데 만전을 다하여야 할 것입니다.

저는 일찍이 나라 없는 예술가로써 세계 20여 개국을 무용공연 하러 다니었을 때 나부끼는 만국기에 우리 조국의 깃발이 없고 우리 조선대사관, 조선공사관이 없음을 무엇보다도 비통히 생각하였습니 다. 그러나 오늘날 조선민주주의인민공화국의 영광스러운 예술가로서 마음껏 창조적인 활동에 종사하고 있음을 무한히 행복스럽게 생각합 니다.

우리 조선과 소련을 위시한 제 민주주의국가 간에 외교관계가 성 립되고 대사까지 교환된 오늘날 우리 인민들의 문학무대와 예술무대 앞에는 세계에로의 무한히 광대한 길이 열리어졌다고 생각합니다.

끝으로 우리 문학가 예술가들은 우리 조국과 인민이 요청하는 영 예로운 사명을 완수하기 위하여 시야를 세계적 규모에 돌리며, 우수 한 문학예술 작품의 산출과 우수한 민족 간부양성을 위하여 모든 역량을 기우려 우리 조국의 민족문학 예술의 보다 급속한 부흥발전을 가져오기 위하여 노력할 것을 맹세하며, 이것이 오늘날 김일성수상의 지도하에 있는 전조선의 애국적 문학가 예술가들의 공통된 임무이라고 생각하는 바이며, 이번 2개년 인민경제계획 완수를 위하여 우리 예술가들의 중대한 역할을 반드시 수행할 것을 다시 한 번 맹세하면서 제 토론을 끝마칩니다.

≪생활과 무대≫ 국립출판사 1956.

무용예술의 가일층의 발전을 위하여
"2월 27일 무용예술인 열성자회의 보고요지"

조선민주주의인민공화국 인민배우 **최 승 희**

우리의 민족문화발전을 위하여 조선노동당과 공화국정부는 8· 15 해방 후 첫날부터 우리들이 달성하여야 할 민주주의 민족문화건설의 구체적인 기본방향을 명시하여 주었다.

그에 기초하여 오늘 우리 무용예술은 사회주의 기초건설에 궐기한 광범한 인민들 속에서 강력한 계급교양의 일익을 담당한 무기로서 자기에게 부과된 전투적 임무를 영예롭게 수행하고 있다.

조선노동당은 해방 직후부터 오늘에 이르기까지 조국발전의 매 계단과 매 시기에 있어서 그예 상응하는 문화발전방향과 그의 성격 그의 방법까지도 제때에 명시하여 줌으로써 우리 무용예술가들을 사회주의 사실주의적 무용예술의 확립을 위한 빛나는 창작적 장성에로 불러 일으키는 불패의 신심으로 되지 않을 수 없었다.

김일성원수께서는 일찍이 자기의 20개조 정강에서 민족문화발전에 대한 정확한 방향과 그의 성격을 규정하시면서 과학예술에 종사하는 일꾼들의 모든 재능과 정열을 조국건설을 위하여 다 바칠 것을 명시하시였고 그 후 수차에 걸친 교시에서 우리 문학예술이 사상 전선의 일익을 담당한 선전자로서 우리 인민의 참다운 교양자로서의 역할을 수행하도록 교시하시였다.

그리하여 우리 무용예술은 조선노동당의 영도를 높이 받들고 그를 지침으로 하여 자기의 민족무용예술의 고전적 유산과 고귀한 전통을 계승 발전시키며 선진 소련이 달성한 제 성과들을 창조적으로 섭취함으로써 과거 조선역사의 그 어느 시기에도 있어 보지 못한 훌륭한 사회주의적 사실주의 무용예술을 창건하였다.

해방직후 창설된 최승희무용연구소는 민족무용발전을 그 목적으로 하면서 무용인재 양성사업에 착수하여 수많은 재능 있는 민족무용가들을 육성 배출하는 한편 우리 선조들이 남겨놓은 민족무용 유산의 옳은 전통들을 발굴하였으며 그에 기초하여 소련을 위시로 한 선진국가 무용수법들을 창조적으로 적용함으로써 조선무용의 기본을 더욱 풍부화하였다. 뿐만 아니라 국립예술극장, 국립고전예술극장, 조선인민군협주단, 교통성예술극장을 비롯한 각 도립예술극장 등에서도 그의 창건 첫날부터 조선민족무용발전을 위한 사업에 있어서 거대한 성과를 거두었다.

그리하여 북반부에서는 이미 평화적 민주건설시기에 있어서 사회정치-경제의 위대한 전변과 민족문화의 거대한 개화발전 속에서 우리 무용예술은 자기의 사상-예술적 토대를 축성하면서 조국건설에 궐기한 새로운 노력에 대한 광범한 인민들의 투쟁과 생활을 진실하게 표현하기 위하여 온갖 정력을 다하여 왔으며 노동당의 충실한 사상-교양자로서의 일익적 임무를 수행하여 왔다.

정의의 조국해방전쟁시기의 준엄한 환경은 우리 무용예술의 전투적 기능을 더욱 발휘하였다. 우리 무용가들은 "우리 인민의 숭고한 애국심과 견결한 투지와 종국적인 승리를 위한 철석같은 결의와 신심을 가장 뚜렷하게 표현할 뿐만 아니라 자기 작품이 싸우는 우리 인민들의 수중에서 가장 강력하고도 예리한 무기가 되게 하라"는 김일성원수의 호소를 높이 받들고 자기의 모든 역량을 조국전쟁의 최종적 승리에로 동원하였다.

이 시기에 있어서 우리가 창조한 일련의 무용작품들은 미제와 이승만 역도들의 침략적 만행을 폭로하며 위대한 조국해방전쟁에서 우리 인민이 발휘한 미증유의 애국주의와 대중적 영웅주의를 무용안무를 통하여 진실하게 반영함으로써 조선인민을 백절불굴의 투지와 전쟁의 최종적 승리를 위한 강 유력한 무기의 하나로서 역할을 수행하였다.

　전후 복구건설의 장엄한 현실은 우리 무용예술 앞에도 새로운 전투적 과업을 제기하였다. 조국의 평화적 통일과 사회주의 기초건설의 역사적 위업에 궐기한 인민들의 낙천적인 생활과 투쟁에서 대중적 영웅주의는 우리 무용예술인들의 창조적 기량과 열의를 비상히 제고시키고 있다.

　공화국 북반부에서의 제반 성과와 함께 우리 무용 예술도 자기 태세를 개편 재무장하여 인민들 속에서 구감으로 될 수 있는 창작을 위하여 노력하였다.

　그리하여 오늘 우리 무용예술은 광범한 근로 인민의 열렬한 지지와 사랑을 받고 있으며 인민 대중 속에 깊이 뿌리박고 그들의 실생활에 강력히 작용하면서 거족적인 발전과 전진을 계속하고 있다.

　참으로 우리 무용예술이 걸어온 지난 기간의 역사는 우리 무용예술이 노동당의 믿음직한 사상-교양의 예리한 무기의 하나로서 인민들을 애국주의 사상으로 당과 공화국 정부에 대하여 무한히 충실하도록 교양하여 왔으며 자기의 민족적 전통에 기초하여 사회주의적 사실주의 무용 예술을 확립하기 위한 영광스러운 승리의 길이였다.

　그러나 우리 무용예술이 달성한 이와 같은 거대한 성과는 결코 아무러한 투쟁도 없이 평탄한 일로에서 거둔 것은 아니다. 공화국 북반부에 있어서의 모든 사회주의 사실주의 예술의 발전이 그러한 것과 같이 우리 무용 예술도 형식주의와 코즈모폴리터니즘적 및 반동적 부르주아 이데올로기의 독소를 부식시키려는 원수들의 간교한 책동과의 타협 없는 투쟁을 통하여 쟁취하였다.

　조국 남반부에 둥지를 틀고 있는 미제 침략자들 및 이승만 역도들과 그들 비호하의 예속자본가와 악질지주, 친미파 민족 반역자들은 공화국 북반부에 수립된 인민민주주의 제도를 파괴할 목적으로 온갖 파괴 암해공작을 감행하여 왔으며 특히 반동적 부르주아 이데올로기를 부식시키려고 갖은 음모와 책동을 다하여 왔다.

이미 폭로된 바와 같이 박헌영, 이승엽 도당들은 자기들의 졸개를 우리 문학예술 분야에 잠입시킴으로써 우리 문학예술을 미 제국주의자들의 침략 도구로 전락시키기 위한 반혁명적 파괴 행동을 감행하여 왔다. 미제의 고용 간첩 박헌영, 이승엽 도당은 자기들의 졸개인 반역자 조일명, 이원조, 임화, 김남천 등을 내세워 〈우리가 건설하려는 문화는 현대적 의미에서 문화이며 계급 문화이어서는 안 된다〉는 소위 반동적 〈문화노선〉을 들고 우리 문학예술의 당성과 계급성을 부인하려 하였으며 형식주의적 코즈모폴리터니즘적 부르주아 반동 문학　예술을 수립하려고 하였다.

　바로 그렇게 함으로써 그들은 소위 자기들의 문학예술을 통하여 부르주아 반동사상을 인민들 속에 전파하려 하였다. 그 뿐만 아니라 그들은 허무주의를 조성하며 고유한 민족적 전통을 부인하며 우리 대열을 조직 사상적으로 약화시킬 목적으로 계급적 입장을 고수한 양심적이며 선진적인 작가 예술가들을 모함 배제하며 호상 이간시키는 음모를 감행하였었다.

　박헌영, 이승엽 간첩 도당들은 무용분야에 대한 파괴 행동을 우선 조선무용의 전통을 외곡하며 온갖 중상과 비방, 이간의 방법으로 무용가들의 사상적 통일과 단합을 방해하는 것으로부터 시작하였다.

　원수들은 사상적으로 전전하지 못한 사람들을 자기편으로 끌어 들이면서 한편으로 깎아 내리며 한편으로는 추켜세우면서 우리 무용가들을 개별적으로 대비시키는 등 교묘한 방법으로 무용가들을 사이에서의 호상 존중과 협조를 파괴하며 새로 자라나는 후진들에게 선배들에 대한 시비와 불만과 불신임을 조성시킴으로써 우리의 대열을 분열시키려고 시도하였다.

　그 뿐만 아니라 우리 혁명의 반역자들은 무용예술의 무사상성을 공공연히 주장하며 예술에 있어서의 해독적인 탐미주의를 적극 예찬하였었다.

　주지하는 바와 같이 미제 고용간첩들인 조일명과 그 졸개들은 자기들의 직위를 이용하여 애국주의적인 무용작품들을 의식적으로 박해하며 그 작품들의 상연을 방해하였을 뿐만 아니라 <예술은 가만 아름다워야 한다>는 탐미주의의 구호를 들고 우리 무용가들에게 사상적 내용을 집어 던지라고 강요하였다. 그들은 우리 무용예술이 싸우는 우리 인민의 수중에서 가장 강력하고도 예리한 무기의 하나로 되는 것을 무엇보다도 두려워하였다.

그렇게 때문에 우리의 원수들은 소위 예술을 위한 순수예술, 탐미주의를 선전함으로써 우리 무용의 전투적 기능을 마비시키려 하였다.

우리 조선인민을 미제국주의자들의 영원한 식민지 노예로 팔아먹으려는 원수들은 또한 우리에게 있어서 민족적 자부심과 민족적 긍지감을 말살시키며, 민족 문화에 대한 멸시감으로 자기 민족에 대한 격멸감을 가지게 하는 노예 사상을 전파시킬 것을 원하면서 민족적 허무주의와 코즈모폴리터니즘의 반동적 사조를 주입시키려 하였다.

그들은 "조선민족무용은 현대인의 감정과 맞지 않으며 극적 표현력을 가지지 못한 낙후한 것이다. 따라서 민족무용극이란 불가능하고 다만 외국 클래식발레 기본에 의하여서만 무용극은 창조될 수 있다"고 역설함으로써 민족 무용을 천시하는 사상을 전파시키려 하였다.

물론 이와 같은 졸렬하고도 간교한 원수들의 책동과 파괴 행동은 우리의 영광스러운 조선 노동당의 영명한 지도에 의하여 제때에 폭로 분쇄 되었으며 노동당의 문예 정책에 충실한 우리 무용예술은 사회주의 리얼리즘의 가치를 더욱 높이 들고 당당한 전진을 계속하여 왔다.

조선노동당 중앙위원회 제5차 전원회의 이후 박헌영, 이승엽 도당의 반당적 반인민적 간첩 행위가 백일하에 폭로되고 전 인민적으로 되는 준엄한 심판을 받았으며 그와 함께 우리 문학예술 분야에 잠입하였던 종파분자들이 적발 폭로됨으로써 이같은 흉악한 간첩 도당은 다시 머리를 들고 일어설 수 없게 되었다. 그러나 이 같은 간첩 도당들의 숙청은 우리의 사상투쟁이 끝난 것을 결코 의미하지 않는다.

왜냐하면 우리 무용분야에는 오랜 기간을 두고 박헌영, 이승엽 도당의 졸도들인 조일명, 임화, 김남천, 이태준 등 악질 반동들이 뿌려

놓은 사상적 독소가 아직까지도 부분적으로 남아 있으면서 우리 무용예술발전에 적지 않은 해독적 작용을 계속하고 있었기 때문이다.

우리는 계속 민족 무용 발전에 해독을 주고 있는 임화 도당의 악독한 사상적 여독을 시급히 청산하기 위하여 사소한 부르주아 이데올로기의 잔재 요소 및 경향과도 묵과하지 않고 예리하고도 집중적인 투쟁을 이미 오래전부터 강력하게 전개하여 왔다.

그러나 유감스럽게도 우리는 이러한 중요한 사업을 적극적으로 진행하지 못하였기 때문에 과거 임 화 도당들이 뿌려 놓은 잔재 요소들이 일시적이나마 우리 무용발전의 길에서 유해로운 경향으로 나타나지 않을 수 없었다. 임화 도당들의 부르주아 반동 문예사상을 예찬하던 일부 옳지 않은 동무들의 영향으로 말미암아 우리 무용예술 분야에는 해독적 부르주아 이데올로기의 잔재 요소가 부분적으로 표현되고 있으며 창조 사업에 허다한 결함들이 산생되고 있다.

그렇기 때문에 오늘 우리들은 박헌영, 이승엽 간첩 도당들이 부식한 악독한 부르주아 이데올로기의 여독이 우리 무용창조사업에 어떻게 표현되고 있으며 그 악영향이 어떻게 미치고 있는가를 분석 토의하고 그로 인하여 산생한 제 결함들에 대한 시정대책을 연구하는 것이 무엇보다도 중요하다.

우리의 무용 예술은 인민들을 애국주의와 사회주의 사상으로 교양하며 고무하는 데 철두철미 복무하는 당적 무용 예술인 것이다. 우리는 이것을 가장 영예스럽게 자랑하면서 우리 무용 예술가들은 열렬한 애국자로 적극적인 혁명 투사로 자기 사업들을 수행하고 있으며 또 하고 있는 것이다. 그러나 아직도 적지 않은 무용가들에게는 자체를 맑스-레닌주의적 혁명 이론으로 철저하게 무장하지 못하고 있으며 노동당과 인민이 제기하는 요구에 민감하지 못하고 비약하는 현실 발전에 무관심한 현상이 부분적으로 존재하고 있다. 이러한 동무들은 낡은 사상과 감정에 사로잡혀 오늘의 감격적인 우리의 현실 생활을 보고도 그의 전형적 특징을 찾을 줄 모르며 인민들의 현실적 생활 감정과는 인연이 먼 창조 활동들을 적지 않은 면에서 찾아볼 수 있다.

오늘 인민들의 생활과 투쟁은 영웅적 빠포스로 충만 되어 있다. 즉 용광로에 불꽃을 피우는 노동자들의 벅찬 모습과 알곡 증산을 위하여 간석지를 논밭으로 바꾸며 열두 삼천리 벌에 물줄기를 대는 줄기찬 인민들의 창조적 노력 속에서 생생하고 다양한 전형적인 예술 형상을 찾을 대신 적지 않은 무용가들은 안일한 창작 생활에서, 협애한 테두리를 벗어나지 못하고 있다. 그 결과 우리 일부 무대에는 현실을 진실하게 반영하며 인민들을 사회주의 건설 투쟁에로 불려 일으킬 대신 인민들의 사상-감정을 현실과는 거리가 먼 즉, 사상 예술적으로 건전치 못한 무용들이 출현하고 있다.

우리 레퍼토리는 아직도 애국주의적 테마로 일관 되지 못하고 있다. 뿐만 아니라 일부 무용들은 애국주의적 테마의 형상에 있어서 피상성을 극복하지 못하고 있다.

김일성 원수께서는 작가 예술가들에게 주신 격려의 말씀에서 우리 인민이 과거와 현재를 통하여 발휘하고 있는 숭고한 애국심을 자기 작품에 구현할 것을 교시하시면서 우리 인민의 애국심이 발현되는 구체적인 근원과 그의 발양에 의한 묘사 방법에 대하여 상세하게 말씀하시였다.

그럼에도 불구하고 우리 일부 무용가들은 우리 시대의 서사시적 화폭들인 새 생활의 창조자들에게서 표현되고 있는 자기 조국과 인민에 대한 사랑, 향토애, 부모와 처자에 대한 사랑, 동지에 대한 사랑 등의 진실한 면모들을 찾아내며 그의 구체적인 감정과 사건을 형상적으로 밝혀 낼 대신에 그 어떤 추상적인 개념으로 애국주의를 바꾸어 놓고 있다.

이러한 현상은 불가피적으로 우리 무용 작품들을 도식화하며 유사성에 빠지게 하고 있다. 실례로 최근 일 년간에 창조된 무용 중 그의 일부분을 들어 주제와 내용을 본다면 <사과 따는 처녀>, <뽕따는 처녀>, <목화 따는 처녀>, <씨 뿌리는 처녀>, <누에치는 처녀>, <처녀들의 기쁨>, <모내기 기쁨>, <농민의 기쁨> 등 그의 대부분이 농촌

생활을 주제하고 있으나 모두가 유사성에 빠지고 있으며 그 표현의 범위는 인간에 대한 내면적 감정의 깊이와 정서적 노출이 아니라 과거 농민들의 수공업적 작업현상의 어떤 외부적 상태의 모방을 벗어나지 못하고 있다.

여기에서 우리 무용가들은 농촌의 생활인 우리 근로 농민의 애국주의를 주제로 취급함에 있어서 집단화되고 기계화되어 사회주의적으로 개조되어 가고 있는 새로운 노동의 조건과 환경 하에서 변화된 근로 농민의 벅찬 생활 모습과 도덕적 풍모를 새로운 율동으로 창조하지 못하고 있다.

생활에 대한 협소한 인식과 안일성은 예술가로 하여금 진실을 잃게 하며 도식주의에로 인도한다. 다양하고 풍부한 현실은 예술가에게 무제한한 영감을 불러일으키면서 생활을 구체적으로 파고들 것을 요구하고 있다. 그러나 사회 발전에 대한 명확한 인식이 부족하며 우리 인민의 생활과 그의 예술에 대한 깊은 연구와 지식이 없을 때 예술가는 본질을 찾지 못하고 내용이 없는 빈 외피에 자기를 의존하게 된다.

우리 무용 분야에서의 부르주아 이데올로기의 잔재 표현중의 대표적인 표현은 무용예술에 있어서 민족적 독창성을 부인하며 민족무용 유산을 경시하는 경향에서도 찾아 볼 수 있다. 이러한 표현은 곧 해독적인 코즈모폴리터니즘적 경향이라고 말할 수 있다. 일찍이 1946년 김일성 원수께서는 선전부문 일꾼들과 문화예술부문 일꾼들에게 주신 교시에서 우리 문화 예술인들에게 존재하는 협소한 민족주의적 경향과 코즈모폴리터니즘적 경향의 두 가지 편향성과 결정적으로 투쟁할 것을 교시하시였다.

그럼에도 불구하고 우리 일부 무용가들에게는 아직도 우리나라의 민족무용 유산에 대하여 과소평가, 심지어는 경시하는 경향이 있으며 선진 문화를 받아들인다고 하여 아무러한 토대도 없이 덮어놓고 받아들이려는 경향이 있다. 이러한 동무들은 아직까지도 민족 무용은 현대인의 감정에 맞지 않는 것으로 생각하며 민족 무용에서는 계승

할 점이 없는 듯이 생각하면서, 특히 무용극에서는 민족 무용이 아니라 클래식 발레이여야 한다고 주장하고 있다.

우리 무용극 발전에서의 이러한 견해 상의 오류는 일부 무용가들에게 조선에는 마치도 두 가지 방향이 있는 것과 같이 인식하게 하고 있다. 심지어 부분적 동지들은 "장차의 인류문화는 단일한 문화이다"라고 말하면서 민족무용은 과도기적인 우연한 존재인 듯이 설명하려고 하고 있다.

그럼으로써 이 동무들은 현재 우리가 수립하는 문화가 내용에 있어서 사회주의적이며 형식에 있어서 민족적인 문화라는 것을 명확히 인식 못하고 있으며 민족문화가 최고도로 개화 발전된 공산주의 사회에 가서 가장 훌륭하고 단일한 인류 문화가 발생한다는 맑스-레닌주의 이론을 왜곡하고 있다.

여기서 우리는 외국 발레기본을 <국제어>라고 부르면서 예술에 있어서의 민족적 특수성을 거부하는 것이 무엇을 의미하는지 이해하기 어렵지 않다. 이러한 이론은 곧 우리 무용예술을 미제가 추구하고 있는 코즈모폴리터니즘에로 전락시키려는 부르주아 이데올로기와 연결되고 있음을 알 수 있다.

우리가 소련을 비롯한 제 인민민주주의국가의 우수한 무용을 연구하는 목적은 그가 달성한 고귀하고도 풍부한 선진적 이론들과 기법들을 섭취하여 우리의 민족무용예술을 더 발전시키기 위함이며, 그러한 때만이 선진국가 무용의 연구 섭취사업은 참다운 의의를 가진다.

일부 사람들이 선진 국가 무용을 그대로 가져다 조선무용을 차용시키며 선진 국가 무용 그 자체를 새로운 우리 무용이라고 간주하려는 기도는 극히 유해한 코즈모폴리터니즘적 부르주아 이데올로기의 표현이다. 우리의 민족무용을 보다 선진적인 무용으로 발전시키기 위하여서는 소련을 비롯한 인민민주주의 제 국가들에서 이미 달성한 성과들을 적극적으로 섭취하여 우리 실정에 창조적으로 적용하여야 한다. 우리는 또한 조선민족무용예술을 더욱 개화 발전시킴에 있어서 협소한 민족주의적 경향을 반드시 청산하여야 하겠다. 이러한 경향은 자기 민족 문화 발전에 대한 보수주의적 편향이다.

우리는 "민족 예술을 발전시키기 위하여서는 소련의 선진 예술과 우리의 친선 국가 인민들의 예술을 반드시 연구하여 그의 우수한 성과들을 우리의 민족적 토대 위에 적합하게 섭취하여야 한다"고 하신 김일성 원수의 교시에 충실하기 위하여서는 선진 국가 무용예술이 달성한 제 성과와 경험을 우리의 민족적 토대 위에 적합하게 섭취하면서 허심히 배워야 한다.

우리는 또한 조선민족 무용의 더욱 찬란한 개화와 발전을 위하여 자기 나라의 민족무용의 전통을 귀중히 하며 전체 무용가들의 사상의지의 통일과 철석같은 단결을 계속 강화하여야 한다. 우리의 원수들이 조선민족 무용의 정당한 전진을 저해시키기 위하여 항상 진보적인 민족 문화의 전통을 왜곡하며 무용가들의 단합을 두려워하면서 온갖 졸렬한 방법을 다하여 파괴 행동을 장기간에 걸쳐 진행하여 왔다는 것을 명심하여야 할 것이다.

우리 일부 무용가들에게는 간교한 원수들이 부식한 허위적 선전과 사상적 악영향에 의하여 조선민족 무용의 전통을 옳게 인식하지 못하고 있으며 조선무용에는 여러 가지 유파가 있다고 생각하면서 부분적으로 선배들을 호상 대비하는 현상들이 존재하고 있다. 이러한 현상은 조선민족 무용 발전에 막대한 지장을 주며 우리 귀중한 후진들에게 적지 않은 혼란을 주고 있으며 심지어는 우리 무용대열의 철석같은 단결에 커다란 지장을 주고 있다.

이 결과는 적거나 크거나 조선무용 발전의 전반에 걸쳐 영향이 미치지 않을 수 없으며 우리는 이러한 현상을 반드시 극복하며 근본적으로 청산함으로써 우리나라 무용 발전에 획기적인 전변을 가져와야 할 것이다. 그러기 위하여 우선 우리 무용가들은 적은 울타리를 싸고 서로 싸고돌며 우리 단결을 약화시키려는 어떠한 자유주의적 표현과도 견결히 투쟁하여야 하며 공식적인 합평회와 전문적인 무용가들의 연구회에서 기탄없는 비판과 친절한 방조를 아끼지 않는 일상적인 미풍을 조성하여야 할 것이다. 이와 아울러 우리들은 극장 본위주의적 경향을 타파하고 호상 경험의 교류사업에 각별한 주의와 관심을 돌려야 할 것이다. 무용 창작 사업에서의 기본 결함의 하나는 집체적 창작 방법이 결핍되고 있는 점이다.

현재 무용 작품에 대하여 전문가들에 의한 합평 사업이 광범히 조직되지 않음으로써 우리 창조 사업에는 집체적 역량이 옳게 발양되지 못하고 있으며, 겨우 해당한 극장의 적은 범위를 벗어나지 못하고 있다. 이러한 현상은 한 극장에서 창조된 좋은 경험이 전체 무용가들에게 광범히 일반화되지 못하고 있는 중요한 원인으로도 되고 있다. 아직도 우리 무용 작품은 그것이 좋은 경우에도 극히 제한된 무대 즉 그 무용을 창조한 극장의 무대의 범위를 벗어나서 광범한 인민들을 대상으로 상연되지 않고 있다. 이것은 우리에게 아직도 애국주의적 무용 작품들이 많지 못하며 우리 인민의 요구의 수준에 순응하지 못하고 있는 현 시기에 있어서 더욱 묵과할 수 없는 현상으로 지적되여야 한다.

현실 발전의 강력한 추동력으로서의 한 개 수단이 되어야 할 우리 민족무용예술은 우리 인민의 투쟁과 생활에서 사회주의적 인간의 전형적 성격과 감정을 옳게 반영한 애국주의적 무용 작품들을 수많이 창조하여야 할 것이다. 이 어려운 임무를 수행함에 있어서 재능 있는 무용 창작가들의 더욱 많은 출현을 고대하고 있으며 현존한 무용 창작가들에게 더 많은 정열적 직업이 전개될 것을 요구하고 있다. 또한 현실은 매개 무용가들이 자기의 창작뿐만 아니라 지난날 우리나라의 애국적 무용가들이 창작하여 놓은 훌륭한 무용 작품을 계승하여 광범히 자기 레퍼토리에 포함시킬 것을 강력히 요구하고 있다.

그럼에도 불구하고 일부 무용가들을 다른 무용 창작가들의 우수한 작품들은 상연하려 하지 않고 또 다른 무용가가 창작한 작품을 가져다가 조금 손을 대여 자기의 창작인 것처럼 하여 그 원작을 훼손할 정도로 그릇되게 발표하는 사실은 금후에 있어서 근절 되여야 하며 이러한 진실치 못한 태도는 무용 발전에 해독스러울 뿐만 아니라 수치스러운 사실이다.

누구든지 자기가 창작한 무용 작품을 발표하는 것만이 무용가의 영예스러운 일이고 다른 창작가들의 작품을 습득, 연구하여 발표하는 것은 수치스럽게 생각하는 일부 경향은 근절 되여야 할 것이다. 성악가들이 작곡가들의 작품을 훌륭히 연주하는 것이 그의 창조를 의미하는 것처럼 무용가들도 우수한 무용 창작을 누구의 작품이든 간에 훌륭히 표현하는 것이 무용가의 임무라는 것을 잘 알아야 하겠다. 이와 함께 우리 무용가들은 작품에 구현된 고상한 사상성과 예술성을 훌륭하게 표현할 수 있는 연기력을 소유하여야 하겠다.

또한 일부 신인 무용가들에게서 보는 바와 같이 작품의 내용을 정확하게 파악하지 못하는 데서 생신한 감정과 성격적 특징이 잘 형상되지 않음으로써 작품의 사상성이 적지 않게 손상되는 경우를 보게 된다.

우리는 신인 무용가들의 육성 사업을 더욱 강화하여 다만 무용 기본과 기술 기능에 대한 훈련만이 아니라 그들 자신을 애국주의 사상으로 교양하며 인민을 위한 무용가로서의 고상한 품성과 풍부한 예술적 소양을 겸유한 완성된 무용예술가로서 육성하도록 해야 하겠다. 뿐만 아니라 우리들은 신인 무용가들을 대담히 등용하며 그들에게 자기의 기능을 발휘할 수 있는 조건과 무대를 적극적으로 제공해야 하겠다.

아울러 우리들은 광범한 근로 인민 속에서 우리 무용을 보급하며 우리 무용이 전체 인민들의 생활의 귀중한 일부분이 되게 하기 위하여 서클지도 사업과 군중무용의 보급 사업을 일층 강화해야 하겠다.

이리하여 우리 무용가들이 인민들 속에 깊이 들어가 무용을 가르치며, 또한 인민들로부터 우리들이 배워야 하겠다. 이러한 때만이 우리들은 참다운 인민의 예술가로 될 수 있다.

다음으로 무용예술 분야의 이론적 빈곤이 자기 발전을 위한 추진력을 감소시키고 있다는 것을 지적해야 하겠다. 우리 무용가들은 아직까지도 이렇다 할 무용예술의 전문적 이론 활동을 전개하지 못하고 있으며 더욱이 전문적인 평론 사업은 거의 부진한 상태에 놓여 있다.

아직도 우리는 민족 무용에 대한 발굴 연구사업의 결과를 이론적으로 체계화하지 못하고 있으며 조선민족 무용사를 편찬하지 못하고 있다.

현 사태는 무용예술 창조 사업에서 분석적이고 지도적인 전문적 무용평론 사업이 없이는 일보도 전진하지 못한다는 것을 보여 주고 있다. 그렇기 때문에 우리 무용예술 창조사업은 우리 혁명의 변절자들과 원수들이 부식하여 놓은 온갖 반동적 부르주아 사상 잔재에 대하여 결정적인 타격을 주는 평론사업을 백방으로 강화해야 하겠다.

우리는 우리 무용예술의 전진을 가로 막으려는 형식주의적 및 코즈모폴리터니즘적 온갖 반동적 부르주아 사상의 잔재를 숙청하는 투쟁을 계속 강화해야 하겠다. 이 투쟁을 승리적으로 수행하기 위하여서는 각자들의 충분한 사상적 준비가 필요하다.

이를 위해서 우리들은 조선노동당 중앙위원회 제5차 전원회의와 4월 전원회의, 11월 전원 회의 문헌과 함께 문학예술 발전을 위한 노동당의 결정과 김일성 원수의 교시를 심오하게 연구함으로써 자체의 계급적 교양사업을 일층 강화할 수 있으며 우리 전체 무용가들의 사상 의지의 통일과 철석같은 단결을 보장해야 하겠다.

우리들은 또한 사회주의 문화를 건설하는 혁명 전사로서, 인민들을 애국주의 사상으로 교양하며 사회주의 기초 건설로 고무하는 인간 정신의 기사로서 우리 인민의 고상한 사상과 풍부한 감정, 철석같은 의지, 아름다운 품성들을 가장 명료한 예술적 형상으로 자기 작품에 구현해야 하겠다.

그러기 위하여 우리들은 조선노동당과 공화국 정부의 정책을 심오하게 연구 체득하며 맑스-레닌주의 미학 이론에 정통하며 고귀한 민족문화의 혁명적 전통을 옳게 계승 발전시키며 선진 소베트 문화와 세계의 진보적 문화에서 성실하게 배우고, 그 우수한 경험들을 광범히 섭취 도입해야 하겠다.

이와 동시에 근로 인민들의 생활 속으로 깊이 침투하여 생활의 진리를 파악하며 모든 재능과 지혜와 정력을 다하여 조국과 인민이 요구하는 고상한 사상-예술성을 가진 무용 예술 작품을 더 많이 창작해야 하겠다.

우리들은 인민들을 사회주의 기초 건설을 위한 창조적 노동에로 고무 추동하며 평화적 조국통일 위업에 달성에로 궐기시키며 이 도상에 가로 놓은 모든 곤란과 애로들을 극복하는 불굴의 혁명정신과 애국주의 사상으로 교양할 애국주의적 무용작품의 상연을 제 1차적인 기본 과업으로 내세워야 하겠다.

우리들은 비약적으로 발전하고 있는 장엄한 공업 건설과 농업의 사회주의 개조운동에 광범히 참가하여 기적을 창조하고 있는 우리 인민들의 불멸의 업적을 찬연한 예술적 형상으로 밝혀내며 우리의 위력한 역사적 현실을 진실하게 반영함으로써 후손 만대에 전할 수 있는 훌륭한 무용 작품들을 많이 창조해야 하겠다.

또한 우리들은 우리 선조들이 발휘한 고상한 애국주의 사상으로 충만 되어 있는 귀중한 고전적 작품들을 광범히 무용화함으로써 우리 인민들을 애국주의 사상으로 교양해야 하겠다.

나는 우리 전체 무용가들이 우리에게 부과된 이상과 같은 영예로운 임무를 수행함에 있어서 조선노동당의 문예노선에 더욱 충실히 입각함으로써 그 어느 때보다도 견고한 투지와 창조적 열성을 발휘하여 빛나는 승리를 쟁취하리라는 것을 확신한다.

≪문학신문≫ 1957.1.31.

뜻이 같으니 세상도 넓다

인민배우 **최 승 희**

근 백 명으로 구성된 우리무용집단은 당의 배려에 의하여 약 5개월 동안 소련을 비롯하여 불가리아, 루마니아, 체코슬로바키아, 알바니아 등을 순회하면서 우리의 민족 발레트 ≪사도성의 이야기≫를 비롯한 각종 장르의 무용을 15만 명의 외국 관중들에게 보여주었다.

금번의 외국 순회공연은 우리의 민족무용이 달성한 성과를 우방국가 인민들에게 널리 소개하는 동시에 우방 국가들과의 친선 및 문화교류 사업을 강화함에도 적지 않은 기여로 되었다. 관중들의 평은 대단히 좋았다. 우리들은 분에 넘치는 찬사를 받은 감도 없지 않다.

나는 이번 외국공연을 통하여 우리 조선의 민족무용에 대한 크나큰 긍지감을 간직하게 되었다. 외국 사람들은 우리의 춤이 퍽 아름답다고 한다. 그것은 조선무용의 전통이 훌륭하며 우리들이 그것을 옳게 계승 발전시켰고, 또 현실 생활 속에서 민족적인 새로운 율동을 찾기 위해 심혈을 기울인 결과이다.

이번 외국공연 중 우리무용예술의 전투적 정신에 대한 외국 관중들의 공감은 실로 컸었다. 관중들은 우리무용이 전투적 정신을 자기들의 것처럼 느끼고 이해해 주었다.

불가리아의 부르부 지구에서 공연할 때의 일이다. 한 늙은 부인이 관객석에서 울며 고함을 쳤다. "저렇게 아름다운 예술을 가진 나라를 침범하다니." 아ー 우리의 아름다운 민족예술을 보고 미제의 침략을 규탄하는 이 정신ー 그런 정신의 소유자들이 바로 불가리아 사람들이었다. 알바니아에서는 ≪조선의 어머니≫와 ≪풍랑을 뚫고≫ 외 몇 개의 소품들만 상연하였다. 그런데 그 나라 관객들은 총 기립하여 <영웅적 조선인민 만세>, <엔베르 호쟈— 김일성>을 외치며 극장이 떠날 갈 듯이 환호를 보내 주었다.

알바니아의 어느 항구에서의 일이다. 내가 ≪조선의 어머니≫를 막 끝내고 화장실로 돌아오고 있는데 웬 젊은 남자가 막 뒤로 뛰어 들어와 나의 손을 부여잡고 흥분에 떨리는 말로 외치 듯 말하는 것이었다. "난 잊을 수 없습니다. 영원히 잊을 수 없습니다." 당신의 그 ≪조선의 어머니≫를 그의 커다란 눈에는 눈물이 어리어 있었다. 그의 뒤를 따라 또 몇 명의 남녀가 뛰어들어 왔다. 그들은 나의 땀에 젖은 얼굴에 입술을 대며 나를 부여안고 <영웅적으로 싸워 미제의 침략을 물리친 조선인민에 대한 사랑>을 전하여 달라고 말하였다. 우리들은 알바니아에서 약 7일간 공연할 예정이었다. 그런데 알바니아 노동당 비서 엔베르 호쟈 동지와 에후메뜨 쉐후 수상은 우리들이 알바니아에서 짧게 머무는 것을 섭섭히 여기여 말씀하였다. "우리나라가 멀다고 바람처럼 스치고 지날 수야 없지 않습니까? 백절불굴의 인간을 형상한 ≪풍랑을 뚫고≫의 창작가 최승희 동지! 당신이 우리나라 인민을 사랑한다면 우리의 각 도시에서 좀더 많은 공연을 해 주십시오." 우리는 할 수 없이 다음에 갈 체코슬로바키아에서의 공연을 연기하고 반 달 동안이나 이 나라에 머물렀다.

구라파에서 가장 문화수준이 높은 나라들 중의 하나인 체코슬로바키아와 루마니아에서도 우리 무용단의 공연은 예술계의 큰 사변인양 물의가 높았다. 이 나라들에서의 관중들은 한마디로 말해 우리 동양예술을 깊이 이해하고 있지 못 하였던 것이다. 그러나 우리 조선춤을 보고는 <우리보다 앞섰다>거니, <모든 외국 예술보다 가장 훌륭하다>거니, 각양한 찬사들이 많았다. 무극 ≪사도성의 이야기≫에 대한 평은 특히 좋았다.

소련에서 체류하는 45일 동안 모스크바, 레닌그라드, 끼예브 등 대도시에서 공연하면서 우리들은 저명한 무용안무가, 평론가, 배우들과 만나 우리들의 춤에 대한 의견들을 들을 수 있는 기회를 가지었다. 또 소련의 큰 신문들인 ≪쁘라우다≫나 ≪이즈베쓰찌야≫를 비롯한 많은 출판물들을 통해 우리무용에 대한 논평들을 읽을 수 있었다.

그들은 말하고 있다. "무극 ≪사도성의 이야기≫는 민족적 색채가 짙으면서 외국 사람들도 잘 이해할 수 있게 쓔제트가 명확하며 조선의 춤은 한마디로 말해 퍽 서정적이며 우아하고 부드러운데 그러면서도 깊이가 있다"고 하였다. 그리고 민족무용의 수법으로 이처럼 큰 작품을 창작 연출하는 데 있어 각별한 솜씨를 보여 주었다고 하였다.

소련의 출판물들은 이러한 의미에서 우리의 춤을 <독창적이며 시적>이니, <이 무용단은 천재적 집단>이라느니, 또는 <조선무용>이란 표제 밑에 우리무용을 논평하여 주었다. 특히 우리의 군무에 대한 평이 좋았다. ≪사도성의 이야기≫중 3막의 해녀와 어부의 춤이라던가, 5막의 칼춤, 남자들의 춤 등이 많이 논의 되었는데, 그것은 하나의 독자적인 군무로서도 볼 수 있고 무극의 쓔제트와의 연관 속에서 보아도 훌륭하다는 것이다. 아마도 그것은 내가 창작 방법상 군무를 따로 먼저 안무하고 그 후에 극면을 연결시킨 탓인 듯하다.

또한 조선무용의 특징적인 동작들인 상반신의 표현의 매혹성과 부드럽고도 깊으며 서정적 율동이라던가, 굴곡이 많은 그 포물선의 연속— 특히 여자들의 그 아름다운 선율적 표현은 많은 관중들을 황홀케 하였다고 소련 출판물들은 썼다.

쌍무로서는 제2막의 사랑의 춤과 이별의 장면을 높이 평가하였고, 독무로서는 4막의 맹세의 춤을 가장 감명 깊게 보았다고 했다. 아마도 그것은 동양의 독특한 내재적 수법에 대한 찬사일 것이다.

우리는 소련에 체류하면서 무려 17개의 발레트와 오페라를 보았는데 그중에는 ≪백조의 호수≫, ≪잠자는 미인≫, ≪청동의 기사≫, ≪이골공≫과 같은 유명한 발레트도 포함되어 있고 또 새로운 수법과 형식으로 안무연출 되어 논의의 대상이 되고 있는 야꼽소 안무로 된 ≪스빨따크≫도 들어 있었다. 나는 이번에도 이러한 우수한 작품들을 보고 배운 것이 많았으며 또 많은 예술 활동가들과 그 개개의 작품을 두고 이야기도 했다.

나는 그 훌륭한 작품들을 보면 언제나 민족 발레트에 크라식 발레트를 어떻게 도입할 것인가 하는 문제를 생각하게 된다. 이것은 대단히 어려운 문제이다. 우리 조선 춤과 상반되는 점이 많은 크라식 발레트와 우리 춤과의 혼연 일체의 조화— 이것을 어떻게 할 것인가?

나도 이번 ≪사도성의 이야기≫에서 주로 남자들의 춤에 일부 크라식 발레트를 섭취하였다. 이 방법이 금번 외국공연 과정에서 들은 논평을 보아 꽤 긍정적이었음을 알 수 있다. 아무튼 우리는 크라식 발레트 요소들이 우리의 살이 될 때까지 씹고 또 씹어서 우리 민족 발레트를 더욱 아름답고 풍부하게 해야 할 것이라고 본다.

우리의 소품들 중에서는 ≪행복한 젊은이≫의 그 명랑하고 낙천적인 어깨춤과 샘물터의 서정적인 생활모습을 그린 여자들의 물동이 춤이 호평을 받았다. 그리고 안성희의 독무는 세계적 수준에 오른 것으로 매 작품의 상연시마다 관중들의 절찬을 받았다. ≪진주의 무희≫는 서정적인 것으로 평이 좋았고 우리나라에서는 아직도 한번도 상연해 본 일이 없는 안악고분 벽화중에서의 ≪비천도≫는 그 작품의 예술성이 높고 아름다운 환상성으로 하여 절찬을 받았다.

나는 끝으로 귀국하면서 느낀 나의 소감을 한마디 더 하련다. 우리 조선 사람은 오랜 봉건적 압제와 일제의 가혹한 몽매정치 아래서 신음해 왔다. 그러나 우리에게는 인민들이 창조한 풍부하고도 속 깊은 아름다운 예술이 있다. 우리의 당과 정부는 이 민족예술의 발전을 위해 각별한 관심을 돌려왔다. 이번 우리들의 외국공연의 성과는 바로 우리당의 민족예술발전의 정확한 시책을 입증해 주는 것이다.

그러기에 우리 일행은 가는 곳마다에서 끓어 넘치는 환영을 받을 때마다 당과 정부에 대한 감사를 더욱 절실히 느끼었다. 여하튼 우리 민족예술을 어깨위에 지니고 넓고 넓은 지역을 돌아다니며 수많은 사람들 앞에 섰던 우리는 '가는 곳마다 뜻이 같으니 세상도 넓구나' 하는 감격을 금할 수 없었다.

≪문학신문≫ 1961.1.10.

통일적인 민족무용을 발전시키자

인민배우 **최 승 희**

나는 웅대하고 화려하게 일떠선 평양의 한복판에서 무한한 행복과 기쁨, 감격과 영광 속에서 새해를 맞이하였다.

우리 인민들은 자기들의 불타는 애국심과 불요불굴의 투지와 예지로운 창조의 힘으로써 이룩한 지난해의 찬란한 열매들을 긍지높이 바라보며 새해를 맞이하였다. 그러나 이 기쁜 새해에 우리가 어떻게 조국의 절반 땅인 남반부에서 한없는 고난 속에 신음하고 있는 부모, 형제자매들을 생각하지 않을 수 있겠는가? 새로운 희망과 새로운 결의로 가득 차게 하는 이 즐거운 날에 혈육의 정을 나눈 남조선 겨레들을 생각하니 가슴이 아프다. 한나라 한 땅에서 살아온 우리 부모형제들이 미제 야수들과 매국도당들로 말미암아 벌써 열여섯 해나 남북으로 갈라져 해마다 따로따로 설을 맞았다는 것은 얼마나 통분한 일이냐! 사랑하는 사람들이, 부모와 아들딸들이, 남편과 아내와 누이와 동생이 어릴 때부터 함께 자라난 정다운 벗들이… 그리고 같은 조선예술가로서 서로 힘을 모아 민족무용예술에 이바지하려던 우리들이 이처럼 소식도 모르고 한자리에 모여 이 명절을 함께 맞이하지 못한 것이 얼마나 가슴 아픈 일이냐!

지금 나의 눈에는 암흑의 땅으로 변한 남녘이 선하게 떠오른다. 내가나서 자란 서울거리며 내가 무용공연으로 갈 때마다 언제나 반겨주던 그 정다운 사람들이 사는 거리와 마을들이 오늘 미제야수들에게 짓밟히고 있다. 이 즐거운 새해에도 집도 옷도 먹을 것도 없이 추위와 주림과 박해 속에서 방황하는 남녘의 형제들을 생각할 때 나의 가슴은 두 쪽으로 갈라지는 것만 같다. 그러나 나는 믿는다. 우리의 한결같은 염원인 조국의 평화통일은 머지않아 반드시 이룩될 것이며 남조선 인민들도 우리 북반부 인민들처럼 자유와 행복을 누리게 될 것을…

지난 8·15해방 15주년 경축대회에서 경애하는 수령 김일성원수께서 천명하시고 또 최고인민회의 제2기 제8차 회의에서 제시한 평화적 조국통일에 대한 방안이 꼭 구현되리라는 것을 나는 믿는다. 이를 위하여 조국을 사랑하는 남북조선의 모든 무용예술가들도 자기의 힘과 재능을 다 바쳐야 한다.

나는 해방 후 15년간에 북반부에서 이룩한 거대한 성과와 아울러 우리 무용예술의 빛나는 발전변모를 남녘 땅 겨레들과 무용예술가들에게 보여주고 싶다. 당의 정확한 문예정책에 의하여 우리 무용예술은 우리 민족예술 사상에 일찍이 볼 수 없었던 찬란한 개화를 가져왔다. 해방 전에는 불과 몇 명밖에 안되던 무용가들이 오늘에 와서는 수천 명이나 자라났으며 평양에는 대규모의 무용전문 극장인 국립무용극장을 비롯하여 국립예술극장, 국립민족예술극장 그리고 수십 개의 중앙 및 지방예술극장이 있다. 또한 대학과제에 이르기까지 배워주는 무용학교에서 새로운 후진들이 양성되고 있다. 그리고 각 공장, 농촌, 어촌 무용서클 단체들에서도 수만 명의 젊은 무용가들이 자라고 있다. 이리하여 오늘 우리 북반부의 무용예술은 나라의 광채로, 근로 인민의 벗으로 되었으며 그들의 정신생활의 귀중한 한 부분으로 되었다. 우리 북반부의 무용가들이 창작한 수많은 민족무용극, 무용서사시, 무용조곡, 군무, 쌍무, 독무들은 높은 사상성과 예술성과 민족적 독창성으로 하여 우리 인민들의 사랑을 받을 뿐만 아니라 국제무대에서 높은 평가를 받고 있다. 우리나라 무용예술은 오늘 가장 고상하고 아름답고 찬란한 예술의 하나로써 인류예술의 보물고에 기여하고 있다.

이는 오로지 우리에게 영광스러운 조국-조선민주주의인민공화국이 있고 우리 인민과 우리 작가, 예술가들을 항상 승리와 영광에로 이끌어 주는 조선로동당과 영명하신 수령 김일성원수가 계시고 천리마를 타고 혁신과 창조로써 기적을 쌓아 올리는 영웅적 우리 인민이 있기 때문이다. 우리 북반부의 무용예술가들은 이처럼 자유로운 천지에서 커다란 국가적 혜택을 받으며 갖은 행복을 누리면서 자기들의 재능과 정렬을 마음껏 발휘하고 있다. 그러나 남반부 예술인들은 미제 침략자들과 매국도당들의 갖은 학정 아래서 예술창조의 자유는 고사하고 삶의 권리까지 박탈당하고 비참한 생활고에 신음하고 있지 않은가! 유구한 유리 민족예술의 전통은 말살당하고 매국 야만들의 그 부패하고 추악한 모습을 강요당하고 있지 않은가!

콜럼버스가 아메리카를 발견하기 전 수천 년부터 우리 조선은 독립된 나라로 있었으며 워싱턴이 나기 전 수천 년 전부터 우리 조선은 높은 문화와 찬란한 민족예술을 가진 나라였다. 을지문덕과 강감찬과 이순신 장군을 낳은 우리 조선인민이, 최치원과 이규보, 김시습과 박지원과 정다산을 낳은 우리의 한 겨레인 남조선 인민들이 어찌 살인자며, 강탈자며, 노예매매 상인의 후예이며 전쟁 방화자인 미국 야만들의 노예가 될 수 있겠는가! 흉악한 야만의 나라의 저질한 <문화>가 어떻게 우리의 아름답고 보배롭고 찬란한 문학과 예술을 모독할 수 있겠는가.

우리 인민의 행복을 위하여 우리 민족예술의 찬란한 개화발전을 위하여, 죽음과 기아와 모든 불행의 참화를 뿌리는 철천지 원쑤-미제 강도들을 당장 물러가게 하고 남북조선의 예술가들이 한 무대에서 즐길 그날을 위하여 남조선 예술가들은 싸워야 한다. 그리하여 하루속히 조국의 평화적 통일을 이룩하고 남북조선예술가들이 서로 지혜와 힘을 합쳐 우리 민족예술을 더욱 발전시켜야 한다. 남조선 예술인들이여! 우리는 하루속히 한자리에 모이자! 우리의 무용발전의 경험들을 토론하며 우리들의 재능과 힘을 합쳐 공동으로 창작하여 함께 공연하도록 하자.

나는 새해에 조국통일을 앞당기기 위해 새로운 무용극을 구상하고 있다. 남조선 인민들의 영웅적 4월 봉기를 주제로 하고 그 때 조국의 자유를 위하여 싸우다 희생된 동생에 대하여 울은 누이 고량순의 시의 정신을 작품 속에 담으려 한다.

백만 송이 꽃을 피우기 위해
한 송이 꽃봉오리는
채 피지도 않고 졌나보다…

봄은 와도
너는 다시는 피지 못할
갸륵한 넋…

차라리 너와 바꾸어
내가 갈 것을…
아! 어찌하리
같은 핏줄기의 총탄에
쓰러지다니…

이제 네 쓰러진 자리에
나뭇잎이 피누나
백만인의 그늘을 가져오기 위해
갸륵한 한 송이 흰 꽃 너는 갔나보다…

나는 바로 이 노래에 담겨진 소년의 아름다운 정신을 나의 무용극에 담으려 한다. 사랑하는 남녀 땅 무용예술가들이여! 조국이 없는 곳에, 자유가 없는 곳에 예술이 없거늘… 조국통일을 위하여 미제와 그런 주구들을 반대하여 견결하게 싸우라! 이 길만이 우리들이 나아갈 길이다. 조국보다 귀중한 것은 없다. 조국을 위하여 자기의 모든 지혜와 정열을 바칠 수 있는 예술가는 얼마나 행복하고 영광스러운 것인가?

≪문학신문≫, 1961.6.20.

무용과 문학
-무용극 원본 창작문제를 중심으로-

최 승 희

1.

노동당시대에 찬란히 꽃핀 우리 무용예술은 영웅적 조선인민이 창조한 가장 아름답고 위대한 예술의 하나이다. 그 혁신적인 내용에 있어서만이 아니라 그 독창적인 형식에 있어서도 한없이 다양하고 풍부하며 청신하다. 우리 무용예술은 이미 웅대한 시대 생활과 인간정신을 그 넓이와 깊이에 있어서 전면적으로 보여줄 수 있는 강력한 표현력을 가진 예술로 되었다. 이리하여 오늘 조선무용예술은 내용에 있어서 사회주의적이요 형식에 있어서 민족적이며 그 의의에 있어서 전 인류적인 새로운 무용예술의 하나의 찬연한 모범으로 국제적으로도 높은 평가를 받고 있다. 그러나 우리 무용예술은 우리 인민들의 정신적 재부의 보다 풍부화와 인류 예술의 보물고에 보다 크게 기여하기 위하여 사상 예술적으로 더 높은 데를 향해 올라가야 한다.

경애하는 수령 김일성 원수께서는 문학예술 작품에 천리마시대를 더욱 훌륭히 반영하라고 우리들을 고무하셨다.

위대한 시대에 합당한 위대한 예술이 중요한 열매를 조국과 당과 수령 앞에 그리고 온 세계 앞에 내놓을 수 있는 예술가는 얼마나 행복하고 영광스러운가. 무용예술분야에서 이 고상한 사명을 다하기 위해서는 무용가만이 아니라 작가, 음악가, 미술가들의 창조적 힘이 단합되어야 한다. 주지하는 바와 같이 무용예술은 다른 예술과 구별

되는 자기의 독자적인 형상적 특성을 갖고 있는 예술이다. 그러나 무용예술은 또한 무용극에서 보는바와 같이 거기에는 문학, 음악, 미술 등 다른 예술의 모든 측면들을 내포하고 있어 여러 예술의 종합체라고도 부를 수 있는 예술이기도 하다. 그러므로 무용예술에 보다 높은 발전을 위해서는 거기에 내포되어 있는 모든 예술적 요소들이 다 같이 발전하여야 한다.

무용예술창조에 있어서 무용극 원본(무용서사시 원본도)은 무용창작, 무용음악 및 무대미술과 함께 중요한 자리를 차지한다. 우리당의 현명한 문예정책에 의하여 우리들은 무용극 원본 창작에 있어서도 적지 않은 성과를 거두었다. 우리나라 무용극 원본의 독창성과 그리고 우리나라에서 무용서사시 원본과 같은 새로운 장르를 개척한 것은 특기할 만한 사실이다. 그러나 오늘 우리 인민들의 정신적 미와 위대성을 진실하게 완벽하게 감동적으로 무용적 형상 속에 담을 수 있는 원본들이 적게 나오고 있으며 적지 않은 작품들이 아직도 문학적 높이를 가지지 못함으로써 우리 무용예술의 전면적 발전의 요구를 충족시키지 못하고 있다. 오늘 무용극 원본의 문제는 각 무용창조집단에 있어서 중요하고도 긴접한 문제의 하나로 되고 있다. 그러나 무용극 원본 창작에 전문적 작가들의 힘이 충분히 인입되지 못하고 있으며 주로 무용가들에 의하여 원본들이 창작되고 있다. 물론 무용극 원본의 창작에 무용가, 음악가 및 광범한 서클원들이 참가한다는 것은 무용예술의 전 군중적 발전을 위해 기쁜 일이다. 여기에다 문학적 기량이 높은 우수한 작가들이 또한 참가하게 된다면 우리 무용예술은 얼마나 그 위력과 광채를 빛낼 수 있을 것인가.

무용극 원본에 대한 관심의 부족으로 하여 전문적 문학예술지상에서도 이 문제에 대한 논의는 거의 전개되지 않고 있으며 무용극 원본을 게재하는 예도 극히 드물다. 훌륭한 희곡, 가극원본, 시나리오가 없이는 훌륭한 연극, 가극, 영화를 창조할 수 없듯이 훌륭한 무용극 원본이 없이는 훌륭한 무용극을 창조할 수 없다. 그럼에도 불구하고 일부 사람들은 무용극원본에 대한 이해가 부족하며 그것을 희곡,

가극원본, 시나리오들과 같이 하나의 독자적인 문학 장르로써 발전시켜야 하며 원본자체도 예술적 완벽성과 깊은 감동력을 가져야만 됨을 깊이 이해하지 못하고 있다. 심지어 무용극 원본은 문학적 높이를 가질 수 없으며 혹은 문학작품으로 볼 수 없다고 생각하는 사람들도 있다. 이것은 영화예술이 처음으로 생겼을 때 시나리오는 문학이냐 아니냐의 논의가 거듭되고 중요한 문학 장르로서 발전시킬 것을 거부했던 그릇된 견해와 같지 않겠는가. 일부 무용가들까지도 여기에 대한 정당한 인식이 부족하다. 우리나라와 외국의 무용극 원본을 읽어보면 물론 다른 문학 장르에 손색없는 우수한 작품들도 있지만 적지 않은 원본들에 공통되는 기본적 약점은 그것이 문학작품 이전의 극히 간단한 줄거리의 설명문에 불과한 그것이다. 무용극 원본을 높은 예술적 형상력을 갖지 않고도 간단한 줄거리만 서술하면 되는 것으로 생각해서는 안 된다. 이것은 그릇된 편향이다.

문학의 거장들이 처음부터 새로 창작한 무용극 원본은 간단한 줄거리의 서술이 아니라 예술적 형상이 선명하게 그리고 심오하게 부각되어 있는 것을 보아도 알 수 있다. 나의 무용극 창작의 경험에 비추어 보아도 문학적 높이를 갖는 우수한 원본이 없고서는 우수한 무용음악을 작곡할 수 없으며 우수한 원본과 작곡이 없고서는 우수한 무용을 창작할 수 없음을 분명히 말할 수 있다.

오늘 세계적 의의를 갖는 위대한 조국의 광휘로운 현실은 우리 무용예술에 대하여서도 커다란 사상 예술적 힘을 가진 무용극, 무용서사시, 무용서정시 등을 요구한다. 우리 무용예술은 당성, 인민성, 계급성으로 하여 그리고 그 민족적 독창성으로 하여 우리 인민들을 공산주의 사상으로 교양함에 위력한 무기로서의 역할을 다할 사명을 지니고 있다. 이를 위해선 우리 무용극 원본의 수준(물론 무용창작, 무용음악, 무대미술의 수준도)을 결정적으로 높여야 한다. 가장 뒤떨어진 이 문학 장르를 우리 문학예술의 전반적 높이에 끌어 올려야 한다.

2.

우수한 무용극 원본을 창작하기 위해서는 다른 문학예술 창작에서와 매한가지로 생활을 폭 넓게 그리고 심도 있게 이해하여야 하며 생활의 진수를 뽑아낼 줄 알아야 하며 공산주의 사상의 미와 위대성, 우리 생활의 풍부성과 다양성을 예술적 형식 속에 진실히 담을 수 있는 더욱 새로운 예술적 수단을 탐구하여야 하며 보다 고도의 전문적 기량을 가져야 함은 물론이다. 일부 우리 무용극 원본들이 사상 예술적으로 낮은 수준을 벗어나지 못하고 있는 것은 생활을 모르며 또 한편으로는 문학적 기량과 무용예술에 대한 이해가 부족하며 무용극 원본이 갖는 독특한 예술적 요구를 모르기 때문이다.

그러므로 원본의 작자는 무용예술이 다른 문학예술과 구별되는 특성과 함께 그 공통성도 명확히 알아야 한다. 문학은 언어를 기본 수단으로 하여 예술적 형상, 생활의 화폭 및 성격을 창조하는 예술이다. 그러나 무용예술은 인체의 동작(자세, 표정, 묵극적 행동까지 포함하여)을 기본 수단으로 예술적 형상, 생활의 화폭 및 성격을 창조하는 예술이다. 그렇기 때문에 문학은 인간의 사상 감정의 모든 색조를 언어로써 이야기할 수 있지만 무용예술은 인체의 율동으로 이야기하여야 한다.

이와 같이 무용예술은 시종일관 행동을 통해서만이 인간 성격을 창조한다. 무용예술은 어느 문학예술보다도 더 행동적이다. 또한 무용예술의 무용극이나 무용서사시는 연극, 가극 등과 같이 일정한 시간과 일정한 공간의 제한을 받으며 사건이 관중의 눈앞에서 진행되고 있는 것처럼 보여주어야 하며 인간의 사상 감정의 모든 뉘앙스를 시각과 청각을 통해 직관적으로 전달하는 점에 있어서 공통성을 가지고 있지마는 거기에도 커다란 차이점이 있다. 연극에서는 말을 하며 행동하고 가극에서는 노래하며 때로는 말을 하며 행동한다. 그러나 무용예술은 전혀 말이 없고 행동만을 한다. 그러므로 무용극 원본은 어디까지나 동작에 대한 묘사가 주로 된다. 뿐만 아니라 연극, 가극에서의 인물들의 동작과는 달리 무용극에서의 인물들의 동작은 음악의 리듬과 선율 등에 따라 일정한 구도 위에서 장단, 쾌안, 강약, 경중, 대소, 고저 등이 정연히 조직되어 있는 것이다.

이러한 몇 가지 특성(이 외에도 많은 특성이 있지만)만 보더라도 무용극원본 창작에 있어서는 자기의 독자적인 형상적 특성을 가짐을 알 수 있다. 그러므로 말이 없고 순전히 동작으로만 표현하는 예술인 무용극원본 창작에 있어서 유의할 중요한 문제의 하나는 무용극에 담겨지는 이야기가 알아보기 쉽고 구체적이고 간결하며 명백하게 일관된 것일수록 그 사상적 내용을 보다 선명히 전달할 수 있다는 것이다. 그것은 몇 마디 말로써 전달하기 쉬운 내용도 무용동작만으로는 전달하기 힘든 것이 적지 않기 때문이다. 그럼에도 불구하고 일부 무용극들은 설명문을 읽고서도 잘 알아보기 어려울 만치 이야기가 복잡하게 헝클어졌고 명백하게 일관되어 있지 않아 작품의 사상적 내용을 흐리게 만드는 실례가 적지 않다.

이와 관련되는 문제이지만 모든 극작품에서 특히 무용극에서는 사상적 내용의 천명이 필요치 않은 단 한사람의 인물도 있어서는 안된다고 생각된다. 극적 진전의 중심에는 언제나 무용극의 기본 사상이 그의 운명에 표현되고 있는 주요인물에 집중되어야 한다.

그런데 일부 무용극에서는 그다지 필요치 않은 인물들을 수다히 설정해놓고 인위적 사건들을 꾸며내며 인간들의 관계를 쓸데없이 착잡하게 만들고 사상적 내용이 추구하는 하나의 목적, 하나의 지향을 향해 모든 인물들의 행동을 집중시키지 못하고 주요 인물들의 성격들을 선명히 부각시키지 못한다. 이런 점에 있어서 무용극원본 작자들은 다른 우수한 문학작품 특히 서사시 등에서 많은 것을 배워야 한다. 우수한 서사시들에서는 주요 인물들의 성격들이 간결하고 복잡하지 않으며 함축성 있는 이야기를 통하여 밝혀졌기 때문이다.

나도 자기의 무용극원본 창작에 있어서 우리나라의 우수한 문학작품들에서 많은 것을 배우면서 무용극 ≪반야월성곡≫, ≪사도성의 이야기≫, ≪옥란지의 전설≫, ≪맑은 하늘아래서≫, ≪계월향≫ 그리고 현재 창작 중에 있는 무용서사시 ≪대동강반에서≫ 등에서 되도록 주요 인물들을 적게 설정하고 주인공들에게 이야기를 집중시키어 누구나 알아 볼 수 있게끔 이야기를 간결히 선명히 일관성이 있게 보여주는데 특별한 주의를 돌려 왔다.

3.

무용극원본 창자에서 또 하나 중요한 점은 무용예술이 동작을 기본 수단으로 하는 만큼 인물 묘사에서의 최고의 형상성, 부조성, 생동성, 균제성을 요구하게 된다는 것이다. 그것은 무용예술이 바로 살아있는 인간의 동작을 통하여 인간성격을 창조하며 일정한 시간 연속되는 동작으로 표현하게 되기 때문이다. 이와 같이 무용극에서는 사상적 내용을 행동의 발랄한 형상적 형식으로 밝혀내야 하기 때문에 무용극의 구성이란 어느 예술작품의 구성에 못지않게 최고도의 행동의 조직이라 말할 수 있다. 그러나 일부 무용극원본들을 보면 인물 묘사의 미숙성으로 하여 전혀 형상적 명료성을 갖지 못하고 있거나 산 인간이 아니라 인형처럼 되어 있는 것이 있다. 뿐만 아니라 인물묘사에 있어서 <동작을 위한 동작>, <자세를 위한 자세>, <표정을 위한 표정>— 즉 아무런 내면적 체험을 통하지 않은 외형적인 동작, 자세, 표정을 추구하는 결함들이 남아있다. 이러한 원본으로는 생활의 진실한 묘사는 기대할 수 없으며 인간의 정신세계의 천명은 불가능한 것이다. 그러므로 우리들은 우수한 작가들의 탁월한 인물묘사에서 배워야 한다. 정다산은 칼춤을 보고 춤을 시에서,

> 자사 모자에 청건립 눌러 쓰고
> 자리에 나와 절하고 일어 서네
> 사뿐 걸어 박자에 맞추어 가며
> 쓸쓸히 물러가다 반가운 듯 돌아 오네
> 나는 선녀처럼 살짝 내려 앉으니
> 외씨 같은 버선발이 곱고도 고울시고
> 몸을 기울어 문득 거꾸로 박히는 듯
> 뒤변드기는 열 손가락이 뜬 구름 같아이

한 칼을 땅에 대고 한 칼은 잡아 두르니
청사배알이 휘휘칭칭 가슴을 휘감는 듯
홀연히 두 칼을 들고 번쩍 일어서니
사람은 보이지 않고 안개만 자욱하이…

이 시는 그 동작묘사에서 얼마나 선명하고 생동한가. 이 시를 읽으면 칼춤을 모르는 사람도 칼춤을 만들 수 있으며 칼춤을 출 수 있으리라고 본다. 우리는 이러한 뛰어난 동작묘사에서 배워야 한다. 한설야는 그의 단편 ≪씨름≫에서 ≪새봄이 시작된다는 종소리가 땡그랑 땡그랑 사면에 울려 퍼지자 <설피여졌던 구경의 담은> 차차 백백하니 메워져 갔다. 국수오리를 일가며 붙인사람, 군침을 흘리며 호두엿을 줄줄 녹이는 사람, 개장국 고춧가루에 입이 빨갛게 물든 사람, 모두다(소주)에 거나한 사람, 떼를 지어 몰려다니는 노동자들, 아무것도 먹지 못하는 후룰건한 사람, 사람, 사람들이 우아 몰려와서 혹은 엎치고 덮치고 혹은 발끝을 세우며 목을 느리고 혹은 물을 찾아 안으로 기어들어 겹겹으로 쌓인 사람의 재가 되었다≫고 묘사하였다.

한설야의 이 군상 묘사는 얼마나 부조적이며 생동하며 균제가 잡혀 있는가. 매개 인물들이 얼마나 특징 있게 개성적으로 묘사되고 있는가. 여기서 우리는 인간 군상의 발랄하고도 힘 있는 조각상을 본다. 이러한 묘사에서 우리는 훌륭한 군무를 만들 수 있다. 이 높은 형상적 표현력에서 우리는 또한 배워야 한다.

나도향의 ≪벙어리 삼룡이≫를 보자.

…그는 건너방으로 뛰어 들었다. 그러나 아씨는 없었다. 다시 안방으로 뛰어 들었다. 그러나 또 없고 새서방이 그의 팔에 매달리며 구원해 주기를 애원하였다. 그러나 그는 그것을 뿌리쳤다. 다시 서까래가 불이 시벌절개 그의 머리에 떨어졌다. 그의 머리는 홀랑 벗어졌다. 그러나 그는 그것을 몰랐다. 부엌으로 가 보았다. 거기서 나오다가 문설주가 떨어지면 왼 팔이 부러졌다. 그러나 그것도 몰랐다. 그는 다시 광으로 가 보았다. 거기도 없었다. 그는 다시 건너방으로 들어갔다. 그때야 그는 새아씨가 불에 타 죽으려고 이불을 쓰고 누워있는 것을 보았다. 그는 새아씨를 안았다. 그리고는 길을 찾

았다. 그러나 나갈 곳이 없었다. 그는 하는 수 없이 지붕으로 올라
갔다. …그는 자가 목숨이 다 한 줄을 알았을 때 그 새아씨를 자기
가슴에 힘껏 껴안았다. 그를 안고 불 가운데를 헤치고 바깥으로 나
와 새아씨를 내려놓았을 때에는 그는 벌써 목숨이 끊어진 뒤였다.

나도향의 이 단편에서 말 못하는 벙어리 삼룡이의 형상은 말보다
도 더 힘 있는 움직임으로써 얼마나 생동하고 진실하게 부각되어 있
는가. 여기서 우리는 삼룡이의 박진력 있는 동작만 보는 것이 아니라
그의 내면세계— 심장의 불길을 본다. 나는 <벙어리 삼룡이>를 기초
로 무용극원본을 만들어 보았으며 문학작품을 무용극화한 작품의 하
나로 하려 한다.

끝으로 말해야 할 것은 장르의 특성을 이용하여 생활을 천명하는
우리들은 무용예술이 갖는 독특한 예술적 수단의 표현력이 가장 위
력 있고 아름답게 그리고 가장 효과적으로 발현될 수 있게끔 하여야
한다는 것이다. 시인들이 생활 속에서 시적 모멘트를 잘 포착하여야
하듯이 무용적 모멘트를 잘 포착 할 줄 알아야 한다. 일부 무용극 원
본들에서 무용으로 표현하기 힘든 장면들을 수다히 설정하는 폐단이
있으며 상연된 무용극이 묵극으로 되고 만 실례도 있다. 무용극에서
무용보다 묵극이 우세를 차지할 때 그것은 우수한 무용극으로 될 수
없으며 무용예술이 갖는 참다운 미와 힘이 발현될 수 없다.

금후 우리나라 무용예술의 보다 찬란한 발전을 위하여 우리의 많
은 우수한 작가들이 무용극 원본 창작에 적극 참가해 줄 것을 바라
며 무용예술에 대한 깊은 관심과 이해가 있기를 바란다. 무용예술에
대한 깊은 이해는 비단 무용극원본 창작에만 필요한 것이 아니라 모
든 작품의 인물묘사에서 형상성, 부조성, 생동성, 균제성을 가져 옴
에 도움이 될 것이며 그야말로 말은 적게 시키고 행동을 더 많이 시
키는데 있어서 하나의 좋은 표본을 보게 될 것이다. 그와 함께 우리
무용가들도 문학적 소양을 높여 무용극 원본 창작에 참가하게 되어
야 하며 자기들의 예술적 형상력의 높이를 위해 문학의 고귀한 경험
을 백방으로 살릴 것이다.

경애하는 수령 김일성 원수의 교시를 받들고 우리의 위대한 천리마 시대를 진실하게 반영한 보다 많은 무용극원본을 창작하자 그리하여 무용예술에 연관되는 모든 작가, 예술가들이 다 같이 우리시대의 완벽한 예술적 표현자로 되어 영광스러운 우리 당 제4차대회 앞에 보다 우수한 기념비적 무용극, 무용서사시, 무용서정시를 드리자.

≪문학신문≫ 1962.6.25.

살인마들에게 죽음을!

인민배우 **최 승 희**

17년간이나 조국의 절반 남쪽 땅이 미국 살인마들로 말미암아 암흑의 땅으로 된 채 남아있고 사랑하는 남조선 부모, 형제, 자매들이 한없는 고난의 길을 걷고 있다. 이 시각 이 순간에도 미국 살인마들의 피 묻은 손이 사랑하는 겨레들의 가슴을 찢고, 원쑤들의 더러운 마수가 우리의 순결한 여인들을 모욕하며 우리 조국의 꽃 봉우리들을 몸서리치는 기아의 구렁텅이에 쓸어 넣고 있다.

그리고 우리의 찬연한 민족문화는 말살되고 남조선 작가, 예술인들은 자유로운 창조의 모든 길을 빼앗기고 생활고에 시달리며 그 대신 할리우드의 얼이 빠진 영화와 브로드웨이의 <블레스크> 나체무용과 재즈 음악들이 범람하고 있다.

북쪽 땅에서는 보람찬 창조와 노동 속에서 사람마다 시와 노래와 춤으로 충만 된 아름다운 새 생활을 영위하고 있건만 남쪽 땅에서는 겨레들의 원한에 사무친 피가 흐르고 구원을 부르는 소리가 산하를 울린다. 그러기 때문에 우리 조국의 통일과 우리 민족의 번영을 가로막으며 남조선 부모, 형제, 자매들에게 그처럼 한없는 고통과 불행을 가져다주는 미국 살인마들을 당장 몰아내는 것. 이것은 우리 민족의 가장 절박한 사활적 문제이다.

최고인민회의 제2기 제11차 회의에서 한 최용건 위원장의 보고는 오늘 삼천만 우리 민족을 성스러운 구국투쟁에로 부른다. 철천의 원쑤 미제 살인마를 몰아내기 위하여 하나의 피를 이어온 우리의 모든 겨레들은 그 누구를 물론하고 모두 다 떨쳐나서야 한다. 삼천리강토가 노호하고 삼천만 민족이 떨쳐 일어났다. 물러가라 인류의 이성에 도전해 나선 가장 흉악무도한 야만이며, 흡혈귀며, 강탈자며, 사기한이며, 전쟁방화자인 아메리카 깽들, 전세계 선량한 사람들이 피를 빨아온 저주로운 양키들, 미제살인마들은 물러가야 한다.

사랑하는 남조선 부모, 형제, 자매들이여. 사랑하는 남조선 작가 예술인들이여 미국 살인마 들을 몰아내기 위한 전 민족적 구국투쟁의 불길을 더욱 높이라. 원쑤들을 몰아낸 조국땅 위에서 통일되고 부강하고 문명한 위대한 조국을 이룩하여 영원한 번영과 행복을 누리게 하자 조국의 영광보다 더 큰 영광은 없고 민족의 행복보다 더 큰 행복은 없거니, 아메리카 깽들을 이 땅에서 몰아내자.

《문학신문》 1962.7.20.

남조선 무용가들에게

인민배우 **최 승 희**

　나의 행복한 무용 활동과 생활에 있어서 언제나 떠나지 않는 한 가지 근심이 있으니 그것은 다름 아닌 남조선의 무용계를 생각하는 그것이다. 모든 사람이 다 그렇겠지만 더욱이 조선의 민족무용예술을 빛 내임에 있어서 작은 주춧돌이나마 되고자 30여 년 심혈을 기울여 온 내가 어떻게 남조선 무용계를 생각하지 않을 수 있으랴, 이것은 나의 의무이며 조선 사람의 의무이다.

　나는 웅장하고 화려하게 일어서는 평양 한복판에서 온갖 행복과 영애를 누리며 무용예술의 황금의 탑 아래 서 있건만 지금 이 시각에도 미군의 탱크가 쏘다니는 암흑의 남녁 땅에서 고난의 길을 걷고 있는 그대들의 모습이 나의 눈앞에 삼삼이 떠오르며 비분에 찬 그대들의 외침이 나의 귀에 쟁쟁히 울려온다.

　내가 만약 무용가가 아니고 시인이였던들 그대들이 겪고 있는 불행과 고통을 생각하는 피타는 나의 마음을 고스란히 전할 수 있으련만… 그대들을 생각할 때마다 잊을 수 없는 것은 내가 무용활동을 시작하던 30여 년 전의 일이다. 그때 내가 처음으로 무용연구소를 설치하고 고시정이며 적선동이며 서빙고에서 조그마한 셋집을 얻어 무용가들을 양성 할 때 연습장 하나 없이 마당에서 무용을 배우면서도 오로지 민족무용을 발전시키기 위하여 심혈을 기울이던 그대들의 얼굴이 하나하나 떠오른다.

　그리고 우리들이 〈조국 땅을 쫓겨가는 사람들〉, 〈태양을 그리워하는 사람들>, <노동자의 행진>, <여성이여 강하라>, <고난의 길>과 같은 군무며 <두 세계>와 같은 무용극들에서 몸과 마음을 한데모아 수백회의 공연을 한 그대들이 아닌가. 우리들의 무용공연이 일제의 폭압으로 가는 곳마다에서 공연 금지를 당했을 때, 그리고 무용연구소마저 강제 해산되어 현해탄을 건너 외국 땅으로 떠나야 했을 때 그대들은 일제의 탄압에 분노에 떨며 조선의 민족무용을 고수해야 한다고 결의 군은 얼굴로 나를 바라보지 않았던가. 아, 우리는 그때 압박받는 조선의 예술가로 나라를 빼앗긴 망국의 슬픔을 안고 얼마나 조국의 자유의 날을 기다렸던 것인가 외국 공연을 떠났을 때 이르는 곳마다에 만국기는 휘날렸을 것만 오직 조선의 깃발만이 없었을 때, 우리는 조국의 깃발을 당당히 높이 들고 돌아다닐 것을 얼마나 고대하였던가. 우리가 그렇게도 고대하던 역사의 날은 왔었다. 그러나 우리들이 바라던 희망은 하루아침 이슬처럼 사라지고 말았다.

서울 거리에는 일제보다도 더 흉악한 미군야수들이 싸다니기 시작했으며 미국 양키들은 온갖 문화기관들 마저 마구 짓밟아 버리지 않았던가. 그 때로부터 17년, 남조선의 무용가들이여! 과연 오늘 남조선에 조선의 전통을 계승한 민족무용이 활기를 펴고 있는가. 과연 그대들이 아름다운 조선의 민족의상을 입고 무대 우에 오르고 있으며 관객들로부터 호평을 받고 있는가. 그대들은 대답할 말이 없을 것이다. 바로 이런 대답을 할 수 없게끔 한 것이 미제가 아닌가. 이와는 반대로 담홍색 공화국 깃발이 휘날리는 북쪽 땅에는 웅대한 지상낙원의 대 서사시가 펼쳐지고 있으며 민족무용 또한 역사상 일찍이 없었던 개화기에 있다.

오늘 공화국 북반부에는 과거 수 명에 불과하던 무용가들이 천여 명으로 자라났으며 온갖 국가적 혜택을 받으며 수십 개의 무용예술단체들에서 마음껏 재능을 발휘하고 있다.

그리고 대학제에 의한 평양무용학교를 비롯하여 각지의 수많은 예술학교들에서 수천 명의 무용후진들이 자라나고 있다. 뿐만 아니라 공장, 광산, 농촌, 어장, 학교할 것 없이 수만 개의 무용서클들이 조직되여 40만을 헤아리는 방대한 인민 창작가들이 예술활동에 참가하고 있다. 그리하여 오늘 우리들이 창조한 웅대한 규모의 민족무용극들과 민족무용 서사시들을 비롯하여 수많은 무용 조곡, 군무, 중무, 쌍무, 독무들은 그 높은 사상예술성과 풍만한 민족적 독창성으로 국내에서 뿐 아니라 광범한 세계 사람들로부터 <금강석 예술>, <황금의 예술>, <천재적인 인민의 예술>로 불리고 있다.

유구한 전통을 가진 우리 민족무용예술은 우리 시대에 와서 가장 아름답고 위력한 예술의 하나로 인류 예술의 보물고를 풍부히 함에 크게 기여하고 있다. 이 모든 것은 우리 조국과 당과 그리고 경애하는 김일성 수상의 현명한 영도가 있음으로써만이 가능한 것이다. 그러나 남쪽 땅의 무용가들이여! 지금 남조선의 무용예술은 과연 어떻게 되고 있는가. 그대들은 돈 때문에 무용연구소 하나 설치하지 못해 거리를 헤매이고 있으며 무용작품 하나 창작하려 하여도 <정부>의 <검열>을 받아야 하며 무용을 창작하여도 의상이 없어서 무대에 오르지 못하고 있지 않는가.

최근에 와서는 몇 개 있는 무용연구소 마저 강제로 해산시키고 <국립 무용단>이란 노예 문화단체를 조직하고 모든 무용가들을 미제 침략자들의 도구로 만들고 있지 않는가. 그러나 그대들이 어떻게 자유로운 창조적 활동을 할 수 있으며 훌륭한 인민무용을 만들 수 있겠는가. 그대들이 오늘까지 장막 무용극 하나 창조하지 못하였고 우리 민족무용을 발전시키는데 있어서 열매를 거두지 못하고 있는 것은 오로지 미제의 남조선 강점에 있는 것이다.

이리하여 남조선 무용가들 속에는 생활고에 시달리던 나머지 무대를 버리고 댄스홀과 카바레 등에서 '맘보', '록큰롤', '차차차'와 같은 세기말적인 음탕한 춤을 추지 않으면 안 될 운명에 있지 않는가. 심지어 이름 있는 한 무용가까지도 나이 들어 무대생활을 할 수 없게 되자 식당을 찾아가 밤마다 독한 술냄새에 취해가며 춤을 추지 않으면 안 되게 되었으니 이 어찌 통탄하지 않을 수 있겠는가. 더욱이 나의 유망한 제자였던 한 무용수가 "음탕한 춤을 추고" 있다는 남조선의 출판물을 읽었을 때 그야말로 나의 눈앞이 아득하여짐을 어찌 할 수 없었다. 지금 남조선의 무용예술은 미제의 음탕한 무용의 침투로 말미암아 헤여날 수 없는 탁류 속에서 허덕이고 있다.

사랑하는 남조선 무용가들! 조국의 자유와 독립이 없이 어떻게 참다운 예술이 있을 수 있으며 인민의 예술이 꽃필 수 있겠는가. 우리 조국 남녘땅 동포들에게 온갖 불행을 들씌우며 우리 민족무용예술의 찬란한 개화를 짓밟아 버리는 미제침략자들을 몰아내기 위하여 그대들은 반미 구국투쟁에 일어 선 인민들과 함께 투쟁의 대오에 들어서야 한다. 미제 침략자들이 아니였던들 우리 조국은 벌써 통일되었을 것이며 우리는 우리의 민족무용을 보다 빛내기 위하여 동방 굴지의 동양대극장에서 함께 춤추었을 것이다.

이런 것을 생각할 때마다 나의 마음은 한시도 멈추지 않고 그대들에게 달리고 있으며 달려가서 그대들을 포옹하고 있다. 사랑하는 남쪽 땅의 무용가들. 인간 이성의 적이며, 세계평화의 교란자이며, 살인마이며, 강탈자인 미국 야만들을 하루속히 남녘땅에서 몰아내고 우리 통일된 조국의 새 생활 속에서 서로 지혜와 재능을 합쳐 조선민족무용을 더욱 활짝 꽃피우자. 평양에서도 좋고 서울에서도 좋고 우리 함께 미제가 강요하는 나체무용이 아니라 조선의 훌륭한 춤을 추자, 함께 추자. 그날을 위하여 그대들의 춤은 인민을 위한 것으로 되어야 하며 인민들에게 조국을 사랑하는 선조들의 영웅성을 본받게 하는 조선의 아름다움을 배우게 하는 춤으로 되어야 한다.

그대들이 한번 발동작을 할 때 그것은 미제를 짓밟는 폭탄이 되어야 하며 그대들이 높이 비껴드는 손동작 하나가 미제의 골통을 찌르는 창검이 되어야 한다. 그리하여 남녘에서 미제를 내몰고 통일된 삼천리 땅에서 우리 모두 마음껏 제나라의 춤을 추자! 삼천리 땅이 좁다하게 춤을 추자!

[단상] ≪문학신문≫ 1963.1.15.

무용소품 창작을 활발히 하자

최 승 희

금년에 무용예술이 반드시 해결하여야 할 절박한 과제 하나는 아름답고 서정이 풍부한 무용소품을 더욱 왕성하게 창작하는 문제이다.

무용소품이 무용의 다른 장르들과 구별되는 점은 그 형태상에서 보다 대중적이며 기동적이면서도 내용상에서 보다 많은 것을 이야기할 수 있는 데 있다. 많은 것이란 생활의 구체적인 감정과 정경으로부터 시대정신의 고도로 되는 집중적 일반화까지를 보여줄 수가 있기 때문이다. 이 장르적 특성의 요구로부터 소품창작에서는 가장 구체적이면서 전형적인 생활, 갈등의 설정, 민첩하고 함축성 있는 구성과 표현, 연마되고 세련된 예술적 언어형상의 해결이 절실하게 요구된다.

이것은 무용극이나 기타 서사적 무용작품들에서처럼 대본의 사상적 암시나 극적 장면의 요구에 순응하는 경우와는 달리 창작가의 완전한 동창적인 세계와 생활에 직접적으로 연구된 안무가 자신의 전일적인 창조적 사색이 요구되는 것이다. 소품은 작다가도 쉬워서 소품인 것이 아니라 바로 이상과 같은 장르적 특성을 갖추어야 하는 것이 소품이라고 생각한다.

따라서 소품은 소품대로 생활을 전일적으로 보면서 동시에 그것을 구체적으로 파악할 것을 요구하며 생활의 예리한 관찰, 주제 사상과 구상에 대한 심오한 사색, 높은 기량과 풍부한 무용언어의 소유를 위한 창작적 노력을 요구한다. 이런 노력을 떠나서 소품의 왕성한 창작이 기대될 수 없다. 사실상 지금 우리 소품창작이 왕성하지 못한 것은 이렇게나 저렇게나 그 특성에 대한 이해가 부족하던지 혹은 노력이 부족한 데 있다고 본다. 우리는 아직도 생활을 잘 모르며 그것을 예술가적 안목으로 보지 못하거나 혹은 구체적인 창작과정에서 이러저러한 편향을 낳고 있다.

우리 소품의 형편을 보면 확실히 우리의 일부 창작가들이 소품이라고 하면 소도구나 휴대시키고 앙상블의 변화와 조화나 지어주는 것이라고 인식한 데서 슈제트적인 생활소재나 사건들의 취급을 꺼리는가 하면 한편으로는 지나치게 사건을 나열하여 메마른 설정으로 채우고 있는 것이다. 이런 데로부터 지난 시기 노동계급의 생활을 취급한 일부 소품들에서는 소도구나 외형적인 율동만으로 직종과 노동공정에 대한 설정에 그치고 거세한 현실의 기류 속에서 새 생활을 창조하는 그들의 정신세계를 보여주지 못하였다.

농민들의 생활을 그린 일부 소품에서는 농민들의 감정과 농촌정서 대신에 모를 심거나 열매를 따는 시늉이 지배적이었으며 결국 수공업적인 작업과정밖에 보여주지 못하였다. 만일 이런데다가 생활적 슈제트를 넣자고 생각한다면 불피(不避)코 그 슈제트는 대상의 외형적인 특징을 엮어 내려가는 형식적인 틀로 될지언정 생활의 사상—정서적 내용을 해명하기 위한 필수적인 요인으로는 되지 못할 것이다. 이것은 모두다 소품에 대한 그릇된 이해에서 오는 것이 아닐 수 없다.

소품에 대한 특성을 이해한다면 또 그것이 무용소품이라는 것을 충분히 고려한다면 예술창작 과정 일반의 원칙과 더불어 무용가적 안목과 무용적인 기량에 의한 숙련된 창조사업이 진행되어야 할 것이다.

우선 생활을 파악하는 데 있어서 우리는 그 사상—정서적 내용을 그에 합당한 시각적 표상으로 얻어내는 안목을 배양해야 한다. 왜냐하면 무용은 조형적인 예술이기 때문이며 일정한 청각을 동반한 시각적 예술이기 때문이다. 동시에 선택된 생활의 논리적 발전을 보여주자면 그것을 무용으로 보여줄 수 있는 무용적 구상력을 배양해야 할 것이다. 선택된 생활적 내용을 무용소품의 장르적 특성이 요구하는 간결하고 선명하고 짜인 구성 속에 보여준다는 것은 결코 쉬운 문제가 아니며 전적으로 창작상의 문제로 되는 것이다.

한편 우리는 생활 속에서 생동한 생활적인 무용언어들을 얻어내야 한다. 만일 그것이 없다면 우리는 언제나 기본동작과 몇 개의 관용적 언어로써 무의미하게 들고 뛰기만 하게 될 것이기 때문이다. 이와 동시에 우리는 기술적 무용언어들도 부지런히 축적함으로써 이 양자 간의 훌륭한 배합과 통일을 기할 줄 알아야 한다. 그래야만이 우리 소품이 생활반영의 위력한 기술—기량상의 비약을 얻을 수 있는 것이다. 여기에 바로 우리가 생활을 연구하며 동시에 고전, 특히 민속무용 연구를 병행하는 까닭이 있는 것이다.

이 모든 것은 결국 우리 무용의 기량을 높일 것을 요구한다. 이러한 기량을 제고함이 없이는 오늘 우리 앞에 제기되는 초미의 문제인 형상성 문제를 해결할 수 없는 것이다. 금년에 우리는 소품의 보다 왕성한 창작을 위하여 전투적으로 활동하여야 한다.

조선아동무용기본

(조선문학예술총동맹출판사, 1963.)

최 승 희

저자의 말

노동당 시대에 찬란히 꽃핀 우리 무용은 높은 사상성과 예술성, 민족적 독창성으로 하여 세계 최고봉의 아름다운 예술로 전세계 인민들의 사랑을 받고 있다. 이처럼 우리 천리마 시대가 낳은 훌륭한 무용예술을 조국의 미래를 걸머질 꽃봉오리며 보배들인 아동들에게 배워주어 이를 길이 이어가게 할 뿐만 아니라 수백만 새 세대들 속에서 더욱 찬란히 꽃피게 하고 이를 풍부하게 한다는 것은 매우 중요한 일이다.

특히 무용예술은 인체동작을 기본수단으로 하는 형상적 수단의 특수성으로 하여 아동들의 정서교양과 함께 신체를 균형적으로 조화 있게 발전시킴에 큰 도움을 줄 수 있다.

이 ≪조선아동무용기본≫은 인민학교, 중학교 및 기술학교 학생들에게 적응하게 하였으며 또한 유치원 어린이들에 대해서는 무용기본 대신에 초보적인 훈련에 적합한 무용작품들을 습득시키는 방향에서 체계를 세워 보았다.

앞으로 이 ≪조선아동무용기본≫이 각급학교 써클 그리고 유치원들에서 어린이들과 청소년들의 무용훈련에 이바지하게 되며 그들 자신에 의하여 더욱 보충될 것을 바라면서 기본동작과 무용작품들을 교수 및 지도함에 있어서 몇 가지 유의할 점들을 다음과 같이 제기한다.

첫째로, 무용기본을 습득시킴에 있어서 대상의 정신적 및 육체적 발육정도에 알맞은 동작을 선택하여 정확한 교수안에 의하여 체계적인 지도가 보장 되여야 한다.

둘째로, 무용기본지도에 있어서 한 동작 한 동작을 철저히, 정확하게 습득시켜야 한다. 순서만 아는 정도로 스치고 지나가는 것은 무용기초를 튼튼히 구축시킴에 유해로운 방법이다.

셋째로, 무용기본동작 및 작품지도에서 인체를 자유롭게 구사할 줄 아는 능력만을 길러 주어서는 안 된다. 매개 인간행동은 사상 감정과 불가분리의 관계를 가지고 있는 만큼 중요한 것은 내면적인 정신세계가 선명하게 발현 되여야 한다.

넷째로, 무용작품지도에서 일률적으로 지도하여 틀에 집어넣을 것이 아니라 아동무용이라 할지라도 그들이 가지는 개성이 발양 되여야 한다.

끝으로 이 ≪조선아동무용기본≫을 출판함에 있어서 여러 가지로 방조를 준 무용가 오영옥, 김봉희, 평양 인흥중학교 신영숙 동지, 음악을 담당해 준 채기덕 동지를 비롯한 여러분들에게 심심한 사의를 표한다.

이 책에서 나는 창작으로 된 무용작품 이외에 1962년 전국혁명학원 및 초등학원 예술축전에 참가하여 특등상을 받은 군무 <군사유희>(함흥 혁명학원)가 수록되어 있음을 부언한다.

1963년 6. 6절 날

Ⅰ. 아동무용 기본 동작

제1동작-고개 쓰는 동작
제2동작-허리 재는 동작
제3동작-무릎 굽히는 동작
제4동작-다리 드는 동작
제5동작-걷는 동작

제6동작-발 차는 동작
제7동작-발 구르는 동작
제8동작-발 밟는 동작
제9동작-뛰는 동작
제10동작-발 비비는 동작
제11동작-도는 동작
제12동작-팔 휘감는 동작
제13동작-손목의 동작
제14동작-팔메는 동작
제15동작-손 뿌리치는 동작
제16동작-팔 흔드는 동작
제17동작-팔 휘돌리는 동작
제18동작-팔 휘젓는 동작
제19동작-손뼉치는 동작
제20동작-앉았다 서는 동작

II. 아동무용 기본 동작의 배합 및 응용

1. 팔메는 동작, 걷는 동작, 발 밟는 동작을 배합 응용한 동작
2. 손뿌리치는 동작, 발차는 동작들을 배합 응용한 동작
3. 손뼉치는 동작, 다리 드는 동작, 뛰는 동작들을 배합 응용한 동작
4. 손목의 동작, 발 구르는 동작들을 배합 응용한 동작
5. 앉았다 서는 동작, 도는 동작들을 배합 응용한 동작
6. 허리 재는 동작, 팔 흔드는 동작, 팔 휘돌리는 동작들을 배합 응
   용한 동작

III. 무용훈련을 위한 작품

1. 유치원 어린이들을 위한 무용

군무〈보고싶은 원수님〉
군무〈너도나도 깨끗하게〉

군무<산보가는 길>
군무<노래하는 5.1절>

2. 인민학교 학생들을 위한 무용

군무<어린이 무곡>
군무<자유가>
군무<혁명가>
군무<토끼 기르기>
군무<천리마 타기>

3. 중학교 학생들을 위한 무용

군무<혁명을 위하여>
군무<회상기 읽기>
군무<곤충 잡기>
군무<군사 유희>

4. 기술학교 학생들을 위한 무용

군무<부채춤>

Ⅳ. 무용음악

<본 받아요 아동단>,<설맞이 노래>,<원수님 품속에서>,<8.15 기쁜명절>,<밀양 아리랑>,<아름다운 우리나라>,<달이 떴네>,<어린동무 노래 부르자>,<산보 가는 날>,<너도나도 깨끗하게>,<노래하는 5.1절>,<보고 싶은 원수님>,<어린이 무곡>,<자유가>,<혁명가>,<천리마 타기>,<곤충잡기>,<토끼 기르기>,<회상기 읽기>,<혁명을 위하여>,<군무(군사유희)>,<조국을 위하여 복무함>,<부채춤>.

《논 평》

▶일제시기 외국공연 중(1938년 파리공연) 찍은 사진

≪중앙≫(제2권 3호) 조선중앙일보사 1934.3

藝苑에 피는 꽃들—최승희 편
조선이 낳은 천재적 무용가 -동양 —의 무희가 되기까지-

B 기자

조선이 낳은 일찍이 그 역사의 품안에 안아보지 못한 - 천재적 무용가! 최승희양의 근황은 어떠한가?

재재작년 즉, 1931년에 접어들며 5월에 좌익문사 安漠과 백년가약을 맺고 시내 팔판동 一隅에서 사랑의 보금자리를 꾸미고 있던 그가 작년 봄에 은사 石井漠씨 문하로 다시 복귀하게 되어 조선의 수많은 이들은 앞으로 그의 嬌艶한 자태를 다시 무대 위에 찾을 수 없게 됨을 더욱이 섭섭해 하였다.

그 후 1년이 지난 지금의 최양의 소식은 어떠한가? 이는 누구나 다 알고 싶고, 듣고 싶은 소식 중의 하나가 되지 않을 수가 없을 것이다.

최근 일본의 신문지와 잡지는 爭先하여 최양이 은사에게로 복귀한 이후의 비상한 眞境 그의 원숙해진 연기를 최상급의 찬사와 함께 대대적으로 보도하고 있다. 그중에도 永田龍雄, 川端康成과 같은 일본의 권위 있는 무용비평가들은 "최승희의 무용은 조선의 생활감정을 가장 심각하게 가장 심통하게 표현하는 데 성공하였다. 그의 연기는 벌써 원숙의 경지에 들어선 지 오래다. 일본의 무용가로 최승희의 연기를 따를 자는 지금엔 발견하기에 곤란하다.

최승희의 놀랄 만한 眞境에는 감탄할 수밖에 없다. 그의 연기는 노련해지고 이제 틀이 박힌 무용가가 되었다. 지금의 무용가 중에서 최승희가 가장 큰 기대를 갖게 한다." 등등의 비평과 찬사를 時時로 발표하고 있다. 이것을 보면 한동안 주부로서의 운명을 이제는 면하지 못하게 되었구나! 하고 閨房에 파묻힐 그의 예술을 애석히 여기던 일부의 부질없는 예상도 그만 깨어지고 말았다.

지금 그는 대성에의 야심을 품고 최후의 베스트를 다하고 있다. 명실이 상부한 동양 일의 무희! 세계가 굴지하는 대무용가에의 약진! 이 두 가지가 현재에 그가 품고 있는 심경의 두 기둥이리라!

그러면 최양이 오늘에 영예 있는 명성을 얻기까지의 걸어온 길은 어떠하였던가? 약진하는 최양의 최근소식을 접하며 필자는 그의 수기한 전반생을 소개하고 싶은 충동에 사로잡히고 말았다.

끼를 굶고 등교

1926년 이른 봄 최양의 나이 겨울 열다섯이 되어서 숙명여고를 마치던 해이다. 졸업식을 며칠 앞두고 그는 좁은 가슴을 태워가며 졸업 후의 일을 걱정하였다. "애! 승희야 너 졸업 후에 무엇하련" 자기보다는 전부가 연장자인 반우들이 이렇게 물으면 "글쎄! 어떻게 하면 좋을지 모르겠어", "난 아직 나이도 어리고 하니깐 얼마간 집에서 놀아도 괜찮지 않니! 결국 우리가 탈났다. 탈은 비차일반이지! 낸들 어디 집에서 놀 수 있다던! 하고 최양은 그들의 질문에 힘없는 응수를 하였다.

그러나 최양의 그 당시 그 심정을 알아주는 사람은 한 사람도 없었다. 집안이 빈곤한 것, 나이가 어린 것 이 두 가지는 그의 앞길을 결정하는 데 커다란 장애가 되었다.

첫째, 최양의 집안은 그 당시 중산계급의 몰락과정을 밟은 그 뒤끝이라 학비만 하더라도 3, 4학년 때에는 이해 동안 학교에서 수업료를 면제하여 주었으며 졸업 때 임시하여서는 끼니를 굶고 학교를 통학하게 되었으니 최양이 남과 같이 앞으로의 계획을 세우지 못하고 번민하는 것이 무리가 아니었다.

그리고 둘째는 최양은 나이가 어렸다. 설령 집안이 넉넉하여 학업을 계속하게 됐다자 연령관계로 상급학교에서 입학을 허가할는지가 문제였다. 그래서 최양은 이러한 번민을 하는 중에 졸업장을 받게 되었으니 비록 나이는 어렸을망정 타고난 재주와 총명은 그로 하여금 우등반으로 교문을 나서게 한 것이다. 졸업 후 집안에 들어앉은 그는 한시를 마음을 놓지 못하였다. 어떻게 하면 나도 내 취미 있는 방면으로 공부를 더 계속할 수가 있을까! 아무리 궁리를 하여 보았으나 이 소녀의 갈 길은 좀처럼 열릴 것 같지가 아니하였다.

이때였다. 그의 큰 오빠되는 최승일씨가 동경에서 돌아왔다. 최양에게는 둘도 없는 말벗이다. 오빠! 난 어떻게 해야 좋아요? 글쎄 말이다. 넌 창가도 잘하고 유희체조 같은 것도 잘하고 그걸 보면 음악공부 같은 것을 시켜 주었으면 좋겠다마는 어디 집안형편이 그렇게 되니? 철석같이 믿었던 오빠의 대답도 시원치 않았다. 하는 수 없이 최양은 평소에 자기를 귀애하던 모교의 선생한테로 쫓아갔다. 그 당시 成義慶씨, 金永煥씨 같은 분은 최양을 가장 사랑하였다고 한다. 그래서 모교 당국에서 교비생으로 경성사범학교에 주선하여 입학시험을 보아 합격은 되었으나 결국은 연령부족이란 이유로 그곳도 여의치는 못하였다. 이렇게 번민과 방황 가운데에서 지내던 중 최양에게는 결국 한 개의 좋은 기회가 닥쳐왔다. 그것은 그 당시 일본에서 인기를 독점하고 있던 石井漠씨가 3월 중순에 내경하여 ≪경성일보≫의 주최로 공회당에서 제1회 공연을 개최하는 동시에 그의 조선에 대한 감상담을 동지에 발표한 중에 "…조선인으로 내 제자가 되고 싶어하는 소녀가 있다면 한 명쯤은 데리고 가겠다…" 이 기사를 첫번 눈익혀 읽은 사람은 최양의 오빠였다. 그렇지 않아도 사정만 허락한다면 누이를 동경이나 외국으로 유학을 보내어 그의 예술적 소질을 충분히 발휘시킬 기회를 주었으면 하던 차에 이 기사를 보고는 즉시 당시의 경성일보 학예부장 寺田씨에게 쫓아가서 자기 누이동생 이야기를 하고 석정막씨에게 소개해 주기를 청했다.

물론 여기서는 최양의 쾌락을 받아가지고 한 것은 말할 것도 없다. 이래서 석정막씨와 최승일 남매간에는 앞으로 3년간을 교육기간으로 하며 그 후에는 조선으로 다시 돌려보낸다는 계약을 寺田씨 입회 하에 체결하고 3월 25일 아침 차로 일본으로 떠나기로 하였다.

　이 계약을 마치고 돌아온 최양은 완고한 가정의 승낙을 어떻게 맡을까가 큰 걱정거리가 되었다. 처음에는 음악공부를 하러 간다고 속이었으나 나중에는 승일씨가 그의 누이를 팔아먹었다는 악선전까지 퍼지게 되어 한동안 이 때문에 승일씨의 입장이 곤란했던 것은 물론 집안 발칵 뒤집혀서 친척과 모교의 선생까지 들고 일어나 반대를 하였다.

　그러나 한번 결심했던 일을 주위가 반대한다고 중지할 수는 없었다. 최양은 출발기일인 3월 25일 아침에 경성역으로 나갔다. 석정막씨와 같이 2등차칸에 들어가 혹은 집안사람이 쫓아오면 어쩌나하고 두근거리는 가슴을 진정하고 앉았으니까 막 기차가 떠날 때가 임박하여 모친 이씨가 모교의 선생들과 같이 플랫폼에서 최양을 찾다가 창밖으로 내다보는 남매의 얼굴을 보고는 그만 목을 놓고 우는 일장 비극까지 일어났던 것이다.

　현해탄의 거친 물결에 부대끼며 동경까지 가는 동안에 최양은 끝이 없는 울음과 무서운 고독에 잠겨 있었다. 어머니 슬하를 떠나 이역에 오게 된 것이 원래 처녀의 행동으로서는 너무나 대담한 짓이었다. 그러나 이왕 몸을 숨겨서 동경까지 온 이상 그는 울음과 고독으로만 세월을 보낼 수밖에 없었다. 선천적으로 艶麗한 자태를 갖고 총명한 두뇌와 예술에 대한 천품을 가진 그로서는 불과 몇 달이 아니가서 석정막씨의 총애를 일신에 걸머지게 되었다. 그래서 그해 가을에 동경에서 초공연을 하였을 때에는 《金魚》라는 것으로 춤을 추어서 비상한 환영과 갈채를 받았으니 이때부터 그의 연기는 무용비평가의 입에 오르고 내리었다.

　그리고 그 다음해 3월에는 조선으로 나와서 최양의 향토방문 제1회 공연(1927)이 공회당에서 개최되었으니 그때에는 '차이코프스키'의 세레나데를 독무하여 만장의 관중을 심취케 하였으며, 당시 최양의 모교인 숙명여고에서는 교장 이하 교직원 생도일동이 그의 성공을 축하하는 의미로 이 회석에 참석하여 화환을 주고 폐회한 후에는 교장 李貞淑씨가 '가구야'로 쫓아 들어와 "네 재주가 이렇게 훌륭하게 됐더란 말이냐"고 감격을 하는 등 이밖에도 滯京 10여 일에 각 방면에서 받은 융성한 대접은 참으로 굉장하였다. 그향에서 상상 외의 대환영을 받고 동경으로 돌아간 최양은 그후 얼마 지나서 서울 있는 오빠 승일씨에게로 한 번은 "…오빠 암만해도 이곳에만 줄창 있을 수는 없을 것 같아요. 처음 생각에는 선생한테 춤만 배우면 그만이려니 하고 단순한 생각을 품어왔으나 최근에 와서는 어쩐 일인지 선생의 하는 일이 모두 자기의 機關을 유지하여 가는 데만 집중하는 것 같고 무용에 대한 이론적 방면 같은 것은 제자들에게 가르쳐 주기를 무성의하게 하는 것 같아 차라리 이때로만 나간다면 탈퇴하는 것이 나을 것이 아닐까요? 그러고 나는 달리 무용의 길을 밟아야 할 것 같아요…" 하는 내용의 편지를 보내왔다. 그러나 이것이 추후에 석정막의 처제 石井小浪과 같이 석정막 문하를 탈퇴하는 심리적 동기가 될 줄을 누가 알았으랴?

석정막 문하를 탈퇴

최양이 석정막씨와의 3년간 계약을 완료하게 되는 1928년 夏期의 일이다. 얼마 전부터 석정씨의 처제 小浪은 가끔 그에게 찾아와서 다음과 같은 불평의 말을 꺼내놓고 갔다.

"나는 암만해도 선생과는 分立을 안할 수 없다. 나는 그동안 선생을 위하여 10여 년간을 희생하였으나 선생은 이를 몰라주고 자기의 이익만 취한다. 전자에도 내가 이만하면 무용연구소 하나쯤 내줄 만하지 않았느냐고 제의하였지만 그는 들은 척 만 척하였다. 이것을 보면 선생의 예술적 양심이라는 것도 가히 짐작할 수 있지 않느냐" 등등… 이런 말이 최양의 귀에 들어온 지 며칠 못되어 예의 유명한 석정소랑, 최승희 등 석정막 문하 탈퇴사건이 일어났다. 그것이 바로 7월 달이다.

그래서 최양은 완전히 석정막과도 손을 끊게 되었다. 그러니 동경 바닥에서 아무 후원자도 없이 무용연구하네 하고 주저앉을 수도 없고 해서 그해 가을로 바로 조선으로 나와 버렸다. 나와놓고 보기 결국은 손에 일이 잡히는 것이라고는 아무것도 없었다. 이때도 하는 수 없이 오빠되는 승일씨의 힘을 빌어 한동안은 러시아에 가면 공부를 할 수 있을까 하고 러국 영사관을 통하여 유학을 交涉을 해보았으나 이도 여의치 못하고 그해가 다 기울어가는 12월 중에 다시 모 일문지 주최로 공연회를 개최하여 거기서 한 7백 원가량의 자금을 얻어서 최승희연구소를 시내 御成町에 신설하고 조선 내의 새로운 무용보급 운동을 일으켰다.

그래서 그때부터 한 3년 동안은 남조선, 북조선 都會處에는 전부 순회를 하였으니 이때 최양의 무용에 대한 정신에는 종래에 지켜오던 정신과는 질적으로 다른 일대전환이 있었다. 즉, 조선 사람의 생활감정을 포착하여 그것을 강렬하게 표현하자는— 다시 말하면 석정막시대를 떠나서 최승희 자신의 독특한 시대를 창조하려는 생각이 맹렬히 일어났던 것이다. 그래서 무용을 직접 현실생활에 연결시키고 그것을 線으로 일반대중에게 표현하자는 의도 하에서 지방순회와 서울공연에 전심력을 다했던 것이다. 그러나 이 생각도 오래가지를 못하고 무용연구소는 문을 닫게 되었다. 그것은 처음에는 일부에서 최양의 의도를 찬성하고 관중만 하더라도 한동안은 최양의 간판에 호기심을 끌어 공연순회의 수입이 겨우 연구소 유지비만은 뜯어 쓸 수 있을 형편이었으나 그것도 3년이란 오랜 세월을 끌게 되니까 일반의 이해와 호기심도 점차로 박약하게 되어 결국은 문을 닫지 않을 수 없는 비운에 빠졌던 것이다.

부군의 권고로 재기

모처럼 계획했던 사업이 3년도 못가서 수포로 돌아가 최양의 실망은 여간한 것이 아니었다. 그러나 좁은 조선 땅에서 아직 무용에 대하여는 일반적으로 상식조차 결여된 좁은 판국에서 그 성공을 바랐다는 것부터 최양의 違算이었다고 看做할는지 모르나 어쨌든 당시의 그로서는 어쩔 도리가 없었다. 그래서 그는 모든 것을 단념하고 있던 차에 돌연 그의 오빠의 주선으로 그의 신상에는 결혼문제가 대두하였다.

그러면 상대의 남성은 누구인가? 당시 일본 早稻田大學 재학 중으로 카프 맹원인 安漠군이 그 사람이다. 같은 카프맹원 朴英熙씨의 중매로 쌍방은 무조건하고 의합하고 말았으니, 이 두 사람의 행복된 결혼생활이 팔판동 일우에서 시작되기는 재재작년 5월 청량관에서 화촉의 성전을 거행한 이후부터의 일이다.

이리하여 두 사람의 결혼생활은 1년 동안 서울을 무대로 하여 전개되었다. 그러나 夫君 安漠은 애처의 위대한 예술적 천품을 그대로 묵힌다는 것은 너무나 애석한 일이라 하여 암연히 최양의 재기를 권고하고 자기는 결혼 익년인 재작년 봄에 단신으로 동경으로 건너갔다. 그래서 최양도 비록 결혼은 했으나 다시 한 번 무대에 나서겠다는 용기를 얻어 가지고 재기할 기회를 엿보고 있던 중 그해 가을 석정막씨가 다시 경성에 와서 공연하고 돌아가는 길에 그때에도 寺田씨 등의 알선으로 옛날의 선생과 제자는 깨끗이 감정을 청산하고 최양은 석정막무용연구소의 선생으로 초청을 받아가게 된 것이다.

<여성>(5호) 1937.

女性人物評
人間 崔承喜의 一面

毛 允 淑

女性四千年에 이처럼 가슴을 뒤흔드는 舞姬가 있었던가?

한 對象의 情熱을 吸收하기 위해 제한된 울타리 안에서 俗情과 哀愁를 빌든 분묘적 舞姬들의 最後를 反役하는 새 存在의 偉力 그는 실로 며칠 밤 民衆의 노크소리를 귀 아프게 당하면서도 그들을 마음대로 환영할 場所를 못 가진 무구절하다기는 너무나 가혹한 우리의 女主人이었다.

그가 太平洋 건너로 초청을 받아간다는 반가운 소식이 퍼지자 반도의 갈채를 한 몸에 실은 채 종로의 발길을 돌려놓은 어느날 밤 나는 우연한 기회에 그와 面談할 時間을 갖게 되었던 것이다. 원체 무용이 무언지 모르는 筆者로서는 여기서 외람되게 무용 최승희를 그리기보다 人間的 崔承喜女史를 감격한 대로 적어볼까 함이 이 붓을 들게 된 意圖임을 말해둔다. 그는 맑은 얼굴을 소유한 여자였다.

살결이 윤택하고 피로하지 않은데다가 균형잡힌 部分部分의 調和美가 넉넉히 美姬의 尊稱을 받을 만 하였다.

그의 表情은 自己 以外의 對象을 정략적으로 끌어 보려는데 努力하지 않고 순수 그 물건으로 自己魂의 빛깔과 함께 움직이고 살아있었다.

보통 무용예술가에서 볼 수 있다는 소위 세련 이전의 정열적이라거나 발작한 기분이란 하나도 볼 수 없었다.

그의 性格의 胎는 밝은 理性이 주로 되어 있는 듯싶었다. 그 얼굴은 情熱을 吐하는 연회석의 모란이 아니라 理性의 光輝를 沈着하게 둘러싼 새벽 난초의 얼굴 그것이었다. 나는 그의 얼굴에서 웬일인지 싸늘한 고독감을 억제할 수 없었다. 웃을 때마다 같이 앉은 사람의 가슴에 맑은 샘의 감촉을 퍼부어 주는 듯한 말하자면 세련된 理性美만이 그의 表現을 컨트롤하였다.

실제가 될지 모르나 나는 그에게서 神女의 祈禱念을 볼 수 있었고 고독한 魂의 運命的 悲哀가 남모르게 伴侶된 性格의 主人이 아닌가 함을 잠시 생각해본 일이 있다. 一種의 宗耽美를 소유한 女性 같이 보였기 때문이다. 이러한 그의 性格이 그로 하여금 俗된 자리에 서지 않게 한 原因이요 興行 무용심리로만 만족하지 않게 한 動機가 아닌가 한다. 따라서 그가 自己藝術을 獨特한 自己民族 위에 세우고 나아가 自己特有의 個性美를 含有시켜 前進코자 하는 큰 慾望의 導火線이 또한 그 性格의 견고함에 있다고 본다.

道德과 法律이 女性의 社會生活이나 自由生活을 아직도 不斷히 막아주고 封建的 時代思想이 女性에게 屈服과 無智를 强要하는 지금에 있어서도 如何한 대수 없이 그만한 成果를 거두었다 함은 단지 그의 技術的 天才만이 아닐 것이다. 거기 伴하는 崔承喜 獨有의 人格性 다시 말하면 高潔한 性品과 社會아 周圍가 自己를 如何히 보는가에 對한 심각한 硏究等이 뭉쳐서 그의 청초한 舞踊人格을 갖추게 하고 다시 모든 사람의 찬양 외적이 되게 한 동기라고 본다. 그는 一言半句라도 자기를 과장할 줄 몰랐다. 겸손과 안온성이 그가 아니면 가질 수 없는 美德이었다. 그는 自己가 아내로 生存해 있음을 잠시라도 잊지 않고 어머니된 自己의 光榮을 무한히 기뻐한다. 그는 착실한 主婦의 格을 가진 女性이었다. 엄마의 무릎으로서 訣할 수 없는 愛情의 母性體였다. 그러나 그는 아내와 어머니의 意識만을 찾은 것이 아니라 自己魂을 意識하는 힘이 누구보다 강하여 自魂의 소재를 발하지 않고는 견딜 수 없는 自意識이 억센 女子였다. 고난과 世波를 무릅쓰면서 東西로 苦鬪한 이야기는 다 기록 못하거니와 普通女子 같으면 벌써 주저앉았을 과거를 여러 번 스스로 부활시켜 힘과 애로써 自己生命의 要求를 無視하지 않았다. 자기가 가진 藝術魂을 가장 절실히 긴요하게 생각하고 돌진해 나간 데에 崔承喜의 價値는 뚜렷해지는 것이다.

이러한 점에서 그는 넉넉히 文化性 계급에 속할 새 시대의 女性像을 가진 이다.

현모양처란 흔이 自己犧牲을 주로 그 成果가 남아나는 일이 普通이니 崔承喜 亦是 自我를 無視하지 못하는 女子이며 현모양처로서의 과거는 미숙하였을지도 모른다. 그러나 좁은 意味의 현모양처관을 버리고 산 의미의 적극적 賢母良妻로서 그를 批判할 수 없을까? 그가 가진 高尙한 人格美라든가 舞姬로서 검약한 生活狀態를 듣건대 그는 永遠히 朝鮮女性을 代辯할 舞姬요 남의 舞姬는 아닐 것이다. 그가 主張하는 예술이 그러한 것과 마찬가지로 그는 舞踊硏究에 많은 머리를 쓰고 있음이 사실이요 앞으로도 새로운 課題를 세우려 努力할 것도 言約해 놓은 心算이다.

먼저 崔承喜는 人間的으로 缺如되지 않는 높은 性格을 가진 데에 나는 感歎하여 마지않았다. 그 외에 지혜가 그의 平生을 운반해 가기를 기원한다.

≪신한민보≫ 1938. 2.3(제1565호) (2면)

삼한예술의 세계적 진출 최승희여사

> 최승희 1937년 12.11 샌프란시스코 상륙
> 1937년 12.22 샌프란시스코 공연
> 1937년 12.24 나성(로스앤젤레스) 안착
> 1937년 12.26 재나성 청년부주최 환영만찬회(기념금배 증정)
> 1938년 2. 2 저녁 8시 45분 나성 이벨극장에서 공연
> 1938년 2.20 뉴욕에서 제1회공연

<쌍항과 나성에서 공연─4일 뉴욕으로 전왕>

조선은 서양인이 일찍이 '은사국'의 별명을 줌과 같이 비록 동양에 있어서 가장 오랜 역사와 독화한 문화를 가졌으나 온 세계에 알려지지 못하였으며 구아 교통이래 중일전쟁 아일전쟁을 인하여 처음으로 세계정치가와 식자 간에 인식되였을 뿐이였다.

그러나 우리 민족의 우수한 본질은 반드시 세계무대에 활약할 날이 있는 것은 마치 줌치에 들은 송곳이 뚫으고 그 봉망을 나타 내고야 마는 것과 같은 것이다.

그리하여 1936년 백림올림픽 대회에서 손기정군의 세계제패로 말미암아 한국이 세계의 민중 이식에 알려졌고 이제 최여사의 세계일주의 대흥행으로 손군의 뒤를 이어 우리 한국을 세계에 선양하게 되었나니 이 엇지 우리 민족의 자랑이 안이며 우리나라의 보배가 안이랴 이점에서 우리는 최여사의 세계행각에 대하여 깊은 흥미를 갖었으며 또한 그를 극히 환영하는 바이다.

오는날 최여사는 비록 미국의 자유천지에 왔다 하더라도 그 개인의 사정과 그 예술의 성취를 위하여 세계흥행을 마치고 귀국치 안을

수 없으매 그 신세는 실로 조롱속의 새와 같은 것이다. 그리하여 공개적으로 그 가슴 가운데 쌓인 민족정서는 과감하게 발표치 못함은 여사의 숨은 고충이오, 우리의 아픈 유감이다. 그러나 그 이름은 삼천리의 수호로 자릿였고 그 피는 이천오백만과 같이 흐르나니 그가 말치 못하며 우리가 듣지 않은것뿐 엇지 그의 속맘을 모르랴 다만 그가 한국춤을 가져 생평의 사업을 삼은 것을 보아도 그 뜻이 있는 바를 가히 알 것이다. 하물며 오늘날 최여사의 자유를 속박하게 하는 그 신세는 엇지 그 개인의 허물이랴 실로 우리 일반의 책임이다.

이제 최여사의 약력을 듣건대 그는 강원도 홍천군의 최준현씨의 영애로 일찍이 경성 숙명여학교를 필업하였고 어려서부터 춤에 대하여 흥미를 가졌고 또한 특기가 있음으로 중학을 졸업한 후에 곳 무용을 전문하려 하매 춤은 기생 광대나 추는 천업이라 하여 구식사상에 가친 인리향당의 치소와 방해가 많았지만은 요행 동경에 유학하는 그의 남형의 성원을 얻어 동경에 건너가 무용을 공부하게 되었다. 처음에는 서양무용을 배워 무용의 원리를 해독한 후에 조선 고유의 무용을 민족예술의 하나로 보존 발전의 필요가 있지만은 정치적 압박과 외래사상의 유행으로 인하여 날로 소진하여 장차 절멸될 것을 가련히 여겨 이에 조선춤의 부흥발전으로써 이 예술사업의 목적을 삼기로 결심하였다.

그러나 조선춤은 궁중이에는 민간에 전하는 아보가 없음으로써 배우기가 심히 어렵지만은 그의 굳은 결심은 모든 난관을 불구하고 혹은 고서중에서 단편, 영간을 찾아보며 혹은 유명하던 기생과 광대를 방문하여 각종 춤의 대체를 알아보며 그의 처지는 이와 같이 듣고 읽은 것을 기초하여 스스로 곡조를 짓고 새절을 보충하였다고 한다. 그럼으로 여사의 지금 완성하여 공연하는 수십 종의 조선춤은 반은 전습이오 반은 창작이다.

여사의 설명을 듣건대 조선춤의 특식은 다른 민족의 무용에 비하여 상체의 움칠거리는 것이 현저한 것인데 어떤 무용비평가에 의지하면 조선춤은 신체미 발육에 특별히 도움이 있겠다고 한다. 특히,

최여사는 그 춤에 극적요소를 많이 포함시켜 대중의 흥미를 끌기를 힘쓰는데 그의 출세작인 〈인도인의 설움〉을 공연할 때에 관중은 자신의 정경을 느끼어 미친 듯 취한 듯 고함을 지르며 발을 구르며 이야말로 열광적으로 감취함으로써 왜 경찰은 마침내 그 공연을 금지하였다고 한다.

금번 최승희여사의 세계적 흥행은 힌시그의 매니져로 시무하는 던킨씨의 주선으로 미국의 흥행은 콜럼비아 컨설회사와 계약되었고 구주 흥행은 덕국 백림의 호윗회사와 계약하였으며 남미 그 흥행회사에서도 계약을 원한다고 한다.

그 일행은 최여사 이외의 그 가장 안필승씨와 피아니스트 이광준씨 등 공 三인인데 12월 11일 상항에 상륙하여 동 22일에 당지에서 공연하였고 동 24일 다수 한인 출영리에 나성에 안착한바 26일에는 재나성 한인은 그 일행을 위하여 시내 중국찬관 서현루에서 만찬회를 개최하고 저녁에는 환영회를 열었는데 환영회석상에서 나성 청년부는 최여사에게 기념 금배를 증정하여 경애의 뜻을 표시하였다.

본월 2일 저녁에 최여사의 일행은 나성 월사이의 이벨극장에서 공연할 터인데 입장권은 수일전 기하여 다 팔리어 대만원을 예기하며 극장주의 말을 듣건데 외국인으로 처음 출연에 그와 같은 인기를 끄는 것은 일찍이 보지 못하였다고 한다. 2일 저녁에 공연을 마치고 그 일행은 4일 뉴욕을 전왕하여 당지에서 수회 공연하고 다음에 미국 각 대도시로 순회할 예정이라더라.

≪조선여성≫ 창간호-8.15 1주년기념, 1946.9.

삼팔선(三八線)을 넘어온 崔承喜 女史[*31]

본사기자 **문 책**

우리 조선이 낳은 세계적 무용가 최승희 여사가 삼팔선을 넘어 북조선의 서울 평양에 왔다.

조선의 무용예술을 위하여 앞으로 그의 포부는 조선인민의 기대에 어그러짐이 없을 것을 믿으면서도 조선여성계에서 크게 주목을 끄는 그를 찾지 않을 수 없어 최여사의 숙소를 방문한 것은 소낙비 쏟아지는 어느 오후이었다.

조리 없이 묻는 기자의 질문에 그는 쓰라린 과거를 이제 평화로운 심경에서 조용히 대략 다음과 같이 포부를 발표하였다.

"왜정시대 내가 살아온 것은 내가 걸어온 것은 학대받는, 천대받는 조선 사람을 위하여 그 놈들께 지지 않으려고 존경을 받고 예술적으로 그들을 극복하고 싶은 열렬한 마음에서…" 이렇게 말을 내기 시작하는 그에게 지금까지 숨은 눈물을 남몰래 흘린 적이 그 얼마나 많았서랴… 대략 그의 담화를 요약하면 다음과 같다.

石井漠 제자로 들어간 것이 15세 때 출연도 그해 이었었다. 1928년 동경서 다시 조선에로 돌아와서 서울서 처음으로 무용연구발표회를 가졌었다. 그러면서 제자양성에도 주력했었다. 그러는 동안에 물밀듯 물리는 프로예술운동의 대두는 그의 젊은 정열은 그로 하여금

---

* 이 자료는 북한의 출판물 ≪조선여성≫(1946, 창간호)의 기자가 1946년 7월 월북한 최승희 숙소를 방문하여 인터뷰한 글이다. 이는 당시 처음으로 북한의 공식적인 출판물에서 최승희의 월북을 소개한 것이다.

프롤레타리아 무용에도 이끌었던 것이다. 그때가 남편 되시는 安漠씨와 결혼한 때였다.

　그 후 동경서 수 년 동안 무용연구에 꾸준히 정열을 바치며 조선무용연구에 몰두하고 있었다. 민족무용을 연구하는 그에게는 여러 가지로 놈들의 간섭과 탄압은 심해가고 일본사람 앞에서는 조선무용을 해도 조선군중 앞에서는 조선무용을 하지 말라는 등 조선사람 앞에서는 민족열을 앙양시키지 말라는 그들의 야비한 수단은 그칠 줄을 몰랐더라고… 그 후 구라파공연에서 제일먼저 찾은 것이 불란서였었고 구라파 각지를 돌아, 다시 일본에 상륙케 될 때는 여간 물의가 많지 않었던 것이다. 그것은 미국서 공연할 때 재미조선인의 환영은 대단 했었다. 일본이 낳은 무용가가 안이라 조선의 딸 최승희 만세를 부르며 그 환영의 꽃다발은 끝일 줄을 몰랐던 것이다. 이런 여러 가지 이유로써 排日運動한 최승희 라고 橫濱上陸時에도 문제가 상당이 있었던 것이다. 나라 없는 설음에 나라 없는 딸이 가면 갈수록 그 설음은 더해만 갔었다. 아무리 적은 나라에서도 대사관, 공사관들이 있었는데 조선의 딸을 맞아줄 대사관 하나 공사관 하나 없이 그래도 그는 조선의 딸이요 하며 이를 악물고 춤을 추어왔던 것이다. 그는 그의 예술을 오늘 이만큼이라도 발전시키기 위해서 갖은 모욕과 비난을 참아왔다. 내 걸어온 길을 다시 한 번 회고할 때 海內, 海外에서 조선민족을 위해 악전고투하신 혁명전사 여러분의 업적에 비하면 내 적은 힘이나마 조선인민을 위하여 씩씩히 싸워오지 못했다는 것은 솔직한 고백인 것이다. 그러나 앞으로는 오직 인민대열에 전 정력을 다 바칠 것을 맹세하는 바이다. 빛나는 역사에는 훌륭한 지도자가 있었다. 이제 북조선에는 영명하신 김일성장군이 계시고 예술부문에도 가장 이해가 깊으신 장군이 계시고 들으니 더한층 기쁘다. 반동의 탁류가 암담이 흐르고 있는 남조선에 비하여 위대한 약소민족의 해방자 붉은군대의 원조 아래 영명하신 김일성장군이 계시는 북조선은 진정한 민주주의 국가건설에 하루하루 인민주권은 굳어지고 있는 것을 볼 때 한결 기쁘다고 하며 남조선의 혼란 상태를 자세히 이야기하는 동안 쏟아지는 소낙비는 그칠 줄을 모르기에 끝으로 앞으로의 하실 사업에 대하여 이제 진정히 무용예술의 대로는 열이었으니 민족예술을 위하여 힘껏 일하겠다고 하며, 무용연구소 개설을 위하여 분주한듯해서 총총히 일어서니 남녀평등권 법령 발표를 받은 우리 1,500만 여성은 더 한층 자중하고 헛되이 경솔한 노-불식 해방이 되지 않도록 노력하자고 하며 이 법령에 대해서도 좋은 의견이 많았다.

재생하는 조선예술계를 위하여 고생스러운 38선을 탈출한 최승희 여사의 해방 후 첫 공연을 맞을 것도 멀지 않는 앞날일 것을 기뻐하며 진의 배전의 분투를 빌며 붓을 놓는다.

≪문학신문≫ 1958.5.1

무용예술의 새로운 성과
-<옥란지의 전설>을 보고-

조 령 출

무용은 움직이시며, 조각이며, 는 회화이며, 율동의 미의 세계이다. 인간육체의 동작, 표정, 그것은 생명의 언어이며, 인간 감정의 직접적 표현이며, 이러저러한 품성의 언어이다. 아름다운 무용은 아름다운 시 정신을 말하며 인간의 아름다운 것을 보여준다. 심장을 설레게 하는 감동! 그것으로 하여 인간생활이 아름다운 것을 더욱 느끼게 하며 인간을 고상한 세계로 끌어올리는 것, 그것은 훌륭한 예술이다.

조화의 미, 균형의 미, 정, 동, 완, 급의 흐름의 미. 이를 통하여 생활의 본질, 사회발전의 지향성, 인간의 높은 모범을 보여준다면 그것은 훌륭한 예술이다. 인간의 모범, 생활의 모범은 어느 시대에도 있는 것이다. 우리는 고대 조선에 있어서도 그러한 모범을 허다히 발견 할 수 있다. 삼국유사나 삼국사기 가운데 그러한 기록을 발견할 수 있다. 그뿐만 아니라 오랜 역사를 두고 민간에 구전으로 흘러져 내려온 민담, 전설 가운데 그러한 전형을 볼 수 있다.

온달, 설랑, 을지문덕, 관창 그리고 황해도 사리원 마십굴 전설의 주인공 마십동 이루 헤일 수 없는 것이다. 전설 운림과 옥란의 이야기도 우리 인간생활에서 빚어진 아름다운 모범의 전형의 것이다.

무용극 <옥란지의 전설>은 바로 이 이야기에서 소재를 가져왔으며 그것을 더욱 풍부히 하였으며 고대 조선의 사회 계급적 모순을 더욱 심각한 것으로 보여준다.

원작 및 예술총지도를 수행한 최승희와 무용창작 및 연출을 담당한 안성희는 있는 전설의 기본정신. 그의 인민성에 입각하여 고대 조선의 사회적 배경을 확장하였고 환상의 세계를 크게 넓이였다. 하나의 소박한 전설이 풍부한 창조적 정신에 의하여 무대예술 작품으로 훌륭히 형상화 되었다.

'옥란과 운림'은 고대조선의 전설적 형상인 것이다. 실로 오늘날에도 인간의 모범, 생활의 모범으로 되며 인간이 자기의 불행을 극복하며 자기의 순결성을 지키며 그를 위해 싸우며 폭군을 숙청하며 생활의 행복을 희구하는 인민의 열망을 보여준다. 이 무용극은 우리 민족무용극의 발전을 보여준다.

국립최승희무용극장은 〈반야월성곡〉, 〈사도성의 이야기〉, 〈맑은 하늘아래〉 등의 무용극 창작의 길을 개척하면서 고귀한 결실과 경험을 축적하였으며 민족무용극이 해결할 제 문제들을 점차로 믿음직하게 해결하면서 조선무용예술의 수준을 제고시키고 있다. 우리 민족무용의 훌륭한 전통을 발전시킴에 있어 선진적인 외국무용의 좋은 경험을 창조적으로 도입하여 우리 무용의 민족적 특성을 더욱 발양하며 무용극 창작의 새 분야를 개척함은 그리 용이한 일이 아니다. 무용과 묵극적 요소의 예술적 결합은 무용극수립에 있어 하나의 난관이기도 하였으나 그것은 적지 않게 극복되였으며, 이번 작품에 있어 묵극적 처리가 현저히 무용적 형상으로 제고된 것은 창작가들의 새로운 노력의 결실인 것이다.

〈옥란지의 전설〉은 무용극의 드라마뚜르기야를 완성시키는 길에서 새로운 단계를 지였으며 무용연출의 새로운 경지를 보여주었다. 극적 감동이 예술적 긴장을 높이며 감동적으로 전개되며 인물들의 성격이 무용을 통하여 선명하게 형상화 되어있다.

아름다운 사랑, 소박한 마을 남녀들의 춤, 진달래 춤을 비롯한 남녀 군무들, 인어의 춤들은 인상적이며 옥란과 운림의 쌍무, 옥란의 독무들 중에서 우리는 매우 세련된 예술의 감동을 갖게 된다. 무용구도의 새로운 기법들이 도입, 무용적 율동의 선을 의상 속에서 시원히 뽑아내며 인물의 내면세계를 함축 있게, 심각하게 또는 시원스러운 무용적 율동으로 표현하며 이러저러한 에피소드가 슈제트 발전에 있어 따분한 감이나 구김살을 주지 않고 주선을 따라 강하게 그에 복종되어 있는 것도 좋다.

옥란이 궁전에서의 슬픔의 춤은 원수에 대한 저주와 해방에 대한 불타는 욕망으로써 더욱 감명적이며 3막에서 애끓는 인어 옥란과 운림의 춤은 폭정이 빚어낸 인민들의 슬픔과 울분을 선풍처럼 불러일으키며 이는 4막에서 폭군의 쓰러짐과 함께 옥란의 몸에서 인어의 껍질이 벗겨지고 아름다운 인간의 생명을 다시금 쟁취하며 그를 축복하는 5색 무지개가 물 위에 꽂히는 때에 우리의 환희는 더욱 커지며 예술의 감명은 고조에 달한다.

막이 내린 후에도 예술의 여운은 길게 우리의 심장에 울리여 아름다운 인민의 생활창조에로 우리의 정신을 침투케 한다.

허나 부분적인 춤에 있어 새로운 무용극의 세계를 확충했음에 반하여 아직도 우리 민족무용 전통의 우수한 특성들을 더욱 발전시켜야 할 부분이 있는 것이며, 안성희의 훌륭한 연출기법과 무용출연에 있어서 앞으로 더욱 최승희의 경지, 그의 민족무용의 예술적 경지에로 더 접근하며, 우리 민족무용의 풍부한 유산을 계승 발전시킴으로써 앞으로 더욱 큰 성과를 거둘 것이다.

우리는 최승희무용극장의 무용의상 고안과 그의 제작에 있어 항상 참신성을 보여주며 우리 민족의상의 우월성을 백방으로 다양한 형태, 색조로 발전시킴에 대하여 감탄하지 않을 수 없다. 그러나 부분적 의상들의 색조, 문양의 대담한 구사는 때로 인물의 시대적 또는 생활적 특성에 불명확성을 줄 수 있는 것이다. 이는 옥의 티라고 생각된다.

무대장치는 입체물을 대단히 간소화 하였으며 무용극에 적응한 공간을 창조하였는바 이는 이 부문 일군들의 새로운 노력이라고 볼 수 있는 것이다. 이번 무용극에서 음악은 우리 민족악과 양악의 합리적 배합을 기함으로써 민족악기가 가지는 제한성을 타개 하려 하였다. 그러나 역시 조화의 미에서 결함을 보여주고 있으며 무용자체가 어디까지나 우리 민족 세계인만치 그의 음악도 민족음악의 특성으로 일괄될 것이 요망된다.

이를 위하여 우리는 누누이 강조하는 바이나 민족악기만 일부 개조하며 편곡상에서 혁신을 가져오며 연주에서 극 음악으로써의 예술성을 높이는 문제이다.

≪문학신문≫ 1958.10.30

진실성의 결여
-무용극 <백향전>을 보고-

김 광 현

무용극 <백향전>(최승희 작, 안무 및 연출)은 부분적으로는 좋은 무용등도 보여준 긍정면이 있다. 그러나 기본적으로 사회주의적 사실주의 창작방법에 튼튼히 입각하지 못함으로써 역사적 사실을 옳게 반영하려는 극적 슈제트를 창조하지 못하였고 아울러 '비장을 위한 비장'을 강조한 나머지 사상 예술적으로 극히 저조한 작품으로 되었다. 이제 그 주되는 결함이라고 생각되는 점들에 대해서만 간단히 분석해 보려고 한다.

무용극 <백향전>의 작자는 고려시대의 봉건지주와 승려계급의 혹독한 착취와 기만성을 폭로하며 이를 반대하여 일어난 농민군의 투쟁을 그리려고 하였다. 그러나 <백향전>은 작자의 주관적 의도와는 달리 슈제트의 무리, 역사적 사실에 대한 비진실성으로 인하여 그와 반대의 결과를 가져왔다. 즉 1막 1장에서 작자는 절간의 사노(私奴)의 어린처녀와 귀족의 아들 우각과의 싸움으로 부터 갈등을 조성하였으나 이것은 너무나 무리한 설정이다.

역사적 사실에 의하면 고려중엽인 1160년대부터 고려농민들은 적국 각지에서 계속적으로 봉기하였으며 최충헌집권 이후의 1200년대에는 공사노(公私奴)들도 이와 보조를 같이 하였으니 이 작품에서 사노를 더 주인공으로 할 수는 있을 것이다. 그렇다고 하여 금욕의 지대로 되어있는 절간에 아름다운 처녀 사노를 두었다고 설정할 수야 있겠는가?

우리는 예술적 허구로써 예외적의 인물도 설정할 수도 있다. 그러나 허구는 어디까지나 역사적 사실에 부합되며 또 부합될 수 있는 것에 대한 예술적 표현이며, 역사적 사실을 더욱 구체적으로 반영하기위한 수단이다. 역사적 사실에 전혀 부합되지 않는 것은 예술적 허구로 될 수도 없으며, 또한 생활의 논리와 어긋나는 것은 전형일수도 없다. 이렇게 생각해보면 무용극 <백향전>의 여주인공을 절간의 사노로 설정한 것은('흥미'는 돋울는지 모르지만) 전형을 창조하려는 사회주의적 사실주의 창작방법에 튼튼히 입각하여 창작했다고는 말할 수 없다.

무용극 <백향전>의 그 무리한 설정은 다음 장면에서 완전히 논증되고 말았다. 즉 1막 2장의 웅장한 불상 앞에서 제를 올리는 장면의 나비춤, 바라춤, 법고춤, 연꽃춤 등은 약간 크로테스크한 부분도 있기는 하지만 대체로 아름답게 형상화 되었는데 이것은 극적 슈제트를 무시한 무용을 위한 무용이라고 밖에 볼 수 없다. 물론 상기한 춤들은 추악해선 안 된다. 왜냐하면 시대적 제한성으로 하여 그 옛날엔 착취 받던 인민들까지도 자기들의 소박한 이념을 종교의 힘을 빌려 해결하려고 하였으며 그러한 노래와 춤들은 민속으로 되어 일정한 평가를 받을 정도까지 발전하였던 것이 사실이기 때문이다.

그러나 무용극 <백향전>의 경우에서는 그 춤들이 봉건귀족 계급인 우각의 죽은 아버지의 명복을 위하여 추어짐으로 하여 논의의 대상으로 되는 것이다. 역사적 사실에 의하면 고려의 18대 왕 의종이 자기 개인의 생명연장을 위하여 불상 앞에서 천 일 기도, 만 일 기도를 올리게 하며 그 비용은 가혹하게 착취한 물건들로 충당시킨 결과로 농민들이 이를 반대하여 봉기하기 시작한 것으로 되어 있다.

그러므로 사회주의적 사실주의 창작 방법에 입각한 극적 슈제트는 무용극 <백향전>의 제를 올리는 장면에서도 긍정적 여주인공을 박해하는 봉건귀족과 승려계급의 착취적 본성의 철저한 폭로를 요구한다. 그럼에도 불구하고 이 장면에서 그냥 "아름다운"춤을 추게 한 것은 고려농민봉기의 직접적인 원인이며 인민들의 저주와 증오의 대상인 봉건귀족과 승려계급의 생활형상을 오히려 지지 공감하게 작용하는 오류를 초래케 하였던 것이다. 물론 이 무용극의 작자는 이 춤들 끝에 절간의 주지가 여자를 겁탈하려는 비속한 판도마임을 설정하여 승려의 부정직한 측면을 강조하면서 극적 흐름을 끌고 가려고 하였다. 그러나 이것으로는 상기한 오류를 가리 울 수는 없다.

2막 2장에 대해서 말한다면 그 시대 농민들의 이상을 대표하는 가장 주요한 인물인 농민군 대장을 불가피한 계기도 없이 다만 막 뒤에서 막연하게 죽었다고 설정한 것은 진실감도 주지 못하였지만 이것은 이 작품 창작에서의 작자의 빠포스 문제와도 관련된다고 본다. 즉 이 무용극의 작자는 고려농민군들의 정의롭고 고상한 지향을 밝히면서 관객의 공감을 자아내려는 혁명적 로맨틱키의 빠포스로써 창작하지 못하고 다만 한 인물의 죽음을 전하며 그로 인한 비장을 강조하던 나머지 관객에게 비애의 감정까지 자아내게 하였다. 물론 작자는 여기서 비애를 자아낼 목적은 아니고 농민군들이 비장한 결의를 다지는 데서 아름다운 것을 보여 주려고 의도했다는 것만은 짐작 할 수 있다. 그러나 주로 동작으로만 형상되는 무용극에 있어서는 구체적인 결의는 표현할 수 없으므로 결국 무사상적인 비장을 위한 비장으로 떨어질 수 있다는 것을 작자는 충분히 참작하면서 창작해야 했을 것이다.

3막에 대해서도 부분적인 의견들은 말할 수 있으나 방울춤, 패랭이춤, 소고춤 등은 응당히 평가되어야 할 것이다.

그러나 4막에서 특히 피날레 장면에는 기본적인 오류가 있다고 보여 진다. 즉 4막은 백향이가 우각(봉건귀족 계급)에게 굴복하지 않음으로 하여 화형대(火形臺)에 오르게 되나 쏜살같이 농민군이 달려와서 관군을 모조리 쓸어 눕히고 드디어 우각까지 처단한다. 그러나 백향도 우각에게서 입은 상처로 하여 죽는다. 그러므로 농민들은 승리하였으나 백향의 죽음으로 하여 환희의 춤을 추지 못하게 된다. 그들은 오직 백향의 시체를 머리 위에 이고 언덕으로 올라가는 것이다.

이와 같이 하여 인민들의 승리는 피날레로 되지 못하고 오직 여주인공의 죽음을 다이내믹한 구상으로 두드러지게 하였으며 결국 비장을 위한 비장으로 떨어지고 말았다. 이것은 사회발전의 역사는 근로대중의 역사라는 가장 중요한 사실을 망각하고 하나의 인물의 죽음으로 변한 행동으로 대치 시켰기 때문이다. 상기한 2막 2장에서도 이러한 오류는 느끼어졌으나 피날레에선 결정적인 오류로 나타냈다고 보여진다.

무용극 <백향전>은 이상과 같이 슈제트의 전개를 필연적인 것으로 연결시키지 못하였으며 근로인민들의 활동보다 하나의 여주인공만을 지나치게 올려 세우는 그릇된 사상적 관점으로 하여 고려농민봉기가 가지고 있는 그 고상한 혁명적 정신을 우리 가슴에 안겨주지 못하였다. 여기서 하나 강조할 것은 역사주제의 작품도 현대적 주제의 작품과 만찬가지로 오늘의 우리 혁명이 제기하는 과업에 진실하게 대답하는 높은 빠포스로 창작해야 한다는 점이다. 그럼에도 불구하고 무용극 <백향전>은 가장 중요한 혁명적 인물들을 죽음에로 끌고 가며 비장을 위한 비장에 떨어지고 말았다. 이것은 오늘 천리마를 탄 기세로 내닫는 우리 현실이 제기하는 과업과는 아무런 인연도 없다는 것은 더 말할 필요도 없다. 그리고 이것은 작자가 고려농민봉기가 가지고 있는 영웅 서사시적 본질을 파악하지 못하였으며 혁명적 로만찌즘이 결여 되였기 때문이다.

우리는 지난날 이 무용극 창작 집단이 <맑은 하늘 아래서>와 같이 현대적 주제의 우수한 무용극을 창조했으며 무용예술창조에 탁월한 재능이 있다는 것도 잘 알고 있다. 그럼에도 불구하고 이 집단은 어찌하여 이처럼 저조한 무용극을 내여 놓았는가? 그 원인은 들끓고 있는 벅찬 생활에서 외면하고 서재에 앉아 안일하게 창작하였기 때문이다. 이와 함께 이 창조 집단이 줄곧 고전물에만 매여 달리는 경향에 대하여 말해야 할 것이다. 이것은 일부 무용가들이 말하는바와 같이 노동테마는 무용극으로 형상화하기에는 힘들다고 말하는 바로 거기에 원인이 있는 것이다. 앞으로 이 무용집단은 발랄하고 생신하

며 혁명의 고조기에서 천리마를 탄 기세로 내닫는, 근로자들의 집단
에 혁신운동을 형상화한 작품들을 보여 주어야 할 것이다. 그러기 위
해서는 이 집단이 당의 문예정책에 더욱더 충실하도록 사상단련과
예술적 교양사업에도 배가의 노력을 기울여야 할 것이다.

우리 인민들은 어느 개인의 명예를 위해서 창작하는 그러한 무용
은 결코 바라지 않는다. 지금 우리 인민들은 매 시각마다 기적의 기
적을 창조하고 있다. 이 가슴 벅찬 현실을 옳게 인식하면서 이 현실
이 요구하는 작품을 창작하기 위하여 대단성과 적극성을 발휘하며
투쟁하여야 할 것이다.

≪민요 삼천리≫(l) 1995.4.5

현대조선민족무용과 최승희

최 창 호

　민요와 장단과 춤에 대해서 언급하고 보니 왕년의 인민배우 최승희를 스쳐 지날 수 없어 간단히 여기에 우리나라 민족무용을 현대화한 그의 고심에 대해 언급해 본다.

　위대한 수령 김일성 주석께서는 회고록 ≪세기와 더불어≫ 5권에서 다음과 같이 회고하시였다.

> "…최승희는 조선의 민족무용을 현대화하는 데 성공하였다. 그는 민간무용, 승무, 무당춤, 궁중무용, 기생무 등의 무용들을 깊이 파고들어 거기에서 민족적 정서가 강하고 우아한 춤가락들을 하나하나 찾아내여 현대조선민족무용 발전의 기초를 마련하는 데 기여하였다.
>
> 　그 당시까지만 해도 우리의 민족무용은 무대화의 단계에 도달하지 못하고 있었다. 극장 무대에 성악작품, 기악작품, 화술작품이 오르는 예가 있어도 무용작품이 오르는 일은 없었다. 그런데 최승희가 춤가락들을 완성하고 그에 기초하여 현대인들의 감정에 맞는 무용작품들을 창작해 내면서부터 사정이 달라졌다. 무용도 다른 자매예술과 함께 무대에 당당하게 등장하게 된 것이다.
>
> 　최승희의 무용은 국내에서뿐 아니라 문명을 자랑하는 프랑스, 독일 등에서도 열렬한 환영을 받았다."

　1911년 11월 24일 서울의 평범한 가정에서 출생한 최승희는 어린 시절부터 남달리 예술적 재능이 뛰어났다.

　그는 숙명여자고등학교 재학 당시에 교내에서 조직한 독창경연에서 노래를 잘 불러 1등을 한 바가 있었고 ≪운동회≫가 열리면 100m와 200m 달리기에서 학년급에서는 늘 1등을 하였다.

그런가 하면 무용에도 소질이 있어서 ≪학예회≫가 열리면 무용종목에도 출연하여 인기를 끌곤 하였다.

최승희가 이렇게 예능부문에 소질이 있는 것을 보고 아버지와 어머니는 딸의 장래에 대해 은근히 걱정을 하고 있었다.

왜냐 하면 그 시기 여성들에게는 자기의 능력과 취미에 맞게 일할 수 있는 직업이 없었고 노래를 잘 부른다거나 춤을 잘 추면 기생이 되는 것을 수다하게 보았기 때문이다.

부모들이 졸업 후 딸의 직업문제를 놓고 미리부터 걱정을 하고 있을 때 카프작가로 활동하던 아들 최승일은 여동생을 무용가로 키우자고 하였다.

"뭐 하나밖에 없는 누이동생을 무용가로 키우겠다구? 그래 대학을 졸업했다는 네 입에서 감히 그런 말이 나올 수 있느냐!"

"아버님, 우리나라에선 아직 무용을 무대에서 공연한 전례가 없습니다. 승희를 무용가를 키워 무대에 당당하게 내세워 봅시다!"

"그래 조선에서 무용을 배우면 기생 노릇밖에 더 할 것이 무어냐? 그건 안 된다!"

아버지의 이 말에 어머니도 지지해 나섰다.

"애 승일아, 아버지의 말이 옳다. 나는 승희에게 풍각쟁이 노릇을 시킬 생각은 꼬물만큼도 없다. 그놈의 계집애 생기긴 왜 그렇게 곱게두 생겨서 벌써부터 화용월태란 말을 듣는지…"

"화용월태라면 꽃과도 같이, 달과도 같이 잘 생겼다는 것인데 그것도 걱정입니까?"

"애야, 키 높은 나무는 바람에 부러지기 쉽고 고운 꽃은 열흘 견디기 어렵다고 하더라. 아버지와 어머니가 왜 그런 걱정을 안하겠느냐."

"잘 생겨도 걱정, 못 생겨도 걱정, 게다가 노래를 잘 불러도 걱정, 춤을 잘 추어도 걱정이시니 승희가 뭐 걱정을 안고 태어났습니까?"

아버지는 이 말도 반대해 나섰다.

"애야, 넌 공부께나 했다는 게 여미박복이란 말두 모르느냐?"

여미박복(女美薄福)이란 여자가 유달리 곱게 생기면 복이 없고 불행을 겪기 쉽다고 하는 데서 유래된 말이었다.

"그것 어느 조상이 만들어 낸 말인지… 저는 여미박복이란 말을 여미다복(女美多福)으로 고칠 생각입니다!"

그러나 어머니는 계속 완고한 태도로 나왔다.

"애야, 팔자 도망은 못한다는데 게 어디 네 맘대로 될 노릇이냐?"

"어머님, 두고 보십시오. 내가 꼭 그렇게 고쳐 놓겠습니다!"

그런데 아들의 이 말에 무슨 생각이 들었던지 이번에는 아버지의 고집이 수그러들었다.

"여미다복이라? 그 말은 좀 귀맛이 당긴다!"

"너두 다 생각이 있어서 하는 말이니 좋도록 해라!"

이리하여 승희의 장래문제는 오빠인 최승일이가 맡게 되었다.

그 시기 예술가요는 홍난파의 ≪봉선화≫로 첫길을 개척하였고 영화는 나운규의 ≪아리랑≫으로 파문을 일으키면서 기초를 닦기 시작하였다.

그러나 무용만은 독자적인 예술로 무대에 올린 생각을 그 누구도 하지 않고 있었다.

이 시기는 배우가 되겠다는 여성들이 극히 적었고 무용배우는 전혀 지망자가 없었다.

최승일이 여동생을 기어이 무용가로 키울 것을 결심하고 있었던 어느 날 일본에서 무용가로 이름난 석정막(石井漠)이 서울로 공연을 왔다.

석정막의 무용은 그 시기 신흥 도이칠란드바레에다 일본의 민족무용을 배합한 개량 춤이었는데 최승일과 최승희는 이 공연을 보고 나서 조선의 특이한 춤가락들을 다듬어 놓는다면 이보다 훌륭한 작품들이 될 수 있다는 확신을 가지게 되었다.

다음날 최승일은 석정막을 찾아 여동생 승희를 소개하면서 조선무용을 발전시킬 무용가로 키울 결심을 말했다.

그러기 위해서는 세계의 무용추세가 어떤지 견식을 넓혀야 한다는 것과 그러자면 도쿄에 와서 공연하는 외국의 여러 나라 무용들도 보아야 하며 일본무용도 상식으로 배워 두어야 한다고 하였다.

석정막은 이해가 되는 듯 고개를 끄덕이고 나서 최승희에게 몇몇 동작을 시켜보더니 희망대로 조선의 무용가가 될 수 있다고 하였다. 그러면서 자신이 운영하는 무용연구소의 수강생으로 받겠다는 것이었다.

최승일은 그것이 좋겠다고 생각하였으나 매월 수강료를 물어야 할 돈이 없었다. 그는 생각다 못해 승희가 하녀 노릇을 하면서 무용을 배우도록 계약하고 숙명여자고등학교 졸업 1년을 앞둔 여동생을 일본으로 보냈다.

이렇게 되어 일본으로 간 최승희는 석정막의 하녀가 되어 청소부로, 심부름꾼으로, 온 식구들의 빨래까지도 도맡아하는 고역살이를 하게 되었다.

날마다 그는 석정막이 수강생들에게 배워 주는 춤가락들을 눈여겨보면서 조선의 춤가락들은 이에는 비할 바 없이 예술적으로 우수하다는 자부심을 가지게 되었다.

한편 도쿄에 와서 공연하는 외국의 무용작품들도 관람하면서 신흥무용이란 어떤 것인지를 터득하게 되었고 여고를 다닌 학력이 있어서 무용이론들도 독학으로 익혀 나갔다.

날이 가면 갈수록 그는 조선의 민족무용을 아름다운 예술로 빛나게 가꾸어야겠다는 생각이 들곤 하여 석정막의 하녀 노릇을 그만두고 서울로 돌아왔다.

1년 반 동안 일본에서 고역살이를 하다가 집으로 돌아온 최승희는 그 시기 명고수로 널리 알려진 한성준으로부터 조선음악장단을 배우고 궁중무용과 학춤도 익혔다.

그는 조선민족무용을 더 깊이 있게 익히기 위하여 오빠 최승일과 함께 권번들을 찾아가 기생춤을 배웠다. 그리고 방방곡곡을 다니면서 민간에 묻혀 있는 춤가락들을 발굴해냈고 금강산의 표훈사와 정방산의 성불사, 충청남도의 마곡사와 갑사들에 가서 중들이 추는 여러 춤가락들을 찾아내기도 하였다.

그런가 하면 민속놀이장들을 찾아다니며 민속무용들을 익혔고 심산벽촌에 가서 포수들을 만나 사냥춤, 곰춤을 배우기도 하였다.

이렇게 모든 춤가락들을 폭넓게 배운 최승희는 그 가락들을 멋이 나게, 운치 있게 다듬어 놓았다.

조선민족무용에는 굿거리, 타령, 안땅, 잦은 모리, 살풀이 등 장단별에 따르는 여러 춤동작들과 가락들이 있으며 민속무용에도 소고춤, 장고춤, 북춤, 바라춤, 한삼춤, 수건춤, 탈춤, 수박춤, 쟁강춤, 사자춤, 농악무 등이 있는데 그는 여러 민속무용들을 현대적 미감이 나게 다듬어 놓았으며 상체놀리기, 하체놀리기, 목돌리기, 앞으로 걷기, 뒤로 걷기, 옆으로 걷기, 팔벌리기, 다리들기, 몸돌리기, 등 여러 동작들도 현대적 미감에 맞게 다듬어서 완성해 놓았다.

이 기간에 그는 민요와 민족음악장단을 모르고서는 민족무용을 현대적 미감이 나게 창작될 수 없다는 것을 체득하게 되었다. 민요는 그의 무용의 기초이기도 하였다.

그는 이러한 과정들을 거쳐 무대에 올릴 여러 무용작품들을 창작하였으나 반주문제가 해결되지 않았다. 특히 혼자서 무대에 출연하자면 반주의 도움이 없이는 불가능하였다.

그래서 여러 날 동안 생각하던 끝에 착안해낸 것이 레코드 음악에 맞추어 춤을 추는 것이었다.

그 시기 레코드의 속도는 분당 78회전 하나뿐이고 음판 한 면의 시간은 3~4분밖에 되지 않았다. 그런데다 뒤판과 다른 판을 연결하고 바늘을 갈아 대자면 재빨리 손을 놀려도 1분이라는 시간이 걸려야 하였다.

이 시기는 전축이나 축음기들에서 쇠바늘을 썼으며 보석바늘은 발명되지 않을 때였다.

아무리 생각해도 다른 출로가 없었던 그는 레코드 음악에 맞추어 춤을 추다가 판을 갈아 댈 때에는 시공간을 무용ㆍ거인 율동에다 손벽장단, 어깨치기를 예술적으로 배합하는 길밖에 없었다.

이렇게 하나의 작품에다 레코드 음악, 손벽장단, 어깨치기 등을 배합하니 그것이 하나의 형상수법으로 균형미를 이루었다.

하지만 매 작품마다 이런 형식을 반복할 수 없었기 때문에 때로는 앉아서 상체놀리기로 춤을 추었고 무대를 두드리며 장단을 쳤는가 하면 자신의 육성으로 노래를 부르다가 레코드의 선율이 흘러나오면 율동을 더욱 아름답게 승화시켜 나갔다.

이러한 방법으로 서울의 여러 극장들에서 공연을 해본 경험을 토대하여 대담하게 유럽 나라들을 목표로 해외공연의 길을 떠나리라 결심하였다.

그런데 정작 떠나려고 하니 옷차림이 문제였다. 외국에 많이 다녀 본 사람들은 스커드에다 제긴 양복을 입거나 아니면 원피스를 입어야 한다는 것이었다.

그렇지만 최승희는 "내가 조선민족무용을 온 세상에다 자랑하기 위하여 떠나는데 서양옷이 뭐예요. 나는 보란 듯이 조선치마 저고리를 입고 떠나겠어요!"

결심대로 그는 조선치마 저고리를 입고 유럽을 향해 떠났다.

아마도 파리와 베를린, 로마를 비롯한 유럽의 도시에 조선 옷차림을 하고 나타난 여성은 최승희가 처음이었을 것이며 조선민족음악에 맞추어 조선춤을 춘 것도 그가 처음이었을 것이다.

그는 유럽에서 공연은 ≪혜성 같이 나타난 동방의 무용가≫, ≪우아하고 아름다운 율동≫, ≪인기도 절정, 박수도 절정, 무용도 절정≫ 등으로 매번 관객들의 아낌없는 찬사와 절찬을 받으면서 일약 세계적인 명배우로, 무용가로 널리 알려지게 되었다.

이처럼 유럽 나라에서 공연을 성공적으로 마치고 서울로 돌아온 최승희는 몇몇 극장에서 귀환공연을 하고는 일본에 건너가 무용연구소를 설립하였다.

그가 일본에다 무용연구소를 낸 것은 해외로 드나드는 거점을 마련하자는 것인데 새로운 작품들을 준비하자니 이번에도 반주문제가 걸렸다.

무용은 음악과 장단과 떼려야 뗄 수 없이 밀착되어 있다. 음악이 없이는 춤가락이 이루어질 수 없고 형상도 담보할 수 없었다.

자신이 무대에 나가 춤을 추자면 음악을 타야 하고 음악의 도움이 없이는 새로운 무용작품도 창작할 수 없었다.

물론 레코드 음악으로 유럽 나라들을 순회하면서 공연성과를 올렸지만 지금은 더 높은 목표를 향하여 전진할 수 없는 것이 아타까웠다.

그래서 최소한 열여섯 명의 악사들로 반주를 해결하려고 보니 보수문제가 걸려 부득불 레코드에다 반주음악을 취입하는 수밖에 없었다.

그에게는 자신의 창작을 도와줄 방조자도, 작곡가도 없었다. 오로지 혼자서 어려운 길을 극복해 나가지 않으면 안 되었다.

그리하여 반주음악도 자신이 직접 편작한 다음 레코드회사 음악부의 방조를 받아 음판에 취입하였다.

이렇게 레코드로 무용음악을 선행시켜 놓고 새롭게 열여섯 작품들을 창작한 것이 어언 3년이란 세월이 흘렀다.

그는 이 기간에 자신의 예술이 시들어 버릴 것만 같아 마음이 조여들곤 하였으나 솟구쳐 오르는 군은 결심을 품은 마당에 인내성 있게 방대한 창작목표를 끝내고 또다시 해외공연의 길을 떠났다.

아니 어찌 보면 이것은 해외공연의 길이라기보다는 예술고아의 눈물겨운 방랑의 길이나 다름이 없었다. 떳떳이 조선의 국호를 달고 나가지 못하는 것이 서러웠다.

정처없이 흘러가는 운명의 파도는 어디로 밀려 가야 하랴!

산 설고 물 설은 이국 땅, 머나먼 아메리카 대륙의 낯선 무대들을 밟고 밟을 때마다 조국에 대한 그리움이 가슴속 깊이 갈마들어 견딜 수 없었다.

아, 그리운 내 조국은 지금 어디로 갔느냐!

어머니 잃어버린 나그네 세상에서 정처 없이 떠도는 부평초의 이 신세!

그는 이런 생각이 들 때마다 두 눈에서는 맑은 이슬이 흘러내리곤 하였다.

그러나 그 눈물은 염세관이나 비감이 아니었고 조국에 대한 뜨거운 사랑이었다.

그는 언제나 민족성을 잃지 않고 조선치마 저고리를 입었으며 하얀 옥당목 버선에다 흰 고무신을 신었다.

특히 일본 제국주의자들이 대동아전쟁을 전후하여 이른바 '내선일체', '동조동근'을 떠들면서 조선의 성씨들을 일본식으로 '창씨개명'을 하라고 강요할 때에도 그는 이에 굴하지 않고 최승희라는 조선이름으로 무대에 출연하였다.

이렇듯 민족의 얼을 잃지 않고 조선의 민족무용을 고수하려는 일념으로 해외공연의 나날을 이어오던 그는 중국에서 8·15광복을 맞이하였다.

그토록 꿈결에도 갈망하던 나라의 광복을 맞이한 기쁨을 안고 서울의 가회동에다 '최승희무용연구소'라는 간판을 내걸었으나 1년도 못되어 문을 닫지 않으면 안 되었다.

일제를 대신한 미군이 남조선에 강점하여 그곳은 또다시 외세의 식민지로 되었기 때문이다.

바로 이러한 때에 위대한 수령님께서는 최승희를 평양에 데려 오도록 하시는 크나큰 은정을 베푸셨다.

그리고 고급 살림집을 선물로 주시고 경치 좋은 곳에 무용연구소도 설립해 주셨으며 유능한 작곡가와 지휘자, 연주가들도 배속시켜 주셨다.

이때부터 최승희는 어버이 수령님의 은혜로운 품속에서 마음껏 창작의 나래를 펴게 되었다. 그는 광복 이전에 추던 ≪부채춤≫, ≪옹혜야≫, ≪초립동≫, ≪북춤≫, ≪우조≫ 등 많은 작품들을 다시 개작하였다.

특히 1948년 4월에는 ≪김일성 장군님께 드리는 헌무≫를 창작하고 자신이 주역으로 출연하였으며 독무 ≪장고춤≫도 추었다.

전쟁 시기에는 ≪조선의 어머니≫, ≪여성 유격대원≫을 비롯한 많은 무용작품들을 창작하였으며 전후에는 무용극 ≪사도성의 이야기≫, ≪반야월성곡≫, ≪해녀의 이야기≫, 무용조곡 ≪맑은 하늘 아래≫ 등 많은 작품들을 창작하여 여러 차례에 걸치는 어버이 수령님 치하의 교시를 받았다.

이밖에도 3천 명 대공연으로 조선민주주의인민공화국 창건 10돌을 경축한 ≪영광스러운 우리 조국≫에서 무용장면들을 모두 책임지고 안무하였으며 여러 권으로 된 ≪조선민족무용기본≫을 집필하고 수많은 후배들을 양성하였다.

그때로부터 수십 년 세월이 흘러갔다. 무용도 다른 예술과 마찬가지로 대전성기를 맞이하여 급속도로 발전하면서 새로운 춤가락들이 부단히 보충되어 왔으며 또 보충되고 있다.

그렇기 때문에 오늘에 와서는 그의 무용작품들과 춤가락들이 세월의 흐름 속에 묻혀 버릴 수도 있다.

그러나 위대한 영도자 김정일 장군님께서는 최승희의 무용작품들을 귀중히 여기시고 우리나라의 무용예술유산으로 빛나게 가꾸어 주시는 크나큰 은정을 베풀어 주셨다.

* 주체 89(2000)년 8월 1일 최승희 조카인 작가 최로사의 구술에 기초함.

현대조선민족무용 발전의 기초를
마련하는 데 기여한 최승희

장 영 미

오랜 역사적 과정을 걸쳐 발전하여온 우아하고 독특한 우리의 민족무용에는 우리 민족의 뛰어난 슬기와 재능이 담겨져 있으며 자기의 것을 아끼고 내세우려는 재능 있는 문예인물들이 창작적 열정과 숨은 노력도 깃들어 있다.

민족의 태양이신 어버이 수령님과 경애하는 장군님의 따사로운 품속에서 자기의 예술적 재능을 마음껏 꽃피우며 명성을 떨친 무용가 최승희도 온 나라가 다 아는 이름 있는 예술인의 한 사람이다.

한없이 숭고한 덕망을 지니신 우리 수령님께서는 회고록 ≪세기와 더불어≫에서 한 무용가에 불과한 최승희에 대해 뜨겁게 회고하셨다.

위대한 수령 김일성 동지께서는 다음과 같이 교시하셨다.

"…최승희는 조선의 민족무용을 현대화하는 데 성공하였다. 그는 민간무용, 승무, 무당춤, 궁중무용, 기생무 등의 무용들을 깊이 파고들어 거기에서 민족적 정서가 강하고 아우한 춤가락들을 하나하나 찾아내어 현대조선민족무용 발전의 기초를 마련하는 데 기여하였다" (≪김일성저작집≫ 49편, 56페이지)

1910년대 초에 망국노의 설움을 안고 이 땅에 태어난 최승희는 어린 시절부터 나라를 빼앗긴 민족의 운명을 뼈저리게 체험하지 않으면 안 되었다.

그가 민족무용과 인연을 맺게 된 데는 남다른 사연이 있었다. 가혹한 일제 식민지 통치시기 일명 <신경향파> 문학으로 불린 진보적 작가들의 운동으로서 1920년대 중엽에 발족된 <조선프로레타리아 예술동맹>(카프) 성원들 중에 최승희의 오빠 최승일도 있었다.

당시 일제의 탄압 속에서도 진보적 작가, 예술인들에 의하여 연극, 영화, 음악, 미술은 일정한 발전을 가져왔지만 변변한 춤가락도 없고 이렇다 할 무용가도 없었던 탓으로 민족무용의 무대활 실현에서는 일련의 진통을 겪고 있었다. 이에 대해 몹시 마음써오던 최승일은 당시 숙명여학교에 다니던 키가 크고 미모가 뛰어난 누이동생에게 무용가가 될 것을 권고하였으며 마침내 최승희는 오빠의 설복에 의해 민족 무용가로서의 첫걸음을 내디디게 되었다.

1926년에 조국을 떠나 낯설고 물 설은 일본 땅에 건너간 그는 도쿄 이시이바꾸(石井漠)무용연구소의 연구생으로 되어 무용을 배웠으며 3년 후인 1929년 8월에는 조국에 돌아와 <최승희무용연구소>를 내고 민족무용 연구와 창작에 정열을 기울였다.

왜색 왜풍의 탁류 속에 시들어가는 민족의 넋을 고수하고 민족적인 것을 발전시키려는 강력한 모대김(집념과 노력) 속에서 최승희는 끝내 성공의 희열을 체험할 수 있었으며 뭇사람들로부터 앞으로 전도가 촉망되는 무용가로 평가되었다.

최승희의 조선민족 무용발표회 이후 민족성이 고취되는 것을 두려워한 일제는 제 땅에서 제 나라 춤을 추는 것까지 금지시켰다.

그리하여 그는 또다시 일본에 건너가 도쿄 한복판에 <최승희무용연구소>를 차려 놓고 어깨가 들썩이는 조선장고 소리를 울리면서 무대 위에서 조선치마 저고리를 입고 우아한 춤가락을 펼쳐 조선민족의 슬기와 재능을 떨쳤다.

당시의 출판보도계는 그의 천부적인 무용가적 기질과 눈부신 활약을 두고 ≪반도의 무희≫, ≪미모와 기량이 뛰어난 세계적인 무용가≫라고 찬사를 아끼지 않았다. 최승희의 무용은 국내에서뿐 아니라 문명을 자랑하는 프랑스, 도이칠란드 등 유럽 나라들에서도 열렬한 환영을 받았다.

이런 나날에 그가 가슴 아프게 체험한 것은 무대 위에서 받은 영광의 박수갈채와는 달리 무대 밖에서 식민지 민족에게 보내는 동정의 눈길이었고 진정한 예술을 꽃피워줄 민족 재생의 은인을 애타게 그리는 몸부림이었다. 무용예술에 대한 포부를 안고 아시아와 유럽, 아메리카 지역을 드나들며 예술 활동을 벌려온 그였지만 그때마다 명예와 수치를 다같이 체험하며 다시 일본으로 돌아오지 않으면 안 되었고 조국이 해방되기 직전에는 중국에 넘어가 예술 활동을 벌렸다.

주체 34(1945)년 8월 15일, 조국해방의 날을 이국에서 맞이한 그는 10여 년간의 타향살이를 마치고 서울로 돌아왔으나 미제와 그 앞잡이들이 설치는 남조선 땅에서 민족무용을 마음껏 해보려던 그의 소중한 꿈은 여지없이 짓밟혔다.

그러한 그에게 위대한 태양의 빛발이 비쳐들어 광명의 길이 열리게 되었다.

절세의 애국자이시며 민족해방의 은인이신 어버이 수령님께서 주체 35(1946)년 초 그를 몸소 평양으로 불려 주셨던 것이다.

그해 8월 평양에 올라온 그는 어버이 수령님의 높은 신임과 크나큰 사랑 속에 〈최승희무용연구소〉 소장의 직책을 지니게 되었으며 수령님께서 몸소 자리를 잡아주시고 거액의 자금을 들여 지어주신 연구소에서 마음껏 예술적 재능을 꽃피울 수 있었다.

공화국의 품에 안기기 전에는 변변한 집이 없어 셋방살이 아니면 연구소에 잠자리를 정하지 않으면 안 되었던 그를 궁전 같은 집에서 살도록 해주시고 새 민주조선 건설로 한 푼의 자금이 긴장할 때에도 국가로부터 많은 자금을 받으며 무용연구소와 무용학교를 운영할 수 있도록 해주신 분은 바로 우리 수령님이셨다.

어버이 수령님의 뜨거운 사랑과 은정은 그 후에도 계속 이어졌다. 나라의 운명을 판가리하던 준엄한 조국해방 전쟁의 전략적인 일시적 후퇴시기 어버이 수령님께서는 최승희를 전선도 후방도 아닌 다른 나라에 보내어 무용후배교육과 민족무용연구에 전심할 수 있게 해주셨다.

이러한 나날이 그는 민간무용과 궁중무용, 기생무 등을 깊이 파고 드는 한편 민족적 정서가 뚜렷하고 동작이 우아한 춤가락들을 하나 하나 찾아내어 ≪조선민족무용기본≫과 ≪조선아동무용기본≫의 집 필을 완성하였다.

이와 함께 소품들인 ≪풍랑을 뚫고≫, ≪조선의 어머니≫, ≪농악 무≫, ≪물동이춤≫, ≪칼춤≫, ≪칼춤≫, ≪북춤≫, ≪부채춤≫, ≪양 산도≫, ≪환희≫, ≪목동과 처녀≫와 무용조곡 ≪평화의 노래≫, 장편무용극들인 ≪사도성의 이야기≫, ≪계월향≫, ≪유격대의 딸≫ 등 애국적인 역사적 소재를 가지고 다양한 무용형식을 창작하여 조 선민족무용사를 풍부하게 하고 현대조선민족 부용발전의 기초를 마 련하는 데 많은 기여를 하였다.

그의 예술적 재능과 창작적 성과를 귀중히 여기신 어버이 수령님 께서는 최승희를 사회활동가로, 관록 있는 예술인으로 내세워 주셨 다.

지난날 망국노의 쓰라린 설움을 안고 이 나라 저 나를 떠돌아다녀 야만 했던 최승희는 백두산 위인들의 한없이 따사로운 품속에서 관 록 있는 인민배우로 자라났으며 최고인민회의 대의원, 조선무용가동 맹 중앙위원회 위원장, 무용학교 교장, 국립무용극장 총장의 직책을 지니고 오랫동안 사업하였다.

그가 사망한 후에도 경애하는 장군님께서는 일생을 민족무용 발전 에 바친 최승희를 잊지 못해 그를 애국열사릉에 안치하도록 하여 온 민족이 아는 무용가로 내세워 주셨다.

참으로 최승희의 일생은 민족의 참다운 위인을 모실 때라야 영원 한 삶도, 소중한 재능도 활짝 꽃피울 수 있다는 진리를 보여주고 있 는 것이다.

《 언론에서 본 최승희 》

≪신여성≫(제4권 8호) 개벽사 1926.8

舞踊天才 崔承喜孃

東京 **파랑새**

"언제나 언제나…" 탄식하면서 아름답고 향기롭던 옛날의 우리를 그립게 생각하고 보잘것없는 오늘의 우리를 쓸쓸히 웃기며 끊어질 듯 말 듯한 희망의 가는 실에 매달려 죽을판 살판 몸부림치는 꼴은 마치 늦은 가을 석양 때 감나무 가지 사이로 거미줄에 걸려 있는 가련한 나비 신세와 같다. 정말 보는 사람들의 눈에는 눈물이 고일 지경이다. 그러나 한편으로는 기뻐하면서 씩씩하고 행복스러울 장래의 우리를 반갑게 맞이하려는 장하고도 사랑스런 바람은 이제 새롭게 돌아오는 생명의 움, 우리 나이 어린 사람들의 가삼에 가득히 차고 이슬줄 믿고 있다. 이것을 생각할 때는 우리들의 가삼에 휘돌고 춤추려는 기쁨의 나비 같은 무엇이 찬란한 서광의 빛을 내며 하늘에 날 듯 구름 위에 뛰어 오를 듯 말 수 없는 느낌에 잠기게 된다. 그러므로 여러분은 장내에 위대한 일꾼이 되어 각자 자기의 천재성을 발휘하는 동시에 우리의 살림살이가 커다란 행복의 탑이 되게 힘쓰기를 바란다.

이제 우리 무용예술에 앞장이 되어 많은 책임을 걸머쥐고 용감하게 공부하는 十六歲의 어린 少女 예술가는 그 누구이겠습니까? 오랫동안 서양각국에 돌아다니며 이름을 내든 일본 무용가 石井씨를 따라 東京으로 멀리 공부하러 갈 때는 지난 三月二十五日에 동경 방악좌(邦樂座)라는 굉장한 무대 위에서 그 선생과 함께 아름다운 발자국과 어여쁜 팔을 움직여 그의 놀라운 천재를 대중의 앞에 보였습니다.

여러분 얼마나 반가운 일이겠습니까! 그렇게 커다란 극장에는 빈틈없이 많은 사람이 들어와 많은 기대와 호기심을 가지고 우리 천재를 맞아주었습니다. 承子(承喜氏의 새 이름) 양이 무대 위에 얼굴을 내밀 때마다 군중의 박수갈채는 커다란 밤 동경의 하늘을 울릴 듯하였습니다. 덥기는 더우나 더운 줄 모르고 정신은 있지만 정신 잃은 듯이 보고 있는 모든 사람의 눈에 얌전하고 겸손한 그의 태도가 비추었을 때 어느 누구가 찬양하지 않겠습니까! 무대 양편에는 커다란 꽃둘레가 둘이나 나왔으며 그의 성공을 축복하고 장래에 행복해지기를 마음껏 빌려고 꽃송이를 뜻있게 던진 사람도 있었습니다. 나는 그때에 나의 눈에 비추었던 그 그윽함을 따라 두어 자 적어보겠습니다. 두 선생과 두 동무와 함께 씩씩하게 무용하는 그이에게는 경쾌하고 우미(優美)한 두 가지의 특색이 합치되었고 그의 몸은 어린이 같이 정말 가볍고도 데리케트 하였습니다. '춤추는 고기'에서든 살살 부는 봄바람에 얼른거리는 물결 같고 어여쁜 나비가 아지랑이 속에서 헤엄치는 듯 하였습니다. 긴머리 끝은 굼실굼실하고 무지개 같은 광선에 비추이는 몸은 유리 속에 놀고 있는 금붕어 같아 보였습니다.

무용시극(舞踊詩劇) ≪젊은 팡과닝흐≫에 나오는 수정(水精)의 우미한 동작(動作)에는 연못가에서 곤하게 누워 자는 <젊은 팡> 가에 돌아다니며 꽃송이를 따서 쥐고 잠을 깨우려는 경쾌한 맛이 들어 그 모양은 무지개 위로 뛰어다니는 반달 같아 보였습니다. ≪까막잡기≫에도 그러했거니와 그이는 그 자신이 경쾌와 우미의 화신(化身)이었습니다. 여기에 그의 체질이 천재성을 두 갑절 하였습니다.

그리고 石井씨도 그러하지만 그의 동작이 자유로웠습니다. 자유롭다는 것은 연습하기에 있다할 수 있겠지마는 그의 동작은 결코 배워서 그렇게 되었다는 것보다 자유로운 것이 그의 본능인 것 같아 보였고 그리고 한 발자국 한 몸짓에도 일일이 마음의 음악이 합치되어 보는 사람의 혼까지 암시되는 것 같았습니다. ≪習作≫에 나온 承子 양은 쾅쾅 치는 동라(銅鑼)의 소리에 맞추어 감정이 간간이 극류가 부딪쳐 그 경계선이 예민하고 강열하였습니다. 보통 형식만 주의하는 공허의 인형아이가 아니고 그의 정신이 몸에 물들어 무용제에 노예가 되지 않고 그 주인 된 것 같이 감정표현을 중심으로 하였습니다.

다시 말하자면 정조(情調)와 기분(氣分)이 주조이었으니 ≪그로테스크≫는 세익스피어 연극 ≪마크베스≫ 가운데 나오는 요정(妖精)에서 힌트를 얻은 것이지마는 과거의 형식에 얽매이지 않고 도리어 그것을 자기 자신의 힘으로써 개성화시켰습니다.

그리고 그의 예술은 근본이 상상적이라 하겠습니다. 무용이 다만 아름답다든가 자유로움은 동작뿐이라든가 그런 내용이었던 것에만 한하지 않고 그 이상 정조가 표현에 나타나 거기에 상상과 무게가 들어 있기도 합니다. 일례를 들면 ≪해매는 群魂≫에서는 어찌할 줄 모르고 고민하며 괴로운 기지개를 끝없이 하고 있는 눈 감춘 혼들의 속 깊은 감정은 보는 사람의 혼까지 어느덧 끌고 가는 것 같았습니다. 그래서 우리 자신이 그 혼을 따라 우수 달빛에 묘지 속으로 들어가는 것 같았습니다.

무대 위의 承子양은 이와 같이 비범하였고 그의 고용한 집안 공부에도 다같은 기분이 있으며 화장 장식을 안한 원래의 承子양은 또한 비범한 특색을 가졌습니다. 커다란 극장의 그이의 동경시가를 멀리 떠난 교외 숲속에의 그이와는 다른 그런 사람 무리와는 달라 별로 다름없이 한 가지로 예술적 천재의 타입을 가지고 있었습니다. 가볍고 말쑥한 옷에 길고 빛난 머리 위로는 천진한 바람만이 불어와 지나가고 있는 듯 합니다.

"어젯밤은 대성공이었습니다. 어버지와 어머니가 알았으면 형님이 와보았으면 얼마나 기뻐했겠습니까?" 하니까 그이는 조금도 피곤해 보이지도 않고 "우리나라에서는 아직 무용이 무엇인지 모르는 사람이 많은 모양이지요. 만일 저를 오해하는 이가 있다면 정말 섭섭할 일입니다…"라고 분명한 어조로 대답하였습니다.

"만일 그런 이가 있다면 그건 무지한 까닭이겠지요" 하고 나는 넓은 연구실을 두루 살폈습니다. 창문으로 들어오는 무장 야바람은 그이의 긴 머리를 춤추는 듯 휘날렸습니다.

"당신의 머리가 가장 조선적 기분이 납니다" 하고 나는 혼자 마음속에 고국명절에 널뛰는 누이들의 머리를 생각해 보기도 하였습니다.

"그래요. 아버지도 결코 머리는 써터게 말라 했지요." 하면서 두 갈래로 곱게 땋은 자기 머리를 물끄러미 바라보다가 갑자기 생각난 듯이 "처음 와서는 저녁마다 어머님 얼굴만 꿈꾸었어요" 하더니 구슬 같은 눈물방울이 고였습니다. 그러더니 다시 용감한 표정을 하고는 "요사이는 덜해졌어요. 그러나 성공을 위하여 마음을 불량하게 먹을 수야 있겠습니까?" 하면서 동생보다 더 치밀하게 공부하는 자기 선생의 끝누이의 동생인 영자(榮子) 양을 돌아보고 싱긋 웃었습니다. 영자양은 재봉틀에 앉자 옷을 깁고 있다가 "어쩌께 저와 함께 나왔던…" 하고 소개하는 말을 듣고 영자도 기쁘고 반가운 얼굴로 인사하는데 承子양은 일본말도 어찌 그리 잘하는지 정말 감탄하였습니다.

석정씨 독일서 공연하였을 때 사용하였던 포스터가 벽에 걸려 있기에 "석정씨는 여러 나라말을 하는 모양이지요. 하고 영자양에게 묻자 승자양은 "그렇지요?" 하면서 영자양의 대답을 재촉하니까 영자양은 고개를 끄덕이면서 어린 아기 같은 미소를 띄웠습니다.

"승자씨도 서울학교에서는 영어를 배웠을 테니 아마 잘 하시겠지요. 석정씨 같이 각국에 가서 이름낼 그날엔 잘 사용하겠지요"

"배우긴 배웠습니다만… 영자씨 우리도 이제부터 열심히 공부합시다. 그러지요 응?" 대답하면서 영자의 동의를 듣고자 하는 듯 얼굴에는 튼튼한 결심이 보였습니다. 그리고 마침 고국에서 온 편지를 읽다가 또다시 쓸쓸한 얼굴로 "우리나라의 어른들은 밤낮 가도 옛날 마음만 가지고 무대를 이해하지 못하니 귀가 찰 일이지요." 합니다.

"그런데는 조금도 걱정 마세요. 차차 알게 될 것입니다. 다만 어느 정도까지 무용이란 것을 배운 뒤에는 거기에 조선적 특색을 넣어서 새로운 조선의 무용을 창조해 주기 바랍니다. 고국에서는 수십만의 동무들이 많은 바램을 가지고 당신의 성공을 축하하고 있으니 조선 안에 있는 동무들게 특히 다정한 부탁은 없습니까?"

승자양은 이 말을 듣고 읽고 있던 편지를 그만두고 반짝이는 두 눈동자를 크게 뜨고 유창한 말로 "할 말이야 많습니다마는 마음대로 잘 표시할 수 없어요… 가슴에는 부탁이 많아도요. 어찌 되었거나 우리 조선은 아직 깨이지 못했으니까 특히 무용 같은 것은 보잘것없으니 우리 조선이 발달되는 동시에 독특한 우리 무용예술을 새로이 굳게 세워야 하겠으니까… 그런 마음은 있습니다마는 저같은 둔한 재조로서야 어찌 될지요…" 하는 겸손한 태도는 무엇보다도 감동하였습니다. 누구든지 잘 하는 분은 자기를 자랑하지 않고 교만하지 않는 것이니 그것이 있어야 정말 큰 성공을 알 것이요 적은 것에만 족하면 그만 그 이상의 진보가 없게 되는 것이라 마음속에 생각하고 큰 교훈을 얻은 것 같이 생각하였습니다.

"오빠께서도 조선혼을 잊지 말라 하십니다. 새로운 조선의 무용은 우리 조선 사람 아니면 능히 창조할 수 없다는 말인 줄 생각합니다." 하면서 명철로 선을 두른 듯한 그의 얼굴에는 커다란 결심이 보이고 어린아기 같은 작은 입술에서는 뜻있는 큰 포부가 활살 같이 쏘아나왔음을 듣고 느끼고 하였습니다.

"공부 계약은 삼년 동안인데 명년 봄에는 선생과 동무와 함께 고국방문 공연을 하러 갑니다. 동경으로 올 때에 대판서 출연을 하였으니까 요번 것은 두 번째입니다."

"그때는 조선의 동무들이 얼마나 반가워하겠습니까…"

비는 오지 않으나 구름 낀 교외의 하늘은 고요하고 잠자는 듯하였다. 다 익어가는 보리 위로 이편저편 우거진 숲 위로 고요히 스쳐 오는 바람은 멀리 고국의 산을 넘고 들을 밟아 바다 건너 이곳에 왔으니 창문으로 들어오자 승자양의 긴 머리를 설렁설렁 흔들었습니다. 그 가운데는 고국의 소녀들이 치맛자락에 고이 따 모은 꽃향기가 있어 저녁마다 꿈꿀 동안에 승자양의 숲속에 섞여 아리따운 이야기가 시작될 것입니다.

≪삼천리≫(제7호) 1930.7.1.

藝術家의 處女作

〈印度人의 悲哀〉와 世評, -大邱, 平壤 等地로 舞踊巡禮를 나서면서-

대구 부산 평양 등 남북 삼천리로 춤의 순례를 나서기로 되어 바야흐로 그 준비에 밧분 조선이 나흔 아름다운 딴사- 최승희양은 수저워 하는 속에서도 쾌활한 어조로 로 긔자의 무름에 대하야 서슴치 안코 아래와 가치 말한다.

"저는 춤을 배운지는 한 4년이나 되어요. 일본가서 석정막(石井模)의 지도로요. 그러다가 언제든지 남의 날개 속에서만 싸힌 병아리가 아니라 생각하고 작년 녀름에 그리운 조선에 도라왓서요. 저도 예술가라 할는지 모르지만 예술가는 남의 지도와 가르침만을 밧어서는 아니되니까 어느 정도까지의 토대를 싸어 가지면 그때는 독창력을 발휘하여야 올흘 줄 밋으니까요"

하고 영채잇는 두 눈을 한참 들들 굴니다가 방싯 우스면서

"그래서 되지 못한 것이나마. 우리 땅에 나와서 몃가지 독창한 춤을 만든 것이 잇지요. 얼마 전에 단성사(團成社)에서 공연을 할 때에 보섯는지 알 수 업스나

〈방아타령〉

〈印度人의 悲哀〉

〈길군악〉의 세가지랍니다. 그중에 제일 자신이 잇는 것은 인도인의 비애야요. 이것은 우리네들 사이에- 가령어린 아가씨나 도련님이나 늙으신 할머니 할아버지에 이르기까지 그 마음 속에 언제든에 흐르고 잇는 그 슬픔 비록 자긔 가슴에는 업는 듯하다가도 언제 한번은 솟고야 마는 그 공통한 슬픔! 일관한 비애 그것을 모든 조선사람

의 가슴 속에서 끄집어 내어 표현하려고 한 것이랍니다. 엇재 하필 <인도인>의 비애라 하섯는가고요? 무얼 그야 아시면서…"

끼리시야(希臘)조각가치 간 듯하게 흐른 그의 두 다리로는 이 비애를 표현하기에 족한 힘이 찻노라 하는 드시<51> 밝안 청춘의 피가 용소슴치고 잇섯다. 이런 말할 때의 이 색시의 두 눈에는 오직 예술가에게서만 보는 감격과 자부와 환희와 정렬의 물결이 뛰고 잇섯다.

"그 다음 <길군악>이나 방아타령은 조선 고유의 민요(民謠)를 살니려 하는 의미로 그 곡조에 마추어서 민요의 정서를 담고서 춤으로 표현하여 본 것이애요. 그런데 이 두가지는 춤출 때에 조선음악의 축음긔를 틀어노코 하는 관게로 템포가 너무 빨너서 걱정이야요"

"그러면 그것은 조선옷을 입고 하섯서요. 저고리과 치마와 머리까지요?"

"네. 그것만은 순조선 옷으로 하엿서요. 조선치마는 길기만 하고 단조하여 육체의 리듬(肉體의 律動)이 잘 나타날 수 업지만은 그 반면에 고아(古雅)한 조선춤을 살니는데는 조선의복이 도로혀 조와요"

"공연(公演)은 몃 번이나 하섯서요?"

"작년에 귀국한 이후 약 반개년 동안에 경성공회당과 단성사와 조선극장을 위시하여 아마 여러 십회가 되는 줄 압니다"

"공연한 뒤에 무용펜들이 혹은 그 자리에서 혹은 계시는 댁으로 따라오는 이 업습덱가. 따라가지는 못온다 해도 편지가튼 것을요…"

"별로 업섯서요. 남들은 무대에 올나 뛰노는 내 모양을 보고 필연 젊은 남성과 젊은 녀성들로부터 만흔 편지나 반영(反響)의 소리를 밧으리라 생각할는지 몰으나 실상은 퍽 적어요. 언젠가 장곡천정(長谷川町)공회당에서 출연하엿슬 때에 엇든 일본인 신사 한 분이 차저와서 여러 가지 무용에 대하야 일일히 비평하여 주며 마즈막에 장래가 빗난다고 퍽 례천(禮讚)하는 소리를 하여줍데다. 그밧게 덥허노코 조타고 례찬(禮讚)하는 분이야 만치요.

"세상 비판에 대하여 감정상 만흔 괴로움을 늣기는 때업서요?"

"잇기도 하겟지만 머-괜찬어요"

"언제든지 일생을 춤이란 예술의 세계에 바치겠습니까? 즉 종사토록 정진(精進)하겠습니까?"

"긔왕 그런 각오로 나섯스니 영원히 예술의 완성에 힘써 볼가함니다"

조선가치 예술가가 히귀한 곳에서 이제 규수무용가(閨秀舞踊家) 최승희씨를 가진 것은 우리의 푸라우드요 우리의 보배로 알지 안을 수 업다. 다만 헛된 공명 헛된 부귀 그것을 머리에서 떼어버리고 언제까지든지 참다운 예술가 긔질로 정진하여 그의 일홈이 세상에 떨치는 날이 오기를 비는 것이 엇지 삼천리 긔자 나 뿐이라…

≪삼천리≫(제7권 제1호) 1935.1.1.

崔承喜 舞踊을 보고…

具玉三

現下 朝鮮에 處하야 舞踊을 論하기 보담 舞踊에 대하야 年 一次이나마 鑑賞할 시간과 기회쪼차 없는 現象에서 今般 石井漠 一行에 우리의 唯一한 舞踊家 崔承喜씨의 出演은 대단히 의의잇는 일인 同時 일반 팬에 대하야서도 퍽 期待가 큰 것이엿다. 氏의 舞踊行動은 수 삼차 관람한 일이 있어 氏의 舞踊의 技術的 水準 及 硏究的 態度를 觀側할 수는 잇엇다.

그러나 최근 氏가 不斷한 硏究를 목표로 다시 石井漠 恩師의 門下를 차저들어 진정한 藝術을 위하고 處女地인 朝鮮舞踊의 開拓을 위하야 2, 3년간의 긴 세월을 硏究時間을 費함에 대하야서는 반다시 새로운 發表가 있을 줄 생각하엿으며 그 學究的 態度에 대하야 眞心으로 感謝의 意를 表하는 것이다.

今日 朝鮮에 處하야 다른 藝術 分野에서도 同一한 現象에 處하야 있지만 유독 舞踊分野만은 歷史的 遺産이 極히 貧弱하고 생활과 有機的으로 結合하우리 못한치 舞踊에 대한 因襲的 奇怪한 惡觀念으로 인하야 朝鮮에 舞踊은 오랫동안 受難期를 당하야 우리가 朝鮮의 舞踊을 鑑賞하려면 어대로 가서 어떻게 觀賞하게 되며 그 存在가 어대 었는지를 論하기 거북한 現象 이데로이다.

물론 아직까지도 農村으로 드러가게 되면 豊年이 왔다고 小鼓를 둘너메고 圓形陣으로 돌아다니면서 춤을 추는 粗朴하고 단순한 원시적인 朝鮮 특유한 鄕土舞踊이란 遺物이 있으나 이것은 舞踊이란 見

地를 떠나 特有한 地位에 處한 物件이므로 아직 朝鮮은 民俗舞踊이 나 古典舞踊이 다같이 황폐한 曠野가 가로 노혀있을 뿐이다.

이 같이 특수한 地帶에 처한 오늘 朝鮮 舞踊界(?)에 舞踊을 위해 생명을 밧치고 朝鮮의 生活感情에서 一片의 反映의 줄기를 잡아 朝鮮舞踊을 再建設하고 舞踊의 歷史的 遺産物을 계승하여 나갈 유일한 舞踊家 崔承喜씨의 存在는 今后 朝鮮 舞踊界에 한 큰 刺戟이 될 것 이며 衝動이 될 줄 믿는 同時 씨는 舞踊家로써 가출 現身이나 技術 的 成熟이나 藝術的 思想과 매혹적인 藝風은 舞踊家로써 다 갓추운 有福한 者라고 생각하게 된다.

이제 當夜 氏의 舞踊에 대하야 觀客의 한 사람으로 늣긴 바 멧 가 지를 써보기로 하겠다.

第1部에 처음 出演한 ≪習作≫은 無音樂的 舞踊으로 打奏樂器의 音響作用에 의하야 표현하는 동작을 뵈여주는 舞踊인데 ≪習作≫에 서 가장 강하게 뵈여주는 것은 思想과 肉體의 親密的 消化로서 苦悶 의 强音的 態度는 舞踊美 以上 극적 요소를 집중식허 舞踊의 本格的 核心을 威觸하게 되엿다. 舞踊은 참으로 肉體의 藝術임을 깨닷게 되 며 이 肉體를 無視하여서는 藝術的 表現이 없다는 것을 當夜 氏의 無音樂的 作用으로 表現되는 肉脈을 보고 한층 더 切實히 늣기게 되 엿다.

다음 第2部 ≪에헤라 노아라≫는 第一로 音樂의 效果가 몹시 致命 傷을 당하게 되어 참으로 不快하엿다. 洋樂의 바요링과 朝鮮의 長鼓 와 合奏한 音樂으로 舞踊을 하게 되는데 長鼓의 長短이 몹시 强音的 인 音響에 바요링은 D線 中心을 많이 사용하여 音量이 몹시 약하여 調和가 되지 않은 점으로 보나 또는 音樂的 價値性을 보아 舞踊伴奏 로는 너무나 貧弱하여 이 무용에 대하야 立體的으로 補助를 같이 하 지를 못하엿다. (이것도 石井漠의 말에 의하면 不過 수 시간 內에 合 奏練習 하엿다고 한다.)

그러나 舞踊 全體의 衣裳이나 案舞에 대하야서는 新鮮味를 띄고 純朝鮮的 感情에서 <팔>과 <억개>의 動作을 많이 사용하는 점과 자연스런 案舞적 手腕은 朝鮮在來 民俗舞踊을 中心으로 한 낙천적 態度로써 朝鮮 特殊한 腕肩의 動作法과 表現法으로 된 舞踊이다.

뒷짐을 지고 빗틀거리는 姿態이라던지 고개를 간들간들거리는 動作은 朝鮮 古典的 民風의 特異한 姿態의 一場을 諷刺한 감을 충분히 표현하엿으며 원만한 <덱닉>에서 움직이는 <억개>의 回圓的 動作은 세계 어느 나라에서나 보지 못할 朝鮮 獨特한 舞踊의 形態를 踏襲하는 一方 古典舞踊의 <리틈> 속에서 新鮮한 一鏡地를 開拓한 點이 뵈여준다.

이 ≪에헤라 노아라≫의 舞踊作品에 대하야서는 朝鮮人이 아니고는 그 興味와 澁味와 肉體的 表現美를 鑑賞하기 어려울 것이다.

나는 이 ≪에헤라 노아라≫를 보고 舞踊은 舞踊을 爲하야 된 樂曲이 무엇보담 必要하며 舞踊樂에 의하야 創生된 舞踊이야 얼마나 圓滿한 藝術的 舞踊을 創作할 것인가 할 때 우리에게 氏의 藝術發展을 도아주고 朝鮮舞踊의 再建을 爲하야 手腕있는 作曲家가 없음을 甚히 遺感으로 늣기는 바이다. 作曲家와 演出家와의 協力에 의하야 創造된 舞踊이야 純情한 朝鮮의 感情에서 表現한 줄 믿는 바다.

貧弱한 朝鮮舞踊의 금후 發展을 위하여 이를 도아줄 音樂 하나가 똑똑지 못하는 이 處地이니 직접 당하는 崔씨 자신의 쓰라린 마음이야 여북하겠는가.

第3部 <劍舞>에 대하야서는 氏의 解說에 의하면 在來의 劍舞는 新羅時代 美將 <黃昌>의 英雄的 行爲를 稱讚하여 만든 勇壯한 舞踊이던 것이 后生 妓生 등에 의하야 舞踊하게 되면서부터 매우 優長纖弱한 춤으로 變하였다 한다.

그리하야 崔씨는 이 劍舞의 本統의 意義를 再現하여 보고저 노력하였다고 한다. 먼저 劍舞의 衣裳이 古典的 氣分을 流失한 것 같으며 그 色彩에도 多少 頭腦를 썼으면 한다. 그리고 將軍의 冠은 어느 시대의 歷史的 背景에서 考案한 것인지는 잘 모러겠으나 朝鮮의 劍舞로써의 가질 冠으로는 그 模形이 不滿하다.

물론 새로운 表現으로써 새로운 角度를 뵈여주려고 勞力한 것 같어나 衣裳과 冠의 調和가 美將 <黃冒>을 象徵(?)할 壯重한 맛이 없는 感을 주게 하였다. 劍춤은 자유스럽게 回轉할 수 있는 두 개의 칼노써 打奏樂器(大鼓)의 長短에 맞추어 춤을 추는데 全體的으로 본다면 比較的 手腕動作이 中心作用으로 驅使하는 舞踊인데 너무나 變化性이 적고 또한 上身과 上枝의 流動이 없어 딱딱한 맛이 나며 表情도 유연한 표정을 많이 써게 되었다.

좀더 內面的 熟成이 雄壯하며 變化性이 豊富하였으면 하는 생각을 갔게 되있다. <劍舞>만은 第1일 公演밤보담 第2일 밤 公演의 밤이 리틈의 線도 明確하였고 內脈에도 力强하여 첫날 밤보담 조흔 印象을 주게 되였다.

劍舞도 역시 音樂的 伴奏로는 平鐵板의 打擊樂器의 音響과 追覆的으로 打奏하는 强聲的인 大鼓의 鼓音에서 舞踊하게 되였는데 이 拍子的인 鼓音에 맞추어 下枝의 放蹴的 動作과 足拍子는 强調한 맛이 났어며 動作의 線 하나하나 마다 朝鮮舞踊의 藝風을 表現하기에 많은 苦心을 싸흔 것이 무겁게 印象에 남게 되었다.

이상으로 나는 觀客의 한 사람으로 舞踊藝術을 보기 좋아하는 한 사람을 2일간 公會堂에서 公演한 崔씨의 舞踊(獨舞)을 보고 印象된 小感을 말하였다.

그러나 이 글이 批評을 위한 글이 아니믈 먼저 알아주기를 바란다. 當夜 石井漠 一行 중에서도 어느 方面으로나 가장 優秀한 天品과 天體를 타고난 우리의 舞踊家 崔承喜씨에 대하야 讚詞할 길이 다할 배 없다. 均整된 肉體와 達練되 技術은 그만 두고라도 正確히 把握한 藝術的 創意性과 藝術的 梧性은 舞踊作品에 實現化하여 있으며 獨自的 創作 鏡地를 開拓한 角度는 舞踊家로써 가출 모-던 要素가 具한 有福한 舞踊家이다.

≪조광≫ 1936.6.

人氣 最高頂에 달한 女流舞踊家
崔承喜에 대한 公開狀

金 文 緝

十年前부터 내가 당신을 잘 알고 당신 亦是 나를 모를 리 없지만 당신과 나와는 아직 한 번도 對面해본 적이 없나봅니다.

藝術과 '民族'이 맺은 이로만 알고 있는 사실이 오늘날 나로 하여금 이 書翰을 公文化시키게 한 것이니 굳이 말리지 마시고 읽어주시기를 바랍니다.

오랫동안 나의 東京生活에 있어서 그편 사람들에 대해서 내가 가장 辱을 느낀 것은 某라는 代議士令은 代議士도 아니지만 어떻든 친구의 存在였습니다.

中流以下의 無知한 市井人들과는 그 친구를 朝鮮을 代表하는 '偉い'한 사람으로 알고 있는 자가 많기 때문이 아니라 假令 어떤 未知人과의 자리에서 내가 偶然히 그들에게 一種의 尊敬을 받게 되는 境遇에는 急하다시피 나는 朝鮮 사람이란 것을 表白함으로서 나의 民族的 義務를 다하는 快感을 맛보았습니다마는 이러한 경우에 있어서 내가 무엇을 하는 사람인가를 모르는 市井氏 市井女는 아니 朝鮮 사람은 勞動者밖에 없는 줄 알고 있는 그들 氏女는 大端하게 놀라면서 의례히 하는 말이 '朝鮮人 朝鮮人하지만 요즘은 xxx과 같은 代議士가 다 있는 世上이니 당신이 조선 사람이란 말로 참말일지 모른다 云云' 하는 따위의 超弩數의 朝鮮再超識論(!)을 가끔 들었기 때문입니다.

이에 반하여 나의 그 便生活에 있어서 나의 民族的 感情을 가장 爽快하게 피어준 것은 數年以來의 당신의 이름이었습니다.

某種階級에 있어서 初代의 朝鮮代議士某氏가 화젯거리가 되었던 程度로 당신의 藝術과 당신의 이름이 저편의 知識階級社會間에서 화젯거리가 된 것이었습니다.

未安한 告白을 합니다마는 나는 東京에서는 당신의 發表會가 있을 적마다 招待券을 가졌으면서도 事故로 가지 못하였습니다. 이번 府民館에서 본 것이 成名以後의 당신의 藝術에 接한 最初였습니다.

그러나 당신의 예술은 여러 形式을 통해서 전부터 잘 理解하고 있었고 人間으로서의 당신 아니 한 사나이의 마누라로서의 당신의 美德은 東京에서 兄으로부터 듣고- 事實인 즉 형에게 그런 말을 들은 이후로 나는 당신을 참다운 女子로서 尊敬을 기울이게 된 것입니다.

나는 四五年前에 評論家 小林秀雄氏로부터 書翰의 公開를 받은 일이 있습니다마는 내가 남에게 書翰公開해본 일은 아직 한 번도 없습니다.

당신에게 이러한 形式으로 書翰을 보낸 것은 당신의 藝術에 共鳴하는 마음이 甚했기 때문임에도 전에 女性으로서의 당신을 敬愛하는 마음이 간절했기 때문임을 알려드립니다.

형에게 무슨 말을 들었냐고는 묻지 마십시오. 대단히 평범한 애기이니까요.

아무런 女子라도 다 가질 수 있는 美德에 지나지 못한 말은 아닙니다.

그러나 一國의 美姬로서의 당신은 이를테면 一個靑年에 지나지 못하는 安漠君의 아내로서 그 男便에게 대하는 態度이며 그를 위하는 模樣이 朝鮮의 所謂 新女性群에게 본받고 싶은 거울이 된고 나는 그 자리에서 문득 느끼게 되었다는 것입니다.

未婚의 젊은 사나이가 이러한 말을 하는 것은 大端히 거북할 뿐 아니라 一種苦痛을 느끼지 않는 게 아닙니다마는 大抵 마누라를 排斥하는 男子로서 大成하는 친구를 구경하기 어렵다는 것과 같이 남편에게 尊愛가 부족한 여인으로서 이렇다는 女性을 例外를 둔다면 우리는 찾기 어려울 것입니다. 당신이 藝術家로서 오늘의 榮譽를 얻게 된 基本的 資質은 亦是 그 男便에게 대하는 '마누라' 本來의 아름다움에 胚胎되어 있었다고 나는 감히 斷定하고 싶습니다.

너무나 失禮인 애기를 하나 합시다. 나는 당신의 筋肉과 그 스타일의 優秀性을 다른 사람에게 못지않게 잘 觀賞할 줄 아는 사나이입니다마는 내 個人의 趣味上 당신의 肉體에서 異性에의 某種을 그다지 느낄 수 없는 자입니다.

그러나 내가 만약 당신을 사랑하는 일이 있다고 假定에서 도는 당신의 美貌에서는 아닐 것입니다.

네 그렇습니다. 나는 崔承喜를 부러워하기보다는 人妻崔承喜를 부러워하는 夫君安漠君의 果報에 대해서 若干의 嫉妬(?)를 한다는 告白해 둡니다.

昭和二年 늦은 봄이였던가요. 당신은 石井漠의 愛弟子의 하나로 舞踊團에 끼이어 四國 松山市에 來訪하였습니다.

그때 나는 十八歲의 少年으로 高等學校文科에 籍을 두고 學課가 文學이므로 藝術을 하고자 浪漫의 '高跡'에 醇向하고 있었던 귀여운 時代였습니다. 당신네 一行의 公演이 松山市의 어떤 封建的舊式劇場에서 열리게 되는 날 밤이였습니다.

아시다시피 그 時節은 左翼思想과 그 勢力이 燎原의 불꽃과 같은 勢力으로 우리들 젊은 學徒와 거의 象牙塔을 侵犯한 때였습니다.

당신 宮本顯治의 이름을 아시겠지요. xx黨의 最高幹部요 中條百合子의 獄中夫인 顯治君의 이름을 그 時代의 나와는 떠날 수 없는 사이로서 校內의 左翼學生을 壓倒的으로 指導한 그는 自由主義的立場에서 校內의 純粹藝術波를 標榜했던 나와는 언제든지 衝突했던 것입니다.

互相의 存在를 認識하면 할수록 某種關係下에서 서로 民族을 달리하는 우리 둘이 情誼를 두텁게 하는 한편 그와 比例로 反目의 숨결을 높이하고 있던 것이었습니다.

그 밤도 나는 이 顯治君과 論爭을 했는데 論爭의 對象은 朝鮮人으로서 당신을 中心한 石井漠舞踊研究團과 그의 階級性에 관한 問題였습니다.

勿論 朝鮮人으로서의 나의 持論은 顯治君이 이르는 바 '부르조아' 藝術의 가엾은 奴隸인 未知數 당신을 無條件으로 支持하는 데서 始終했습니다.

우리 民族을 살리고 우리 민족을 開發시키기에는 이 現實에 있어서 한 명의 참다운 藝術家가 힘이 된다는 것이 나의 結論이었습니다.

論爭은 예와 같이 '水かけ論'이 되고 만 채 나는 約束해 두었던 五六人의 同級 친구와 같이 當該劇場으로 몰려들었습니다.

나는 同僚들에게 당신을 그 얼마나 誇張해서 宣傳해 두었는지 모를 程度였습니다.

그때의 당신- 十年前의 당신 바른 말이지 藝術이 무엇이며 舞踊이 무엇인가를 잘 모르는 한 마리의 큰 병아리 새끼에 지나지 못하였습니다.

당신은 素朴한 白色 '블라우스'를 입고 舞臺에 나타났습니다마는 그때의 당신의 춤은 女學校舞踊體操의 그것을 멀리는 벗어나지 못하였습니다.

그래서 나는 마침 프로그램이 있었던 것을 奇貨로 石井小浪을 가지고 저게 崔承喜다 하고 동무들에게 시치미를 떠보았더니 오래 가지 않아서 나의 거짓말이 舞臺上에서 저절로 暴露되곤 말았으나 당신의 얼굴을 통해서 본 당신이 氣質과 體格을 통해서 본 당신의 健全한 '센스'는 舞踊家로서의 당신의 큰 未來를 充分約束한다는 나의 辯護的議詞에 대해서는 그들은 오히려 나 以上의 熱誠으로 내 말에 共鳴한 것이 되었습니다.

承喜氏!

벌써 十年이란 歲月이 經過했습니다.

그동안의 당신의 行路가 平坦치 못했던 以上으로 나의 運命은 險難했습니다. 그러나 이러한 過去事에 대해서 말할 必要는 조금도 없습니다. 다만 十年을 經過한 오늘날에 이르러 꽃다운 당신을 내 나라 서울에서 맞이하게 된 그 즐거움만은 말하지 않을 수 없습니다.

四月四日이었습니다.

당신의 완주메트에 批評을 쓰라는 付託을 용납한 代身으로 나는 한 장의 招待券을 李石薰君을 通해서 당신의 오빠 承一氏로부터 얻게 되었습니다.

이날 아침 나는 DK 第一放送에서 日本固有의 某種傳統藝術을 통해서 본 日本女性美에 관한 이야기를 放送한 날이라 같은 날 밤 府民館에서 朝鮮女性의 美를 實地로 보여준 당신의 藝術에 接하고 一種怪狀한 느낌에 빠졌던 것이었습니다.

나는 過去의 日本女性의 아름다움에 대해서는 누구에게도 못지않을 만큼 여러 部門의 藝術을 통해서 잘 理解하고 있다고 생각합니다.

그러나 不幸히 나는 過去의 朝鮮女性의 아름다움을 十分美賞할 수 있는 如何한 種類의 藝術도 아직 내 나라에서 發見하지 못하고 있었습니다.

그러다가 이번 당신의 '두 個의 코리언 멜로디'로서 비로소 過去의 朝鮮女性美를 充分히 맛볼 수가 있었습니다. 이 얼마나 조선 사나이의 幸福이며 그 얼마나 당신에의 謝禮이겠습니까.

承喜氏! 당신은 적어도 朝鮮五百年間 全朝鮮女性의 美를 살린 功勞者올시다.

당신의 춤 한 바탕으로 나는 女性朝鮮에 넋을 빼기는 同時에 그날 아침 女性日本의 美를 電波로서 謳歌한 나의 지나친 수작을 後悔하기보다 부끄러워했습니다.

그날 밤 우리는 十餘曲의 舞踊을 感賞했습니다마는 가령 '에헤야 노이'와 같이 藝術的으로 더 價値가 있고 認定되는 춤이 있었음에도 불구하고 나는 '두 個의 코리언 멜로디'를 취하는 자이며 이 두 個의 멜로디 중에서도 民謠調의 그것을 좋아하는 자올시다.

그 아담한 그 婉曲한 그처럼 衣裳의 흐름! 肉體의 變化에서의 한 없는 朝鮮美를 찾을 수가 있었고 깊고 높은 사랑의 對象으로서의 내

나라 여자를 새로이 發見했던 것이었습니다.

아리랑 고개가 白衣族의 苦悶의 象徵이요 憧憬의 彼岸이라 할진대 承喜氏! 춤추는 承喜氏! 당신이야말로 우리의 아리랑 고개가 아니고 무엇이며 당신의 춤이 다름 아닌 우리네의 苦悶과 憧憬과의 幻想曲이 아니고 무엇이겠습니까.

나는 日本의 舞踊家는 勿論 파블로바다 사카로프等과 같은 世界的 舞踊家의 藝術에 넋을 빼기듯 빼긴 일도 한두 번이 아니었습니다마는 그들의 魅力은 單純히 各己의 '舞踊'의 魅力이었지 결코 情愛의 魅力은 아니었습니다.

情愛의 魅力. 그는 情慾의 魅力도 아니요 戀情의 그것도 아니었습니다.

他民族間에서는 얻기 어려운 自民族間의 異性間에서만 呼吸할 수 있는 一種 '피의 느낌'이요 純粹感情올시다.

다시 말하면 당신의 舞踊에서 느낀 바 그 情愛의 魅力은 여태껏 女性朝鮮에의 幻滅 가운데서 사라진 때 꽃피지 못하고 있는 一部 男性朝鮮의 주린 曲調를 刺戟시켜 陽春日向下에서 發芽케 하고 微風을 맞아 新葉의 춤노래를 부르게 함으로써 明日에의 活躍을 盟誓케 한 그 무엇이었습니다. 承喜氏! 우리들 朝鮮 사나이는 한 바탕의 民謠調 '코리언 멜로디' 이를테면 藝術化한 당신의 肉體로서 女性朝鮮의 아름다움을 最限度로 認識하는 同時에 衣裳에 감긴 신의 肉體의 音律이 자아내는 所謂 그 情愛의 魅力에 沐浴하듯 우리는 沐浴한 것이었습니다.

承喜氏! '잔다르크'가 '오르테안'의 少女이면 당신은 朝鮮은 朝鮮의 少女, 彫刻 '비너스'가 '듀로'의 지은 바 希臘의 女神, 女性希臘의 眞髓라면 당신은 아니 당신의 춤은 朝鮮의 女神, 女性朝鮮의 眞髓가 아닌가 합니다.

承喜氏! 춤추시오. 울면서 웃으면서 어화둥둥 내 朝鮮을 춤추어 보여 주시오. 당신 舞踊에 대한 若干專門的인 藝術批評은 다음 機會에 試論하겠습니다. 예컨대 '生贄'과 같은 洋臭 분분한 춤을 나는 당신을 위하여 싫어합니다.

그리고 '다나믹'한 感覺美를 그린 '習作'과 같은 춤도 당신과 體格과 體質과의 主人이 아니라 보일 수 없는 춤이라 興味 없는 바올시다 마는 이 亦是나의 審美眼을 百%로 滿足시키진 않았습니다.

春香이 文字로 아니 房子 大命에게 알리는 文字로 알려오면 '劍舞' 좋고 '僧舞' 좋고 '寒山' 좋다− 좋사온데 그 중에도 '에헤야 와라'의 좋음을 어찌 이루다 말할 道理가 있겠사오리까마는 房子가 조선 사나이인 罪로 이 房子로서는 基調도 아니고 春香色도 아닌 그 民謠의 朝鮮춤 手巾 쓰고 輕羅의 긴 치마 휘날리는 그대의 그림 두 팔이 올려서 幻想이 되고 허리가 굽어서 내시가 되고 발을 올리니 마누라로다. 손을 내리니 二八少女 내 사랑 눈을 감으니 웃음이 되고 방그레 웃으니 눈물이 솟는구나. 고개를 넘어서 아리랑 마을을 넘어서 아리랑 고개 고달픈 그 걸음 朝鮮이로다. 애처로운 그 숨결이 情愛의 象徵이로다. 얼하하둥둥⋯云云

承喜氏! 歲月이 流水 같다더니 정말이로군요.

石井小浪을 당신이라 하고 그 짓으로 友人들 앞에서 당신을 辯護했던 그대의 記憶은 벌써 十年前 옛 얘기로 돌아가고 말았습니다.

十年을 지난 今日 나는 당신 춤을 辯護하기는커녕 觀賞한 그대로를 表現해 보일 아무런 才操도 能力도 없음을 부끄러워할 뿐입니다.

承喜氏! 당신의 藝術은 國境과 民族의 彼岸의 그것이 되어서는 안됩니다. 어디까지든지 朝藝 朝鮮의 藝術家이어야 합니다.

이 두 命題를 본다면 당신의 춤은 朝鮮의 理論이 아니면 아니 될 것입니다. 明日에의 조선의 예술! 그는 결코 雜俗이 아니라 가장 쉬운 理論이어야 합니다.

가장 알기 쉬운 理論에서 그는 直感의 理論올시다.

承喜氏! 당신의 朝鮮 춤은 아무튼 모든 춤 중에 가장 알기 쉬운 춤이요 가장 直感的인 理論이어야 합니다. '두 個의 코리안 멜로디' 그것도 民謠調의 그것− 이것이 당신에게 '明日에의 朝鮮의 理論'이었습니다.

≪백광≫(3/4집) 백광사 1937.4

- 世界의 舞姬 -
崔承喜女史 訊問記

特派記者

世界의 舞姬 崔承喜女史의 京城渡歐公演 第二日이었습니다.

記者는 이 世界的舞姬를 만나려고 '마치네'와 저녁 公演 두세 틈을 타려고 불이야! 오후 네 시 반에 府民館 앞에서 電車를 내렸습니다. 하나 놀라지 마십시오. 저녁 開演이 일곱시 반부터라고 하는데 府民館 앞뜰은 벌써 人海를 이루었습니다. 人山人海란 이런 境遇를 形容한 말이겠지요.

人海의 물결을 헤치고 몇 걸음 들어서니 中間에서 만난 것이 女俳優 P孃(或은 P女史) 그는 '우리 公演에는 볼 수 없던 사람들이 어디서 이렇게 들여왔담' 하고 嫉妬하는 그 語調에는 不平이 만만했습니다. 그와 간단한 인사를 남기고 '참 긴데!' '아아 무서운 人氣야!' 하는 群衆의 感歎聲을 귀결에 흘리면서 記者가 그 人海를 헤쳐 지나고 食堂 뒷문을 秘密히 통하여 겨우 府民館 二層廊下에 이르렀을 때는 이마와 등골에 땀을 흘렸습니다.

우선 下階廊下에서 만난 舞姬의 夫君 安漠氏

"잠깐 承喜氏를 보려 왔는데요."

帽子를 벗고 面會를 請하면서 記者名札을 내놓았습니다.

"지금 바빠서 눈코 뜰 사이가 없습니다. 하나 모처럼 오셨으니 잠깐 이리 들어오시지요."

기자는 安氏의 案內를 받아 舞姬의 '가꾸야'(樂屋)를 찾았습니다.

‘가꾸야’ 앞에서 안씨는 “잠깐만 기다리십시오. 지금 衣裳을 바꾸어 입는 중입니다.”

그 말을 남기고 안씨는 樂屋 안으로 사라졌습니다.

그동안 樂屋 앞 待合室에서 무료하게 三四分을 지날 즈음에 되었습니다.

거기에 樂屋門을 열고 나오는 것이 舞姬는 아니고 바로 舞姬의 令孃 ‘ハツチヤン’(初子)이었습니다. 그녀는 아직 五六歲밖에 안되어 보이는 어린이지만 그 귀여운 얼굴 모습을 보아서 第二世의 舞姬임을 곧 알 수 있었습니다.

令孃은 아무 것도 안신은 맨발에 커다란 남자 조리를 끌고 귀엽게 노래를 부르면서 나오다가 문간에서 기자를 보고 서먹해서 저편쪽에 가서 壁에 기대어 섰습니다.

기자도 무료하는 차이라 그와 一問一答을 試驗하고자 그의 앞으로 다가가 말을 걸었습니다.

“お孃せやん! かわいですね!”(그는 조선말은 조금도 몰랐습니다)

“お名前は何んと云つて?”

“ハツコと云ふの!”

그는 確實히 意外의 出入者에게 氣分이 좋지 않는 듯합니다. 하나 나는 失望하지 않고 다시 訊問을 걸어 보았습니다.

“で お年はいくつ”

“六ツ!”

天井을 바라보고서는 이 未來의 舞姬의 表情이 저어기 무료해 보이기에

“おひとりで さびしく ないんですか?”

“知らないわよ! それに私ひとりぢやないの!”

그는 나의 質問이 싫었든지 나의 앞을 지나서 저 편쪽으로 壁側으로 피해 갔습니다. 그러나 조금 있다가 그는 무슨 생각이 들었는지 다시 記者가 섰는 곳으로 와서 이런 말을 합니다.

“おぢちやん! けふ ここん女學生タクサン來たわね!”

"あゝ 澤山來ましね"

"何故そんなに女學生がクンせう"

"それほママの踊りがうまいから!"

여섯 살 먹은 令孃은 어머니의 人氣 있는 點을 理解할 수 없는 게 지요!

낯설은 나에게는 아무래도 애착이 없었든지 "あたしママのガクヤ へ行くの?" 그는 다시 樂屋門으로 사라졌습니다.

舞姬와 만나기 전에 이 舞姬의 愛孃과 幸福한 對話를 가진 것은 意外의 幸運이었다고 생각하고 있을 즈음에 나온 것이 이번은 지정 한 舞姬.

"너무 기다리게 해서 대단히 미안스럽습니다."

親切한 인사를 하고 舞姬는 外出帽와 오비를 입고 방금 外出하려 는 途中 같기에 自然히 나는 "어디 外出사리년 길이십니까?" 물은 다음

"네 저녁 開演 때까지 約 두 時間이 남았기에 이때 시부모를 좀 가서 뵐라구요!"

한편으로 생각하면 舞姬의 生活은 그것이 華麗하고 바쁜 때문에 소소한 禮儀는 等閑히 보기 쉬우련만 이 舞姬는 조금도 그런 일이 없고 家庭의 禮儀까지를 지켜가는 態度는 記者는 먼저 感服하였습니 다.

"벌써 서울 온 지도 오늘이 사흘째 됩니다만 워낙 바빠서 지금까 지 시부모도 뵐 겨를이 없었답니다."

그렇지 않으랴! 이 沸騰한 人氣에 싸여서 晝夜二回의 公演을 하고 記者들의 面會가 그칠 때가 없고 그 위에 일곱 번이나 座談會에 出 席을 한다니 어느 겨를에 시부모를 가서 뵐 시간이 있었으랴!

"午前은 비교적 한가하실 텐데!"

될 수 있으면 舞姬의 外出을 明日午前으로 延期시켜 볼 心情으로 이렇게 물어보았더니

"그러나 午前에야 睡眠을 가져야 하지요! 본래 밤이 늦어서 旅館

에 돌아가는 거시 새로 두 시나 세 시, 자리에 눕는 것이 네 시 가량입니다."

"아침에 기침은?"

"午前 열시 반!"

"그리고 몸이 피로하지 않습니까?"

"왜 피로하질 않아요? 정말 죽을 지경이랍니다. 그래서 피로를 회복하는 藥을 먹고 注射를 맞고 야단이지요!"

人氣가 너무 큰 것도 幸福한 人生은 아니라는 것을 새삼스럽게 느꼈습니다.

舞姬는 그 彫塑的인 明確한 얼굴에 自身에 찬 微笑를 띄우면서 창밖의 世界를 茫然히 바라보았습니다. 二月의 午後는 맑았습니다. 맑은 新春의 蒼空에서 그는 渡歐와 그의 未來의 希望을 凝視함일까요!

"崔先生의 藝術觀을 한 번 이야기해 주십시오."

"제가 그런 어려운 것을 말할 수가 있나요!"

그는 謙遜하게 먼저 辭讓을 합니다.

"글쎄요! 나는 제 무용을 통해서 내각 생각하는 것을 이야기하고 싶은 것, 내가 품고 있는 希望 不平等 말하면 나의 全人生을 表現해 보고 싶습니다. 그것이 나의 藝術觀이라면 藝術觀이겠지요!"

여기서 藝術家는 잠깐 말을 끊었습니다.

"그러니까 나에게 있어 무용이 내 인생이요 내 생명이기까지 합니다. 나는 내 최후의 生命을 마지막으로 스테이지에서 깨끗이 舞踊으로 祭壇 앞에 거꾸러져 마치려고 합니다."

"崔先生의 舞踊 '生贄'와 같이"

記者의 눈앞에는 어제 저녁 구경한 그 '生贄'의 完成的인 舞姬의 포즈가 나타났습니다.

"그렇지요! 그 무용은 혹은 나의 舞踊生涯의 한 象徵인지 모르지요."

"그런데 崔先生이 疲勞하기 前에 취하시던 대로 傾向的舞踊家로서 公演하실 때의 藝術觀은 지금 말씀하신 것과는 좀 差異가 있었을 것

같은데요!"

記者는 四五年前에는 今日의 世界的舞姬도 떨어져 가는 人氣에 적지 않게 苦悶도 하고 悲觀도 한 것을 回想할 때에 여기에는 깊은 感懷가 無量했습니다.

"그렇습니다. 그때에는 너무 이데올로기를 그대로 무풍에 넣어가려고 했지요. 그러기에 舞踊으로서는 살리지 못했습니다. 結局 藝術을 通해서는 自己의 感情은 살려 가는 것이지 이데올로기를 말하는 것이 아닌 줄 압니다."

"藝術觀에 대해서는 잘 알았습니다. 그러면 이번은 藝術生活과 聯關시켜서 結婚觀을 좀 말씀해 주십시오."

"아이 별말을 다 물어시네!(웃음) 무용만 해도 바쁜데 한가하게 結婚觀 같은 것은 생각해볼 사이가 있나요! 그건 그만 두어요!"

"그러니까 일반적으로 結婚觀을 말씀하시라는 것보다도 崔先生의 實際에 있어 安漠氏와의 結婚生活에 대하여 감상을 말씀해 주시면 그만입니다."

"글쎄요…"

"말하면 두 분의 結婚生活 때문에 舞踊에 妨害가 되는 境遇가 있다든가 或은 反對로 有利한 것이 왔다든가."

"그것이야 간혹 장해되는 적도 있겠지요. 그러나 나는 장해보다는 도리어 和를 보는 때가 더 많은 것 같아요. 더구나 安은 나의 藝術을 지금까지 여러 가지로 鞭撻하고 지도해 주고 요즈음은 直接 모든 것을 돌보아주는 한 同志이니까요!"

"그럼 結婚과 藝術은 서로 背理된 生活 아니고 도리어 여러 가지로 補助가 된다는 結婚觀이시군요!"

"그렇지요! 그러기에 女子藝術家에게는 누구에게나 結婚을 勸하고 싶습니다. 그 便이 安定하니까요!"

"그러나 大槪는 結婚을 藝術의 무덤이라고 생각하는 것이 普通인가 본데 정말 崔先生의 境遇는 例外입니다."

"글쎄올시다. 무덤이 되는 境遇도 있겠지요! 그러나 제게 있어서는 결코 그렇지 않아요!"

　記者는 그런 結婚에 대한 感想을　들으면서 崔女史는 舞踊家로서 훌륭한 藝術家일 뿐 아니라 무엇보다도 人間으로서 健全한 精神과 思想을 가진 이라도 再三의 感歎을 不惜했습니다.

　"그러면 渡歐는 언제 가량 하십니까?"

　"今年 末頃이나 되겠습니다."

　"신문에는 이번 가을이라는데!"

　"글쎄요. 가을로 하려고 했더니 여러 가지 준비가 가을까지 다 될 것 같지 않습니다. 그리고 무엇보다도 編曲이 그때까지 되질 못하겠어요."

　"歐美로 떠나신다면 旅程의 順序는 어떻게 되시나요!"

　"먼저 美國 歐洲로서는 佛國의 巴里가 最初, 其他 伊太利 瑞西等의 볼만 한 곳은 모두 거쳐서 나중에 英國을 들릴까 합니다."

　"모스크는 다녀오시지 않았습니까!"

　"로서아는 아직 決定은 할 수 없습니다. 거기에는 좀 事情도 있고 해서…"

　"渡歐했다 歸國까지의 期限은?"

　"約二年間"

　"歐洲에 가지고 가시려는 舞踊은 大槪 어떤 種類입니까?"

　"大槪가 朝鮮舞踊입니다. 저로서는 조선무용을 될 수 있는 대로 많이 紹介하려고 합니다. 그리고 日本內地 鄕土舞踊… 그러니까 大部分이 東洋的인 鄕土舞踊이지요!"

　"洋舞는 全然 빼셨나요!"

　"若干 넣으렵니다. 約一, 二個만! 나머지 全部는 조선무용과 일본 내지 향토무용이지요!"

　그 意見에는 記者가 贊成하고 있었습니다. 아무리 崔承喜氏가 東洋의 舞踊으로 이름을 날린다고 해도 洋舞를 가지고 歐美에서 歡迎받을 수는 없는 것입니다.

　"그 渡歐의 一行은 몇 분이나 됩니까?"

"춤추는 사람은 대개 저 혼자 가렵니다."

"그러면 혼자서 추실 때는 그대로 되지만 相對者가 必要할 때는 어떻게 하시렵니까?"

"그러기에 대개는 '솔로'만을 택해서 추렵니다. 그 '솔로'가 마음대로 되면 나중까지 솔로로 하지요. 그러나 '솔로'가 잘 歡迎을 못 받고 에튜우트가 必要하게 될 때는 뒤로 敏子를 부르려고 합니다."

"敏子!"

記者의 머리에는 어제 저녁 '짜즈의 춤'을 추어서 歡迎을 받던 하나의 새로운 舞姬의 모양이 떠올랐습니다. 그의 춤은 崔氏의 춤과 같이 선이 굵고 直線的이 아닌 대신 아주 리듬이 부드럽고 線이 가늘고 무엇보다도 表情은 肉迫的이었습니다. 그는 요즈음 東京에서 차츰 人氣를 올리고 있는 新人이라고 합니다.

"敏子에게는 무슨 敏子의 獨特한 特徵을 보시는 것이 있습니까?"

"글쎄요. 아직 더 보아야 알겠습니다. 지금은 그저 이것저것 全部 다 시켜보면서 그 才質을 보는 중입니다."

舞姬는 잠깐 침묵을 가지고 茫然히 건너 쪽 壁을 直視하고 서있습니다. 혹시라도 나에게 人氣가 떨어지는 날이 온다면?

그런 것을 생각하는 暗影이 舞姬의 아름다운 얼굴을 스치고 지나가는 것 같았습니다.

"渡歐公演은 朝鮮만 하십니까?"

"日本內地도 일일이 하렵니다. 그 地方의 公演이 끝나면 東京의 公演이 渡歐公演의 最後가 되겠지요!"

"나중에 過去의 이야기를 한두 마디 듣기로 하고 半島 舞姬라는 映畵를 撮影했지요!"

"네!"

"그 映畵에 出演한 感想이 어떠십니까?"

"그 映畵에 대해서는 별로 말씀드리고 싶지 않습니다."

"映畵로서는 그리 評判이 좋지 못했던 편이지요!"

"評判일 것도 없습니다. 아주 失敗였으니까요!"

"같은 藝術이지만 亦是 舞踊과 映畵는 딴 世界라 할 수 있으니까요!"

"勿論 그런 점도 있겠지만 무엇보다도 映畵의 製作이 이쪽에서는 아주 순서로 안 되었는데 곧 일에 着手하는 것이 不可해요! 더구나 저와 같이 바쁜 사람은 映畵를 박을 수 없을 것 같습니다."

"朝鮮映畵에 한 번 出演하실 意向은 없으십니까?"

"全然 없습니다. 지금도 李基世 같은 분들이 朝鮮映畵에 나오도록 勸告하는 분들이 많습니다만 모두 거절합니다."

"過去 이야기를 또 한 가지를 하겠습니다. 몇 년 전에 京都公演 때에 기리꼬미事件이 있었지요?"

"그건 별로 아무 것도 아니예요! 그 怪漢은 生命保險員인데 生命保險에 들라고 强制勸告를 하기에 警察의 손에 '히끼와다스'한다고 威脅을 했지요!"

"그래서요!"

"그러나 그 후에도 언제나 面會를 請하기에 舞臺를 通해서 밖에는 面會를 안한다고 했더니 그것이 京都公演 때에 威脅手段을 쓴 것이지요!"

"그 후에는 아무 일도 없었습니까?"

"지금도 面會를 請하고 엊그제도 이리도 電報를 치고 그럽니다."

"世上에는 별놈이 다 있는 모양이군요!"

"별 것이 다 있어요!"

崔女史가 시부모를 訪問하려는 直後 나는 이만하고 그와의 對話를 마치기로 했습니다.

"감사합니다. 바쁘신데 너무 시간을 잡게 해서 죄송스럽습니다."

"원 천만에요."

記者는 여기서 자리를 일어나려고 하다가 문득 이 機會에 敏子까지를 보고 갈 생각이 들었습니다.

"다시 시간을 妨害해서 미안스럽습니다마는 찾아온 차에 敏子氏까지 좀 보게 해주십시오!"

"그러시지요. 참 그 애를 좀 많이 宣傳해 주십시오!"

舞姬는 일어났습니다.

"자, がくや(樂屋)로 들어가서 만나보십시오!"

"記者는 舞姬의 がくや를 구경하는 좋은 機會라 생각하고 그의 뒤를 따라 들어갔습니다.

'樂屋'에 들어서자 여러 가지 化粧品 냄새가 俗界人間의 臭覺을 몹시 刺戟했습니다.

구석구석과 테이블 스팀 위에까지 여러 가지 가지각색의 衣裳이 걸리고 쌓이고 했습니다.

舞姬의 弟子들 敏子, 平澤喜代子, 細川壽子들은 衣裳에 바느질을 하고 있었습니다.

"이 衣裳이 모두 舞踊하실 때 입으시는 것인가요!"

"그렇답니다. 자 敏子, 이 분은 P社의 A氏인데 너와의 訪問記를 쓰신다니까 생각해서 대답을 잘해요!"

"まあ アタシなんか."

敏子孃의 謙遜한 謙遜한 感歎詞였습니다. 얼마간 주저하다가 記者 앞으로 온 敏子孃은 謙遜한 語調로

"처음으로 뵙습니다. 여러 가지로 お宜しく!"

이 분들은 恒常 조선말은 써보지 못한 때문에 조선말에 日本內地語를 無意識的으로 섞어서 이야기합니다. 崔承喜氏도 어느 말끝에 "セツカク 오셨는데!" 이런 말을 썼습니다.

"바쁘신데 시끄럽게 물으러 와서 죄송스럽습니다."

記者는 그의 앞에 名銜 한 장을 내놓았습니다. 그동안 崔承喜氏는 시부모 訪問次로 外出 구두를 바꿔 신을 때에

"先生! この襟は左りですか右ですか!"하고 女史의 '무당춤'의 衣裳을 고치고 있던 細川孃이 물었습니다.

"左りですか!"

그는 先生다운 語調로 간단한 대답을 하고 다시 記者에게 向하여 인사를 한 후 樂屋을 나갔습니다.

최승희 ≪신한민보≫ 1938.2.10(2면)

최승희여사의 무용을보고

-기자

우리 반도의 천재무용가로 이름이 높고 반도뿐 아니라 동양천지에
서 첫 손꼽히는 최승희여사의 무용은 이미 아메리카 대륙에까지 미
쳐왔다.

2월 2일이다. 최승희여사가 이벨극장에서 무용공연을 하는 날이
다. 나도 간절히 보고자하던 여사의 무용을 기회가 생기게 되어 보게
되었다.

호기와 기대의 큰 생각으로 이벨극장으로 나의 걸음을 향하였다.
나는 별로 무용에 생각이 있는 사람은 아니다. 그러나 매우 좋아하는
고로 급한 맘에 쏜살같이 들어가 나의 자리 번호를 찾아 앉았다. 장
내를 살펴보니 천여 명을 용납하는 큰 극장이었다. 벌써 거의 만원이
었다. 사방을 살펴보니 우리 동포도 수백 명 참석하였다. 그들의 가
슴속에 제 것을 사랑하고 구애하는 것을 볼 때에 감사의 생각이 일
어났다.

한 가지 우습고 얄미운 것은 물 건너 섬 백성들이다. 들으니 이날
밤 4백여 명이 참석하였다고 한다. 남의 것을 제 것으로 알고 쫓아
다니는 속없는 그 백성들이야말로 참 가엾은 인간들이다.

(기다리는 마음)

초조한 생각과 호기심으로 숨소리까지 죽여 가지고 앉아서 정각되
기만 기다린다. 8시30분이 정각이지만 비평가가 오지 안이하여 정각
에서 15분 늦게 동 45분에야 비로소 꽝! 하는 종소리와 함께 장내

는 어둠으로 변하고 무대 위에는 막이 거친다. 희미한 어둠 속으로서 무대 우에 정체가 차차 드리다. 무대 위에 빛이 환할 때에 일반의 시선은 약속한 듯이 무대 위로 쏠렸다.

제1막

1. 염양춤(Ancient Honeymoon Dance)

머리에 보살관을 쓰고 길고 긴 옷으로 발끝까지 나리우고 긴 소매속에 팔짱을 지르고 섯는 그 모양만도 말로만 듣고 소설에서 보던 천상선녀 이였다. 팔을 활짝 벌리고 발을 슬쩍 높이 들어 옮기며 도는 것이 조선고대의 염양춤이라 한다. 그 천천하고도 서정적인 그 춤은 실로 조선의 옛날문화를 넉넉히 표현시킨다고 보았다.

2. 신라궁녀의 춤

어엽쁘게 단장을 하고 머리에 구슬관을 쓰고 손을 읍하고 꿇어앉은 그 모양이 칠백년 빛난 도읍이 하루아침에 무너질 때 꽃 같은 궁녀 어엽뿐 궁녀들이 님주신 비단치마를 가슴에 안고 사자수 깊은 물에 풍덩실 빠져 나라 잃은 설움을 호소하던 당시의 신라궁중의 궁녀를 연상케 하는 춤이다.

3. 승무

장삼을 입고 꽃깔을 쓰고 늘신늘신 춤을 추면서 빙그르 돌 때마다 장삼소매로 북을 슬쩍 스치면 퉁하고 울리는 그 것이야말로 관객의 흥을 돕지 않을 수 없고 누구나 가슴속의 허파가 들썩거리지 않을 이 없다고 생각한다.

4. 아리랑 춤

님을 이별하는 춤이다.
아리랑 아리랑 아라리오 아리랑 고개로 님 넘어간다
나를 버리고 가시는 님은 십리도 못가서 발병나지
하는 연애서곡의 애도이다. 꽃 같은 미인이 애인을 이별하고 설움에 떨고 오장이 굽이굽이 녹아지는 애달고 안타까운 표정이 밝히 나타났다.

5. 벽화춤(Fresco of Rarklang)

낙랑 벽화춤이다. 머리에 화관을 쓰고 은행색 옅은 빗우에 어깨로부터 붉은 띠를 걸어 허리에 두르고 앞으로 늘어 뜰인 그 모양만 보아도 낙랑고대의 그 화려하고 귀족적인 것을 찾아 볼 수가 있다.

제2부

1. 검무

무장을 하고 검을 들고 나올 때에 눈에서 영취가 돌고 정신이 발발하여 검을 내여 두를 때에는 그 소리에 관객의 정신까지 어지러워지고 맘속까지 서늘하여지는 기분적 춤이였다.

2. 봉산 탈춤

이 춤이야말로 대활극이다. 통바지 저고리에 왕발을 들고 바가지 같은 탈을 쓰고 쌍말로 말하면 지랄 네굽을 부리는 그 모양은 관중으로 하여금 허리를 붙잡지 않으면 안 될 대활계 극이다. 현지 아메리카에 있어 대루 행하는 투러킹 팩킹에 근사한 춤이라고 본다. 이 무용은 서양 무대 속에서도 대갈채를 받을 만한 소질이 있다.

3. 고구려 전무

갑옷을 입고 활을 메고 활통을지고 칼을 들고 전장에서 적의 머리를 추풍낙엽 같이 따버리는 전술이다. 사면팔방으로 뛰노는 것이 관객으로 하여금 정신이 어리둥절하게 만든다. 이 춤은 고구려 당시의 무술을 역력히 보여주는 춤이다.

4. 장승춤

검고 긴 수염을 양쪽으로 달고 번쩍번쩍하는 붉은 의복을 입고 버티고 섯는 품도 장하려니와 걸음을 옮길 때 딱딱 소리가 나는 것도 또한 한 멋이다. 전체로 보아 이 춤은 조선 같으면 아이들이 어비가 왔다고 울음을 끝치고 이불 속으로 기어 들어갈 만치 된 춤이다.

제3부

1. 기생춤

조선기생이다. 머리를 쪽지고 은잠을 꽂고 절은 저고리에 긴치마를 받쳐 입고 허리를 색대로 질끈 동이고 수건을 휘날리면서 손앞에서 춤을 추어 얼빠진 부랑자들을 녹아내게 하는 간드러진 춤이다.

2. 활량춤

전립을 적게 쓰고 쾌자를 걸쳐 입고 거들거려 추는 춤이다. 몸짓, 어깨짓, 눈짓, 발짓, 별별 멋을 다 부리는 흥춤이라고 본다.

3. 농촌처녀의 춤

진관 같은 머리에 자주댕기를 드리고 머리에 수건을 쓰고 노랑저고리에 자주깃 자주길동을 따라 입고 꽃바구니를 들고 이들 저들로 뛰고 놀며 꽃을 따서 바구니에 담기도 하며 코로 냄새도 맡으며 장래를 꿈꾸는 시골처녀이다. 회상을 자아내는 춤이다.

4. 무당춤

통 높은 갓에다 구슬끈을 다라쓰고 전포를 입고 부채를 들고 방울을 흔들며 점을 치는 춤이다. 부채를 폈다 접었다 방울을 흔들며 분주히 돌아가는 것이 대체로 보아 이것도 활기 있는 춤이다.

5. 신랑춤

조선 초립동의 춤이다. 코흘리는 초립동이가 신부를 맞는데 청바지 저고리에 분홍 두루막을 입고 초립을 쓰고 혼자 남모르게 좋아서 춤도 추고 생각도 하고 명상도 해보는 로맨스의 一곡이다.

이상의 춤으로써 한 시간 반 동안이나 출연하고 무대의 막은 내리였다. 이 춤은 특별히 최여사가 조선 고악을 모아 뽑고 또 거기에 자기의 상상을 더한 것이니 다시 말하면 여사의 창작적 진품이다.

생은 짧으나 예술은 길다 하노라
영국의 셰익스피어가 예술로써 그 나라를 장식하고

또다시 이 세계를 장식하였다니
그대여 그대의 예술로서 내강산을 장식하고
그 강산 우에서 영원히 그대를 춤추고 살게 하라

1938. 2. 2

최승희여사 뉴욕에서 공연

우리나라의 고유한 춤을 세계적으로 소개하기 위하여 현금 미주에서 순회공연 하는 최승희여사는 지난달 2일에 나성에서 공연을 마치고 뉴욕으로 전왕하였음을 이미 보도한바 최여사는 2월 20일에 뉴욕에서 제1회 공연을 행하였는데 천여 명을 수용하는 극장이 빈자리가 없게 대만원의 성황을 이루었고 신문계의 비평도 매우 좋으며 특히 봉산탈춤과 활량춤은 관중의 열광적 갈채를 받았다고 한다.

≪삼천리≫(제10권 제8호) 1938.8.1.

太平洋서 絶讚밧는 崔承喜 -
米國 건너가서 最高 人氣 속에 짜히다

西洋人 社會에서 人氣爆發

조선을 떠나 이미 반개 년을 넘은 우리의 자랑할 무희(舞姬) 최승히여사는 그 뒤 얼마나 많은 꽃관 속에 쌓히고 또 전세게의 호화로운 칭찬 속에 무처, 있는가. 이제 그 남편 되는 안막(安漠)씨로 붙어 녀사의 옵바되는 서울 최승일(崔承一)씨에게 허리우트로 붙어 온 편지를 보면 그 일단을 짐작하리라.

承一 형 - .

지난 달 22일 桑港에서의 공연을 대성공 속에 끗내고 24일 해리우트로 와 있읍니다. 이곳은 여기서 제일 고급인 이-벨극장에서 2월 2일에 공연이 있읍니다. 매일 연습으로 바뿌게 지냄니다. 허리우트에서 각 스타-들과 같이 맛나고 있읍니다. 기회를 보아 영화 入의 찬쓰를 어드려합니다.

이곳을 마치고는 2월 3일에 뉴-욕을 향하야 출발합니다. 메트로포리타 뮤지칼 비유-로와 정식 調印하야 爲先 뉴-욕을 최초로 12회 공연을 1주일에 3회식 하기로 되였읍니다. 承喜가 메트로포리탄 푸레센트라는 랫텔을 가지고 국제적 수준에 올나간 셈이지요.

우리는 몸 건강히 지내며 매일 휴식할 틈도 없이 신작에 열중함니다. 작품이 부족하여 맨들었읍니다. 뉴-욕에 가면 집에서 온 편지가 도착하셨을 듯 반가히 읽겠읍니다. 아모조록 자주 편지 주시고 서울 살님 이야기나 해 주세요. 일전 편지에도 썼읍니다마는 米國 저이들의 주소는 일본총영사관 기부로 해도 좋고 메트로포리탄 기부도 좋으니 그리고 어디든지 하십시요.

신문지상에 발표하시려면 메트로로 하는 것이 좋을 것 같습니다. 또한 일본영사관보다 메트로 사람들은, 매일같이 지방에도 가고 공연을 나가게 되니까 아마도 메트로 주소로 보내시는 것이 편리할 것도 합니다.

허리웃트 호텔에서 安漠 拜

이 편지 속에 있는 〈메트로포리탄 뮤직〉이란 곳이 전세계의 가장 웃듬가는 예술가만 소개하고 흥행을 알선하는 곧으로서 동양 사람으로는 매란방(梅蘭芳)도 알선을 청하다가 과거에 거절을 당했고 후지하라 요시에(藤原義江) 테너도 세끼야 도시꼬(關屋敏子)도 잘 안되고 다만 서양사람 사이에 많은 인기를 가진 미우라 다마끼(三浦環)여사가, 이 행운(幸運)을 어떻다든가. 그렇게 최고급의 명여의 길을 그곳의 마네-자가 허리를 굽혀 청격하는 속에 최승히여사는 등장하였든 것이라 한다.

太平洋 저쪽에서 人氣爆發

최승히여사가 아담한 조선의 소복 단장에 판란 갓신을 신고 하와이(布哇)을 거처 상후란 시스꼬(桑港)에 내리자 그 곳 예술단체에서는 많은 사람들이 나와서, 혹은 화려한 화완(花環)을 전하고 혹은 지휘봉(指揮棒)을 둘너 환영하는 음악을 하여 주는 듯 태평양안 상륙제일보,(太平洋岸 上陸 第一步)로부터 온 것 미국 상하 사회의 인기를 끄을었고 그가 자동차를 모라 호텔에 들자 또한 쌍우란스, 타임쓰(桑港日報),를 위시하여 다수한 신문 잡지 기자가 달려와서 그의 일언척구와 그의 일거수일투족을 보도하기에 분주하여 진실로 그 날의 신문에는 빙그레 웃는 이 반도의 아름다운 자태와 소식으로 장식하였으며 재류 조선동포들도 항구의 파지장(波止場)에 또는 역두(驛頭)에 나와 수건을 들어 소리치며 마지한 것은 물론이다.

그리고 끗끗내 쌍후란씨스꼬와 헐리웃드의 일류극장에서 그 청초하고도 아릿다운 자태를 나타내어 우리 반도만이 가지는 그 춤의 정조를 내뿜을 때, 만장의 박수와 환호와 경탄(驚嘆)과 찬성(讚聲)은 더 말할 나위없이 크고 깊고 널벗습니다.

완전히 아메리까일대의 인기는 절찬의 폭풍 속에 잠겼습니다. 이리하야 수천 리를 머다 안코 건너간 최여사 한 분의 힘으로 아세아의 조고마한 동반도(東半島)에서 싹 돋고 움 트고 무성하기 시작한 조선의 춤과 정조(情調)는 기문명에서 기계문명에서(機械文明)으로, 물질 문명(物質文明)에서 물질문명으로, 숨 막힐드시 잠겨있는 데서 각국인에게 큰 감명과 감격을 주었든 것입니다.

이제는 (太西洋) 건너 (英佛)로 -

이제 세계최대의 도시 뉴-욕(紐育)에서 미국서의 맞으막 공연을 끝내고 다시 태서양에 배를 띠어 원래 목적하든 곳의 파리와 음악의 위인(維也納)과 런돈(倫敦) 있는 구주대륙(歐洲大陸)으로 향해 건너가리라. 진실로 생각하여 보면 지금은 세계적으로, 일홈을 날니든 무용가 - 례하면 안나바보로니 싸이라스 마-나라거나 지금은 모도 다 세상을 떠났다. 이제는 진실로 새로운 천재무용가(天才舞踊家)를 세상은 부르고 있다. 이때에 이 기대에 저버리지 안케 반도의 무희가 등장하고 있잔는가. 진실로 깁분 일은 이 일이라 할 것이다. 이제 여사가 미국 뉴-욕에서 무용한 연기에 대하여, <뉴욕산> 신문지의 무용평(舞踊評)을 초록하면 이러하다.

<조선과 같이 먼 지방에서 온 손님을 대할 때 관중은 자연 동정적 관용의 태도를 취할 것으론 상상되는 터이나 崔承喜여사에 대하여는 그럴 필요가 전혀 없다. 여사는 특이한 예술가다. 본토의 전통에 전념하면서도 능히 인종적 제한을 초월하는 精妙의 기민의 기술을 발휘하는 예술가이다. 무대 우에 선 여사의 날신하고 아릿다운 자태와 표정이 풍부한 어여쁜 얼굴은 관중을 취하게 한다.>

당일의 <푸로그람>은 조선의 고전적 유모어의 춤인데 가장 민속적 유모어의 춤인데 가장 관중의 인기를 끈 것은 <유모어>와 민속적 춤이였다. 개중에도 조선의 漂泊者라는 가면춤 자체도 기괴하거니와

그 가면이야말로 가위 천외의 奇想이었으며 화려한 고려대장의 뽐내는 춤도 역시 진기한 가면춤이었었다. 고아하고도 화려한 의상은 춤마다 변하야 관중의 끝없는 환심을 삿다.

여사의 아름다운 동정과 천태만상으로 변하는 자태를 <조선 무희중>에 볼 수 있었는데 대체로 말하면, 동양예술에 특유한 우아섬세의 情味가 그 특색이었다.

반주는 李孤山 지도 하에 장고와 피아노이였었다.

그 날의 순서는 다음과 같다.

> 1. 신혼 여행 2. 신라 궁녀 3. 道僧의 유혹 4. 相別曲
> 5. 樂浪의 벽화 6. 검무 7. 조선의 漂泊者 8. 고구려의 戰舞
> 9. 고려 대장 10. 조선 무희 11. 기념제 舞 12. 농가의 처녀
> 13. 관상가

崔여사의 미국 방문 제 1聲

그리고 최승히여사를 방문한 헐리웃드 선의 지상에 실닌 신문기사는 이러하다.

최승히여사는 아메카에 체류하고 있는 중 지금은 하리온, 루스벨트, 호텔에 머믈너 있다. 그는 조선 고전무용을 소개 한편 현대색을 가진 자기 창작도 보여주고 있다.

최승히여사는 방문한 아메리카 기자에게 다음과 같이 말한 일이 있다.

멀니 잇서 누구나 아메리카를 보고저 합니다. 아메리카는 문명한 나라요 또는 누구나 잘 사는 기적의 나라임니다. 여기 있는 배우까지라도 모다들 한 번 보기 원하는 바임니다.

더욱이 현대 청년남녀들은 아메카의 것이라면 무엇이나 조와해요. 가령 아메리카음식이라든지, 아메리카의복이라든지, 아메리카의 습관 아메리카의 춤까지라도 조와함니다.

그는 더듬거리는 영어로 곳잘 이렇게 말하고 다시 이여서 그런대 조선은 유감이지만 땐쓰홀이 없어서 문제임니다. 그러나 각각 집에서

들은 할 수 있지요. 나는 서양풍속에 집집에서 할 수 있는 사교땐쓰를 대단히 조하함니다 하고 그는 잠간 우섰다. 崔여사는 조선 무용 사절노서 고전 것으로붙어 현대 것에 니르기까지 깊은 연구를 싸흔 후 渡米하였든 것이다. 쌘푸랜씨쓰코에서 첫 공연을 맞이고 다음으론 뉴욕으로 향할 작정이다. 其後엔 유롭으로 떠날 모양이다.

崔여사 대단히 깁버하엿다.

≪문학신문≫ 1957.7.25.

인민배우 최승희

"…나는 조선의 딸로 태여난 것을 무한한 영광으로 생각합니다." 인민배우 최승희는 감격어린 어조로 이야기를 계속한다. "내가 무용 예술을 시작해서 금년이 서른 해가 됩니다. 30년이란 세월은 결코 짧은 세월은 아니지요. 그 긴 세월을 나는 한 때도 쉬지 않고 무용예술 생활을 계속해 왔습니다.…"

그는 잠시 먼 옛날의 기억을 더듬는 듯 생각에 잠긴다. "지난 나의 무용예술 생활을 다시 한 번 돌이켜 생각해 볼 때 그 감개무량함을 이루 다 말할 수 없군요. 내가 처음 무용을 시작한 것은 1926년도 <카프문학>이 바야흐로 앙양되던 시기였습니다. 그 후 일제와 그의 주구들이 8.15 해방 전까지 조선민족문화의 말살정책을 감행하였으므로 나는 하고 싶은 예술을 마음껏 하지 못했습니다. 비로소 해방 후 부터 나는 내가 하고 싶은 무용예술을 마음껏 할 수 있게 되었지요. 이것은 오로지 우리 당과 공화국 정부의 두터운 배려의 결과이며 인민들이 나를 사랑하여 주고 고무 격려하여준 덕택이라고 생각합니다.…"

우리나라의 재능 있는 무용예술가 인민배우 최승희는 자기의 무용 활동 30주년을 맞이하면서 이와 같이 말한다. 그가 조선민족무용의 고전을 계승하는 사업에서와 해방 후 우리당과 정부의 문예정책에 입각하여 자기의 창조적 노력으로써 민족무용을 창작 발전시키며 많은 후진 무용예술가들을 육성하는 사업에서 이바지한 공로는 자랑하고도 남음이 있다.

최승희는 조선인민이 유구한 세월을 두고 연마하여 내려온 민족무용예술의 유산을 발굴하며 소련을 비롯한 세계 선진 무용예술을 연구 섭취함으로써 우리의 민족무용예술의 보물고를 풍부화심에 기여하는 우수한 창작품들을 세상에 내놓았다.

≪아무리 사람에게 천재적인 재능이 있다 하더라도 그 천재적 재능을 마음껏 발설할 수 있는 조건과 보장이 없다면 그 천재적 재능은 묻혀 버릴 뿐 아닙니까. 석물 속에 파묻혀 빛을 묻은 금싸라기와도 같아 질 겁니다. 그런 걸 생각하면 생각할수록 우리 당과 정부의 두터운 배려에 보답하기 위해선 <앞으로 일을 더 많이 해야겠다>는 심정이 이 순간에도 나를 재촉합니다.≫

주지하는 바와 같이 ≪최승희 무용연구소≫는 1946년 당과 정부의 배려 밑에 창립 되었다. 재능 있는 인민배우 최승희는 해방 후 당 문예정책을 받들고 문예전선에서의 일련의 반동배 (이태준, 임화 도당)및 종파분자들과 굴함 없이 싸워 가면서 평화적 건설시기에 그의 창작을 ≪반야월성곡≫과 우리 혁명의 영도자에 대한 다심 없는 존경을 높은 예술적 형상으로 표현한 ≪김일성장군에게 드리는 헌무≫를 비롯하여 ≪풍랑을 뚫고≫와 기타 많은 창작품들을 내놓았는바 이는 조선민족무용의 고전유산과 전통적인 율동을 올케 보존 발전시킨 것으로서 조국건설에 나선 조선인민의 백절불굴의 애국주의 사상을 고상한 무용기법으로 형상화 하여 인민들로부터 지극한 사랑을 받았다.

원수들과 판가리 싸움을 하는 조국해방전쟁시기에는 ≪조선의 어머니≫, ≪평화의 노래≫ 등을 창작하여 전쟁승리에 대한 굳은 신념과 원수에 대한 증오심, 백절불굴의 투지와 애국주의 사상으로 전체 인민들을 고취하였다. 전후시기에 들어서면서 그의 창조사업은 더욱 높은 단계로 발전되었으며 우수한 작품들이 계속하여 창작 발표되고 있다.

그중에도 ≪사도성의 이야기≫, ≪맑은 하늘아래≫를 들 수 있는 바 ≪사도성의 이야기≫는 신라시대 동해안의 사도성에서 일본해적들을 반격하여 조국을 수호하는데 영용하게 궐기한 우리 조상들의 불굴의 애국적 투지를 형상화한 영웅적 서사시이다. ≪맑은 하늘아래≫는 전후 조국건설에 나선 전체인민들의 장엄한 투쟁모습을 높은 사상성과 다양한 예술성으로 보여준 작품으로서 보는 사람들의 가슴을 감동시키는 작품이다. 이 작품들은 소련을 비롯한 우방 국가들을 친선 방문하여 순회공연을 진행했을 때 형제적 인민들로부터 절찬을 받았으며 최승희의 재능은 높은 평가를 받았다.

인민들의 사랑을 받는 인민배우 최승희는 무용가일 뿐만 아니라 창작가이며 무용연출가이며 동시에 사회 활동가이다. 그는 현재 최고인민회의 대의원이다. 최고인민회의 상임위원회는 그의 창조활동을 통한 인민대중의 교양과 우리 무용예술발전을 위한 헌신적 공로를 찬양하여 1951년 4월에 국기훈장 제2급을, 그 후 1951년, 1953년에 각각 노력훈장 1개를 수여 하였으며 금년 그의 무용 활동 30주년에 제하여 국기훈장 제1급을 수여하였다. 최승희는 앞으로 자기가 할 일에 대해서 다음과 같이 말했다.

나는 지난 시기의 이러저러한 성과에 자만하거나 또 만족하지 않고 그를 토대로 하여 앞으로 조선무용을 더 찬란히 개화 발전시킴에 나의 모든 재능과 정력을 더 기울이겠습니다. 나는 지금 이런 것을 생각하고 있습니다.

첫째로는 선조들의 유산을 발굴하여 민족유산 계승을 가일층 발전시키며 소련을 비롯한 선진 국가들의 좋은 것을 섭취도입하며 민족발전을 위해 창작하여 후손만대에 남기려는 그것입니다.

둘째로는 조선무용의 각종 기본을 체계화한 이론적 문헌을 하루속히 만들어 내는 것입니다.

셋째로는 후비양성사업에 앞으로 더욱 있는 힘을 다하여 나보다도 몇 배 우수한 무용가들을 수많이 양성하는 그것입니다.

우리나라의 재능 있는 무용예술가 인민배우 최승희의 앞으로의 창작활동에 대한 우리 인민의 기대는 크다. 그는 모스크바 청년예술축전에 참가하고 돌아오면 곧 무용극 ≪운림과 옥란≫을 창조할 것이다.

≪문학신문≫ 1957.11.28.

민족무용의 찬란한 발전에 바친 30년
-인민배우 최승희의 무용활동-

인민배우 최승희의 무용활동 30주년을 기념하는 무용예술 공연이 그에 대한 인민들의 열렬한 사랑과 존경 속에서 진행되고 있다.

최승희는 1911년 11월 24일 서울의 한학자의 가정에서 태여났다. 어려서부터 무용가로서 뛰어난 재질을 가진 최승희는 열다섯 살 때부터 4년간에 걸쳐 이시이바꾸(石井漠)무용연구소에서 무용예술 일반에 대한 이론과 러시아의 민족 발레트를 전공하였다.

1929년 귀국한 그는 서울에 최승희무용연구소를 창설하였다. 그는 이시기에 <카프>의 영향 하에서 무용극 ≪즉흥무≫, ≪노동자의 행진≫, 소품 ≪고향땅을 쫓겨 가는 사람들≫과 같은 높은 사상성과 민족적 향취 그윽한 무용예술작품들을 창작하여 처음으로 발표하였다. 이로부터 그는 조선의 재능 있는 무용가로서의 촉망과 사랑을 받기 시작하였다.

1932년 그는 또다시 일본 도쿄로 건너가서 최승희 무용연구소를 재건하고 조선과 일본무용가들을 육성하였다. 그는 이 시기에 ≪희망을 안고≫, ≪초립동≫과 수많은 무용극을 창작하였으며 일제의 야수적 탄압에도 굴하지 않는 조선인민의 투지와 민족해방을 위한 줄기찬 염원을 ≪춘향전≫의 ≪옥중가≫를 빌려 무용 ≪옥중가≫에서 훌륭하게 형상화하였다.

그는 1937년부터 만 3년간에 걸쳐 조선민족무용을 가지고 구라파와 남북아메리카를 순회 공연하였다. 일제의 탄압이 극심하던 이 시기에 조선 인민의 유구하고도 빛나는 전통을 가진 조선민족무용을 통해서 조선 인민의 아름답고도 굴할 줄 모르는 정신을 널리 온 세계에 소개한 그의 업적은 크다. 그의 작품 중에서도 이채를 띤 ≪석굴암의 벽조≫와 ≪신로 심불로(身老 心不老)≫, ≪장고춤≫ 등의 작품은 이 순회공연기간에 창작한 작품들이다. 순회공연으로부터 돌아온 후 그는 1943년 일본 도쿄를 떠나 중국 북경으로 자기의 무용연구소를 옮겼다. 중국무용 ≪양귀비의 취중무≫는 이시기에 창작된 작품이다.

8.15해방 후 그는 서울로 돌아왔다. 그러나 그는 미제와 이승만역도의 횡포 무도한 통치를 반대하고 1946년 공화국의 따뜻한 품안으로 넘어 왔다. 공화국 품안에서의 12년! 이는 최승희에게 있어 가장 왕성하고도 원숙한 무용창작 시기이며, 그의 긴 30년간의 무용예술활동 행정에서 이렇듯 자유롭고 빛나는 영광에 찬 시기는 없었다. 우리당과 정부의 배려로 국립 최승희 무용극장(전신 국립최승희무용연구소)을 창설하였고 무용극 ≪반야 월성곡≫, 무용시 ≪해방의 노래≫, ≪칼춤≫을 비롯한 우수한 작품들을 창작하는 한편 후대양성과 우리나라의 민족무용예술 발전의 광활한 길을 개척하였다.

그는 제1차 및 제2차 세계청년학생축전에서 조선의 높은 무용술을 세계에 자랑하였다. 조국해방전쟁시기에는 중국 북경에서 120여명의 조·중 무용가들을 육성하면서 그는 계속 무용극 ≪조선의 어머니≫, 무용조곡 ≪평화의 노래≫를 창작했으며 특히 ≪조선의 어머니≫는 제3차 세계청년학생축전에서 1등 평화상을 받았다.

1952년 전쟁 시기에 최승희는 제자들을 데리고 조국으로 돌아왔다. ≪사도성의 이야기≫, ≪맑은 하늘아래≫ 등의 무용극들은 바로 이 기간에 창작된 작품들이다. 그는 전후 당과 정부의 크나큰 배려로 위대한 소련을 비롯한 구라파 사회주의 형제 국가들을 순회하면서 무용공연을 진행하였다.

조선을 방문했던 일본 신극 대표단이 국립 최승희무용극장의 공연을 보고 "…오직 인민이 정권을 틀어쥔 조건이 아니고는 이처럼 호화찬란한 무용예술의 발전은 생각할 수도 없다…"고 한 말은 결코 우연한 일이 아니다.

조선의 민족무용예술은 지난 제6차 세계청년학생축전에서 이미 세계적으로 높은 평가를 받았거니와 앞으로 최승희와 그가 육성한 새로운 젊은 후대들에 의하여 더욱 찬란한 발전이 기대되고 있다.

뛰어난 무용가로서만이 아니라 무용창작가로서, 무용교육가로서 조선민족무용예술의 유구하고도 빛나는 전통을 계승하여 조선무용의 기본을 체계화했으며 이론화하였고 500여명에 달하는 조선, 중국, 일본의 새 무용가들을 육성하였으며 조선민족무용예술을 세계적 수준에 끌어 올린 최승희의 특출한 업적에 대하여 공화국 정부는 이미 그에게 <인민배우>의 칭호를 수여했으며 조선인민은 뜨거운 사랑과 존경으로써 그를 두 번째나 최고인민회의 대의원으로 선거하였다. 세계무용애호가들의 보배로운 존재인 최승희! 그는 조선인민의 자랑이며 보배이다.

≪문학신문≫ 1961.1.20.

조선무용가동맹 결성

본사기자 **민 능 기**

금번 새로 발족하는 조선무용가동맹 결성대회가 지난 1월18일 모란봉극장에서 성대히 진행되었다.

대회에는 중앙과 지방의 각 극장들에서 선출된 무용 및 곡예부문의 예술인 대표들이 다수 참가하였다. 대회에는 또한 조선문학예술총동맹 결성 준비위원회위원장 한설야동지, 조선로동당중앙위원회 과학 및 학교 교육부장 고혁동지, 작가 박응걸동지, 작곡가동맹 중앙위원회 위원장 리면상동지, 작가동맹중앙위원회 부위원장 리북명동지, 문화부상 조령출동지를 비롯한 문화예술계 인사들이 참가하였다.

이 회의에는 인민배우 최승희가 무용가동맹 결성에 대한 보고를 하였다.

보고자는 먼저 앞으로 결성될 문학예술총동맹 산하 단체로서의 무용가동맹 결성은 경애하는 수령 김일성동지의 직접적인 발기에 의하여 이루어졌다고 지적하면서 이는 우리 민족 무용예술의 찬란한 개화 발전을 위하여 끊임없이 보살펴 주는 당과 수령이 또 하나의 배려로 된다고 말하였다. 역량을 단합하여 통일적인 조직을 형성하며 예술의 대열을 우리 시대의 천리마적 진군에 적응하게 재편성하고 새로운 창작적 앙양을 가져옴으로써 우리 예술인들은 작년 11월 27일 작가, 예술인들에게 주신 수상동지의 교시를 보다 영예롭게 수행할 것이라고 강조하면서 보고자는 계속 다음과 같이 말하였다.

지난 15년간 우리의 민족예술은 당의 현명한 문예정책에 의하여 영광스럽고도 빛나는 발전의 길을 걸어 왔다. 새로운 인간, 새로운 기적들로써 충만 된 우리 시대의 영웅적 현실 속에서 우리 무용예술인들은 당의 사상, 당의 의지로 숨 쉬면서 충직한 인민의 예술인이 되기 위하여 자기의 재능과 정열을 다 바쳤다. 우리의 무용예술인들은 당의 문예정책과 사회주의적 사실주의 기치를 높이 들고 사상 예술적으로 우수한 무용극, 무용조곡, 무용서사시, 독무, 군무 및 군중무용 등을 창조하였는바, 이 작품들은 인민들을 사회주의적 애국주의와 공산주의적 도덕품성으로 교양함에 있어서와 천리마의 행군을 촉진시킴에 있어서 크게 기여하고 있다.

오늘 우리의 무용예술은 다른 자매 예술들과 더불어 전 세계 인민들로부터 <황금의 예술>이라는 고귀한 찬사를 받고 있다. 이모든 성과들은 부르주아적 예술잔재들의 형식주의, 자연주의 등 온갖 낡은 요소들로부터 우리 예술의 사상 예술적 순결성을 고수하기 위한 투쟁과 1930년대 김일성원수 항일 빨치산들에 의하여 이룩된 혁명적 문학예술 전통을 계승 발전시키기 위한 꾸준한 투쟁 속에서 이룩될 것이다. 우리의 무용가 대열은 양적으로도 비약적으로 발전하였는바 해방 전에는 불과 수명밖에 안되던 것이 오늘은 714명의 무용가들을 자기 대열에 망라하고 있으며 해마다 수많은 후비들을 양성하고 있다. 특히 공장과 어촌, 농촌과 학교들에 있는 12,383개의 무용서클에는 무려 265,101명의 서클원들이 망라되어 있는바 이는 우리의 무용예술이 대중 속에 그 뿌리를 튼튼히 박고 있으며, 근로 대중이야 말로 예술이 무진장한 저수지이라는 것을 잘 말하여 준다.

곡예 예술분야에서도 거대한 전변이 일어났다. 창립초기에 수 명의 인원을 가지고 수공업적으로 운영되던 곡예극장이 수년이 지난 오늘에 와서는 150여 명의 예술인들을 가지고 있다. 오늘 우리 곡예예술은 민족적 정서와 특성을 풍부히 구현시킴으로써 인민들의 열렬한 사랑을 받고 있으며 우리 인민들의 정서 생활에서 없어서는 안될 귀중한 것으로 되었다.

계속하여 보고자는 인민의 예술인으로서의 이 모든 영예와 행복을 함께 나누지 못하는 남녘땅 예술인들의 비참한 처지에 대하여 언급하였다.

재능 있는 남반부의 예술인들은 양키문화의 침습 속에서 온갖 창작적 자유와 민족적 정서를 박탈당하고 있으며 비참한 생활고에서 신음하고 있다. 15년간 미제 침략자들에 의하여 강요된 이 참을 수 없는 현상이 더는 지속되어서는 안 되며 남북의 예술인들은 하루속히 한자리에 모여 앉아야 한다.

보고에서는 또한 지난 시기 무용예술분야에서 나타난 일부 결함들에 대하여 분석 비판 되었다.

기본적인 결함은 아직 우리의 무용작품들에 거창하고 장엄한 천리마적 현실을 진실하고 심오하게 폭 넓게 반영하지 못 하였으며 장성하는 인민들의 미학적 욕구를 충족시켜 주지 못한데 있다. 그 결과 우리의 무용은 예술의 교양자적 역할을 충분히 수행하지 못하였으며 우리당의 총 노선인 천리마 운동을 백방으로 고무 추동하여야 할 사명을 다하지 못 하였다. 뿐만 아니라 무용작품들의 창작을 전 군중적 운동으로 전개하지 못함으로써 우리 시대의 벅찬 생활에 비하여 사상 예술적 빈곤을 가져왔다. 계속하여 보고자는 이러한 결함들을 시급히 퇴치하며 작가, 예술인들에게 주신 수상동지의 교시를 철저히 관철시키기 위하여 무용예술인들 앞에는 커다란 과업들이 제기되고 있다고 하면서 다음과 같이 말 하였다. 그 과업을 수행하기 위하여 무용예술인들은 우선 매 시기 제기되는 우리당 정책과 혁명전통을 계속 심오하게 연구하며 자신들의 정치 사상적 수준을 더욱 높이기 위하여 부단히 노력하여야 한다. 또한 현실 속에 깊이 침투하여 천리마 기수들의 고매한 정신세계를 깊이 체득함으로써 보다 생동한 형식과 혁신적인 산 내용들을 탐구하며 사상예술성이 높고 다양한 예술작품들을 창조하여야 한다. 우리의 예술에 민족적 특성을 구현하는 것은 항상 중요한 과업으로 나서고 있다.

보고자는 또한 무용, 곡예 예술인들이 대중 속에 깊이 뿌리박고 그 속에서 재능 있는 신인들을 발견하고 무용예술의 후비를 더 많이

육성할 데 대한 구체적인 조치들에 대해 언급하였다. 계속하여 보고
자는 오늘 결성되는 무용가동맹 앞에는 전체 무용가들과 곡예배우,
무대 미술가들의 창작적 역량을 자매 예술동맹 단체들과 연계를 더
욱 강화함으로써 무용예술발전에서 혁신적인 전변을 가져와야 할 것
이라고 강조하였다.

끝으로 보고자는 모든 무용, 곡예 예술인들이 자기들의 온갖 지혜
와 창조적 정열을 다 바치어 당의 문예정책과 수령의 교시를 철저히
관철시킴으로써 〈황금의 예술〉을 더욱 찬란히 빛내자고 말하였다.

보고에 이어 무용극장 배우 한경선, 곡예극장 배우 지석하, 민족예
술극장 배우 차예진, 양강도립예술극장 배우 장일룡이 토론에 참가
하였다.

토론자들은 한결같이 오늘의 이 감격, 이 행복을 베풀어 주신 당
과 경애하는 수령에게 뜨거운 감사를 드리면서 무용가 동맹의 결성
은 우리의 민족예술을 천리마 시대에 적응하게 발전시킴에 있어서
일대 전환을 일으킬 것이라고 일치하게 지적하였다.

제일 먼저 토론한 국립무용극장 무용가 한경선은 지난시기 무용예
술인들이 당 정책을 높이 받들고 〈영광스러운 우리 조국〉, 〈쇳물이
흐른다〉를 비롯하여 일련의 성과작들을 창조하였으나 아직 우리의
무용예술은 천리마 시대의 기상에 비하여 뒤떨어지고 있다고 지적하
면서 다음과 같이 말 하였다.

우리의 무용예술은 천리마 현실의 서사시적 대 화폭과 천리마 기
수들의 전형을 보다 심오하게 보다 구체적으로 반영하지 못 하였다.
그것은 아직도 무용예술인들이 천리마의 현실을 심장으로 깊이 체득
하지 못했기 때문이다. 어떤 무용예술인들은 무용언어의 제한성을 운
운하면서 현실을 정면으로 취급하기를 꺼려하는 소극성에 사로 잡혀
있었다. 또한 민족적 특성을 구현한다 하여 고전무용을 그대로 옮겨
놓음으로써 현대적 기상에 맞는 새로운 율동을 약화시키는 편향이
있는가 하면 또 현대적 주제라 하여 외국의 무용을 민족적 정서를
고려함이 없이 그대로 끌어들이는 교조주의적 편향도 있었다. 이러한

것들은 사회주의적 사실주의 창작 방법을 자기의 유일한 기치로 삼고 있는 우리의 예술과는 인연이 없다. 우리 예술인들이 노동계급의 혁명적 의지로 무장하고 서로 돕고 배우며 힘을 합치고 지도에서 청산리 방법을 나래 치게 한다면 극복 못할 난관이 없으며 혁신적인 성과를 거둘 수 있다.

다음으로 토론한 국립곡예극장 곡예배우 지석하는 수상동지가 작가, 예술인들에게 주신 강령적인 교시는 곡예예술발전을 위해서도 훌륭한 지침으로 되었다고 말 하였다. 계속하여 그는 다양하고 낙천적인 곡예장르들과 건전하고 용감한 내용들을 통하여 천리마 시대의 기상을 반영시킬 데 대한 결의를 피력하였다. 그는 또한 조립식으로 작품을 뜯어 고치거나 외국의 예술을 그대로 모방하던 교조주의와 형식주의적 창작 태도를 일소하고 무용가들과의 밀접한 연계 밑에 곡예 예술을 더욱 발전시킬 데 대하여 말하였다.

다음으로 민족예술극장 무용가 차예진은 형식주의와 교조주의를 반대하고 무용예술의 주체를 확립하며 민족유산을 더욱 훌륭히 계승 발전시킬 데 대하여 토론하였다. 그는 1930년대 항일무장투쟁 시기에 형성된 문학예술전통을 더욱 깊이 꾸준히 계승 발전시키는 것은 예술인들의 숭고한 과업이라고 강조하면서 다음과 같이 말하였다. 아직 일부 무용가들 중에는 남의 것은 다 좋다고 하면서 자기의 것을 소홀히 하는 그릇된 경향이 있다. 우리의 선배들이 고심을 기울여 개척하고 쌓아놓은 고전 유산들이 충분히 발굴정리 되지 못하고 있다. 앞으로 무용가 동맹은 더 많은 예술인들을 지방에 파견하여 고전예술 유산들을 연구 발전시킴으로써 우리의 민족예술 보물고를 더욱 풍부히 하여야 할 것이라고 말 하였다. 그러면서 그는 앞으로 무용가 동맹 내에 '민족유산연구위원회'를 설치 할 것을 제기하였다. 끝으로 그는 당과 수령의 두터운 배려 속에서 공화국 북반부 예술인이 누리고 있는 이 행복을 함께 나누지 못하는 남반부 예술인들의 비참한 처지에 대하여 말하면서 색정과 퇴폐, 허무와 질식 세계로부터 하루속히 그들을 구원하고 민족예술을 통일적으로 발전시켜야 한다고 말하였다.

다음 양강도립예술극장 무용가 장일룡이 토론하였다.

그는 먼저 천리마의 기상이 나래치는 우리의 영웅적 현실을 정면으로 반영한 무용작품이 아주 적다고 말하고 이것은 무엇보다 먼저 예술인들이 현실을 피상적으로 관찰하였기 때문이라고 지적 하였다. 계속하여 그는 심지어 어떤 무용창작가들은 현실에 깊이 침투할 대신 신문, 잡지 속에서 작품을 고안해 내며 또 현실에 나간다 하더라도 우리 시대의 밑바닥에 소용돌이치는 고매한 정신세계를 심장으로 체득하지 못하는데서 오는 것이라고 말하였다. 그러면서 그는 아름다운 현실을 아름다운 예술적 형상으로 담기 위해서는 전체 예술인들이 현실 속에서 근로자들과 침식을 같이하고 고락을 함께 나눔으로써 진실한 생활의 미를 찾아내야 하며 자신의 예술적 기량을 부단히 연마하여야 한다고 말하였다.

토론이 끝난 후 대회에서는 무용가동맹 규약초안이 채택 되었다. 대회는 전체 무용, 곡예 예술인들의 이름으로 결의문을 채택하였다. 결의문요지는 다음과 같다.

오늘 우리는 7개년 계획의 웅장한 설계도를 펼쳐들고 사회주의 건설의 보다 높은 봉우리로 달려가는 천리마의 대진군 속에 살고 있다. 날에 날마다 사회주의 농촌과 공장들에서는 세인을 놀래우는 새 기적과 위대한 전변들이 일어나고 있다.

그러나 우리의 무용예술은 그의 급속한 발전에도 불구하고 아직이 위대한 현실을 충분히 예술적으로 형상화하지 못하고 있으며 장성된 근로자들의 정신적 욕구를 충족시켜 주지 못하고 있다.

1960년 11월 27일 작가, 예술인들에게 주신 김일성동지의 교시는 우리 예술인들을 보다 높은 창작적 앙양에로 고무하고 있다. 수령의 교시 실천을 위한 비등된 열의 속에서 열린 본 대회는 무용, 곡예부문 예술인들의 단일한 조직체인 무용가동맹을 결성하였다. 우리 무용, 곡예 예술인들은 당과 수령께서 베풀어 주신 또 하나의 따뜻한 배려에 더욱 고무되면서 다음과 같이 결의하였다.

첫째로 11월 27일 작가, 예술인들에게 주신 수상동지의 교시와 당의 결정지시를 그리고 우리 당의 혁명전통과 당 문예정책을 심오히 연구하며 그를 실현하기 위하여 적극적으로 투쟁하며 당 중앙위원회 주위에 철석같이 단결 할 것이다.

둘째로 수령의 교시를 받들고 약진하는 현실 속에 더욱 깊이 침투함으로써 당 정책이 현실 속에서 어떻게 구현되며 꽃피고 있는가를 민감히 포착하고 거기에서 새 성격, 새 활동들을 발견하여 우리 시대의 주인공들을 진실하게 형상화할 것이다.

셋째로 장성하는 근로자들의 미학적 욕구를 충족시키기 위하여 무용, 곡예 예술의 사상 예술적 수준을 높이며 집체적 지혜를 발휘하여 현대적 주제의 생동한 작품창작에 주력을 집중할 것이다. 또한 민족 고전예술을 꾸준히 계승 발전시키며 우수한 사회주의적 사실주의 무용작품을 일반화하는 동시에 무용예술 평론사업을 강화 할 것이다.

넷째로 신인 육성사업을 확대 강화하기 위하여 근로자들 속에서 싹트고 있는 써클원들의 생동한 창작의 씨앗을 적극 방조함으로써 무용을 대중 속에 널리 보급할 것이다.

다섯째로 무용, 곡예, 무대 미술인들 속에서 천리마 창조집단운동을 활발히 전개하여 <하나는 전체를 위하여, 전체는 하나를 위하여> 호상 방조하고 협조하는 공산주의적 도덕 품성을 갖춤으로써 보다 충직한 당의 붉은 문예 전사가 될 것이다.

여섯째로 무용가동맹은 자매 예술동맹단체들과 긴밀한 연계를 취하며 경험과 성과를 교환하고 새로 결성된 조선문학예술총동맹의 확대 강화를 위하여 있는 역량을 다할 것이다.

대회에 참가한 대표들은 이상의 결의들을 어김없이 실천하며 인민의 충직한 예술인이 될 것을 가슴 깊이 다지었다.

이날 대회에서 선거된 조선무용가동맹 중앙위원회 제 1차 회의에서는 동맹중앙위원회 집행위원들이 선거되었다.

회의에서는 또한 조선무용가동맹 중앙위원회 위원장으로 최승희, 부위원장으로 정지수, 안성희, 서기장으로 정도원을 각각 선거하였다.

≪문학신문≫ 1961.6.9.

조선무용가동맹 중앙위원회 제3차 집행위원회 진행

본사기자 **신 소 희**

지난 6월 2일 무용가동맹 중앙위원회 제3차 집행위원회가 진행되었다.

회의에는 동맹중앙위원회 집행위원들과 중앙 및 각도 무용관계자들이 다수 참가하였다. 회의에서는 1961년 동맹사업계획을 통과시키고 제4차 당 대회경축예술축전참가를 위한 각 도립예술극장들에서는 무용창작 정형들을 청취하였다.

1961년도 동맹사업계획의 중심은 제4차 당 대회를 높은 창작적 성과로 맞이하기 위하여 작년 11월 27일 수상동지의 교시정신을 무용작품창작에서 더욱 철저히 관철시키며 전체 무용가 대열을 당의 붉은 문예전사로서 더욱 튼튼히 꾸리는데 집중하기로 결정하였다.

집행위원회에서는 청산리 정신과 방법에 입각하여 동맹하부지도사업을 월 1회 이상 정기적으로 진행할 것이며 특히 무용가 집단이 천리마 창작단 쟁취 운동에 궐기한 후 사업정형을 요해 장악하고 조속한 시일 내에 천리마 창작단의 영예를 지니도록 지도 방조하기로 하였다. 7~8월에는 작년 11월에 제 4차로 현지에 파견한 무용가들의 사업을 구체적으로 요해하고 지도하여 그들의 사업경험을 일반화하기 위한 경험 교환회를 가지기로 하였다. 특히 7월까지는 제4차 당 대회 기념 예술축전 참가작품들이 창작, 현지 함평 및 수정 사업에 이르는 전 행정을 집중적으로 지도하기로 하였다. 집행위원회에서는 민족무용연구위원회로 하여금 금년 중으로 해방 후 16년간 각 극장들에서 창작한 작품들을 종합분석 편찬함으로써 귀중한 역사적인 자료로 되도록 할 것을 결정하였다. 동시에 직접 노동체험 생활 과정에서 나온 생신한 근로자들의 무용작품에서의 새로운 무용언어와 형식을 이론적으로 체계화하고 일반화하는 사업도 전개하게 하였다.

다음으로 집행위원회는 제4차 당 대회 경축전국예술축전 참가를 위한 각 도립 예술극장들에서의 무용창작 정형을 청취한 후 동맹중앙위원회 최승희 위원장의 결론이 있었다.

결론에서 그는 개성시, 황북도, 강원 도립예술극장의 준비상태가 비교적 좋은 편이나 금번 축전사업이 가지는 거대한 의의로부터 볼 때 그의 준비사업이 전반적으로 미진상태에 있다고 지적 하였다. 또한 그는 당과 인민이 요구하는 그러한 훌륭한 작품을 창작하기 위하여서는 더욱 현실생활에 깊이 침투하여야 하겠다고 강조하면서 오직 생동한 현실 속에서만이 새롭고 진실한 인민예술이 창조된다고 말하였다. 계속하여, 그는 멀지 않아 진행될 전국예술축전 노동자 및 학생 서클경연을 앞두고 각 공장, 기업소 서클활동은 지금 고조에 달하고 있는바 무용가들은 그들에게 성의껏 방조하여 줄 뿐만 아니라 허심하게 그들에게서 배워야겠다고 말하였다. 또한 그는 무용가들이 동작, 구도, 기교에만 몰두한 나머지 현실생활과는 인연이 없는 작품이 나오지 않도록 하여야겠다고 지적하였다.

끝으로 그는 특히 혁명전통을 내용으로 한 작품과 조국통일을 주제로 한 작품, 조국전쟁시기 우리 인민군대의 영웅적인 투쟁모습과 후방 인민들의 애국적인 투쟁모습을 내용으로 한 무용작품을 더욱 활발히 창작할 데 대하여 강조하였다.

회의에서는 해당한 결정서를 채택하였다.

≪문학신문≫ 1967.1.20.

무용가동맹에서

본사기자 **리 성 덕**

무용가동맹 중앙위원회 제5차전원회의 확대회의는 조선노동당대표자회결정을 관철하기 위한 무용부문 앞에 제기된 과업을 토의하였다. 회의에는 무용가동맹 중앙위원회위원들과 각도 지부장들, 무용창작가들과 무용연기자들, 그리고 이 부문관계자들이 참가하였다.

회의에서는 무용가동맹 중앙위원회 최승희위원장이 <조선로동당대표자회 결정관철을 위한무용예술의 과업>에 대하여 보고하였으며 동맹중앙위원들과 무용창작가들을 비롯한 많은 회의참가자들이 토론에 참가하였다.

보고자와 토론자들은 우선 지난해의 무용창작사업에서 거둔 성과와 교훈들을 분석 총화하였다. 수상동지의 1964년 11월 7일 교시와 1966년 2월 4일 교시를 집행하는 과정에서 무용창작가들은 혁명적이며 전투적인 주제를 형상한 대형식의 무용극작품들과 무용소품들을 창작하는데서 적지 않은 성과를 달성하였다. 또한 발레무용발전에서도 현저한 발전을 이룩하였으며 민족교예작품의 창작에서도 커다란 전진을 이룩하였다. 그러나 이러한 성과는 도래할 혁명적 대사변을 준비 있게 맞이할 수 있게 혁명 군중을 교양하여야 할 현실적 요구에 비추어 볼 때 아직도 일정한 거리에 있다고 말할 수 있다.

보고자와 토론자들은 무용창작가들이 당과 시대 앞에 지닌 영예로운 혁명임무를 수행함에 있어서 아직 전투적 기백과 긴장성이 덜하며 그것은 무용창작의 주제탐구와 예술적형상화에서 그대로 반영되고 있다고 하면서 혁명적이며 전투적인 주제영역을 보다 넓히며 깊이 있는 형상으로서 혁명투사들의 불요불굴의 혁명정신과 혁명적 낙관주의를 보여주어야 한다고 말하였다. 이를 위하여 특히 혁명전통주제의 무용작품창작에서와 조국해방전쟁주제의 작품에서 생활반영의 다양성과 주제의 독창성을 기하여야 할 것이라고 강조하였다.

계속하여 그들은 조국통일주제의 무용작품에서도 주제의 독창성과 심오성을 기하는 동시에 남반부의 각계각층 인민들이 원쑤들의 가혹한 탄압과 감옥도 두려워하지 않고 싸워나가는 다양한 생활들을 통하여 남반부혁명투사들의 전형적 성격을 창조하는데 보다 심혈을 기울여야 한다고 말하였다. 보고자와 토론자들은 또한 현실주제의 무용창작에서도 경제건설과 국방건설을 병진시킬 데 대한 당정책을 관철하기 위해 한손에 총을 잡고 다른 한 손에 낫과 마치를 들고 계속혁신 계속 전진하는 노동자, 농민을 비롯한 우리 시대 천리마기수들의 다양한 형상을 창조함으로써 우리 근로자들을 영웅적 위훈에로 불러일으켜야 한다고 하였다.

계속하여 그들은 민족고전을 소재로 한 무용창작에서도 우리 인민들의 아름다운 정신세계와 슬기로운 애국주의사상과 생활적 낭만들을 현대적 감각에 맞게 잘 구현한 생신한 작품들을 보다 많이 창조하여야 한다고 강조하였다.

보고자와 토론자들은 무용평론에서 당의 주체사상을 더욱 철저히 관철하는 동시에 평론의 선도성을 높이며 혁명적이며 전투적인 무용창작에서 제기되는 미학 실천적 문제들을 심오하게 분석 해명함으로써 창작에 실질적으로 도움을 주도록 하여야 한다고 강조하였다.

그들은 또한 무용연기형상을 가일층 높일 데 대한 실천적인 대책들에 대해서도 진지하게 논의하였다. 보고자와 토론자들은 이러한 과업들을 해결하기 위하여 우선 모든 무용가들의 사상정치생활에서 새로운 전변이 일어날 수 있도록 자신들을 혁명화, 노동계급화 함으로써 혁명적 열정과 전투적 기백이 항상 충만 돼 있어야 한다고 일치하게 언급하였다.

그러면서 동시에 창작실천에서 근로대중들을 반제혁명사상과 사회주의적 애국주의사상으로 무장시킬 수 있는 적극적인 주제를 구현하며 이에 훌륭한 예술성을 동반시키도록 하여야 한다고 강조하였다.

　보고자와 토론자들은 무용창작에서 전투적인 소품창작에 힘을 기울임과 함께 근로자들의 심장 속에 타 번지고 있는 혁명적 열정과 애국주의 감정을 보다 정서적으로 충동시키는데 이바지할 혁명적이며 전투적인 군중무용을 다양한 형태로 창작 보급할 데 대하여 강조하였다. 회의에서는 이외에 동맹의 조직지도사업을 개선하기 위해 일련의 문제들도 논의하였다.

　전원회의는 해당한 결정을 채택하였다.

≪중앙일보≫ 1998. 7. 30.

최승희 춤 영화 ≪사도성의 이야기≫

김석환 특파원, 안혜리 기자

최승희 춤 42년 만에 햇빛

전설적인 천재 무용가 최승희(崔承喜, 1911~미상)의 작품세계 전
모를 최초로 밝혀줄 70여 분 길이의 무용극 영화 한편이 발굴됐다.

중앙일보가 최근 러시아의 한 소장가로부터 입수한 이 필름은 최
승희가 월북 이후 만든 창작무용극 가운데 가장 완성도가 높은 것으
로 꼽히는 ≪사도성의 이야기≫(54년 초연)를 56년에 영화로 옮긴
것이다.

북한 최초의 컬러영화이기도 한 ≪사도성의 이야기≫는 '한국 근
대춤의 원천'으로 통하는 당시 45세의 최승희가 안무는 물론 직접
주역까지 맡아 그동안 원형을 알 수 없었던 그의 춤세계를 그대로
보여준다는 점에서 답보상태에 머물러 있는 최승희와 한국 근대춤
연구에 획기적인 진전을 가져다줄 것으로 무용계는 기대하고 있다.

또 영화·국악계도 각각 이 영화에서 사용된 초기 북한영화 기법과
오케스트라로 편성된 개량 국악기 연주가 남북한 비교문화 연구의
중요한 자료가 될 것으로 평가하고 있다.

일생을 최승희 연구에 바쳐온 중앙대 정병호(鄭昞浩, 71) 명예교
수는 "러시아에 ≪사도성의 이야기≫라는 최승희의 무용극 필름이
존재한다는 말을 듣고 확보하려고 무척 애썼으나 볼 기회조차 없어
안타까웠다. 무본(舞本)으로만 전해진 이 작품이 공개됨으로써 최승

희 연구가 급진전을 이룰 것"이라며 흥분을 감추지 못했다.

일본에서 최승희를 연구하고 있는 조총련계 무용수 백홍천(50) 씨 역시 "북한에서는 최승희 숙청 이후 제자들이 꾸준히 최승희 춤을 계승·발전시켜 왔지만 몇 대를 거치면서 원형이 많이 변형됐다"며 "이 필름은 최승희 춤의 원형으로 안내하는 충격적인 자료"라고 말했다.

지금 형태의 '부채춤', '장구춤', '바라춤' 등 근대 이후 무대화된 모든 춤은 최승희 춤이라고 보아도 좋을 만큼 남북한 춤의 발전에 막대한 영향을 끼친 최승희 작품세계가 이 필름의 발굴로 비로소 그 실체를 드러내기 시작한 것이다.

실제로 이 작품 속에는 '물동이춤', '칼춤' 등 지금까지 전해져 오는 군무들이 등장, 최승희 춤의 특징인 역동적 동작과 스펙터클한 안무를 과시하고 있다.

최승희 ≪사도성의 이야기≫입수경위

이번에 중앙일보가 입수한 ≪사도성의 이야기≫는 러시아에 거주하는, 춤을 사랑하는 한 70대 고려인 노객(老客)의 열정과 모스크바 김석환 특파원의 오랜 추적 끝에 이뤄진 것이다.

페레스트로이카 정책의 영향으로 80년대 후반부터 열리기 시작한 소련 아르히브(문서보관소)를 통해 해방전후사와 남북한 분단과 연관된 자료들을 추적해 가던 金특파원은 이 과정에서 최승희 등 역사적 인물들에 관한 소식도 접했다.

당시의 모스크바에는 북한과 소련의 특수한 관계 때문에 북한에서 망명한 북한의 전직 고관들이 생존해 있었다.

이들 중에는 평양에서 김일성 등과 함께 최승희 무용연구소가 발표하는 춤공연을 관람한 인물들도 있었다.

金특파원은 이러한 인물들 가운데 최승희와 그녀의 남편 안막 그리고 그들 사이에서 태어난 딸 안성희를 기억하고 있는 70대의 이 고려인 노객을 만나게 됐다.

노인의 희미한 기억을 따라 최승희 흔적을 찾던 森특파원은 마침내 94년 노인으로부터 자신이 최승희가 숙청당하기 전에 출연한 마지막 무용영화 ≪사도성의 이야기≫를 본적이 있으며 현재 이 영화의

소장처를 알고 있다는 사실을 알아냈고, 그로부터 4년이 지나는 우여곡절 끝에 필름을 입수하게 됐다.

무용극 ≪사도성의 이야기≫는…

광복 이전 독무(獨舞) 중심의 작품활동과 달리 월북 이후에 최승희는 군무(群舞)를 중심으로 한 무용극 위주로 작품세계를 발전시켰다.

나이에 따른 신체조건 때문에 무용가보다는 안무가로의 활동에 치중하게 된 점이 작용한 측면도 없지 않다. 하지만 이보다는 민족정서를 나타내는 무용극 정립이라는 예술적 목표 때문이라는 견해가 더 우세하다.

49년 '해방의 노래' '반야월성곡'을 시작으로 64년 '옥련못의 이야기'까지 숙청당하기 전 모두 7편의 무용극을 만들었다.

이 가운데 ≪사도성의 이야기≫는 최승희가 43세 때인 54년 평양 모란봉극장에서 초연한 작품으로 예술성을 인정받아 56년에 영화로 제작됐다.

5막 6장으로 이루어진 이 장편 무용극은 신라시대 동해안의 한 고성(古城)인 사도성을 배경으로 한 작품이다. 민족적인 색채가 한껏 묻어나지만 기존의 전설을 각색한 것이 아니라 순전히 최승희 머리 속에서 창작한 작품이다.

사도성 성주 딸 금이와 어부 출신 순지가 어려움을 겪으면서도 외적의 침입을 함께 막아내 결국 사랑을 이뤄낸다는 줄거리를 담고 있다.

한국 전통무용과 서양발레를 접목시킨 새로운 동양발레를 꿈꾸었던 최승희는 이 작품을 통해 다양한 실험을 선보이고 있다.

주역 무용수의 독무와 2인무, 4인무 등이 등장하고 세계 각국의 민속춤이 어우러져 마치 서양발레를 보는 듯한 착각을 주기도 한다.

또 판소리에다 민요가락을 사용하고 개량 국악기를 오케스트라로 편성한 최옥삼 작곡, 국립최승희무용연구소민족관현악단, 국립음악대학민족관현악단 반주의 무용음악에서도 실험적인 면을 엿볼 수 있다.

[최승희는 누구인가] 전설처럼 남은 무용가

'동방의 꽃'으로 불린 최승희는 한국 근대무용의 틀을 만든 주인공. 일제 치하의 30, 40년대에 이미 미국과 유럽, 중남미 등 전세계를 무대로 활동하며 한국인의 자존심을 세워주었던 우리 문화계의 큰 별이다.

하지만 전성기의 화려한 명성과는 달리 남쪽에서는 월북 예술가라는 이유로, 또 북쪽에서는 반(反)혁명분자로 67년 숙청당해 기억 속에서 사라져 갔다.

때문에 3백 편이 넘는 작품을 만들었으나 현재까지 전해지는 것은 1백여 가지의 작품명과 흑백사진 무본(舞本) 등이 몇 점정도 있을 뿐이다.

46년 좌익문학가인 남편 안막을 따라 월북한 이후 한국에서는 이름을 거론하기조차 껄끄러웠던 최승희에 대한 국내 연구는 90년대 들어 남북한 해빙무드를 타고 본격적으로 시작됐다.

중앙대 정병호 명예교수가 지난 95년 최승희 평전 '춤추는 최승희'를 발간한 것. 이를 시점으로 MBC가 최승희의 일생을 드라마로 만들고 수제자인 원로무용가 김백봉씨가 96년 최승희 춤을 재현하는 무대를 갖기도 했다.

하지만 자료 부족으로 그의 작품세계는 베일에 가려진 채 여전히 전설로만 남아 있었다.

이런 상황에서 올해는 최승희 춤의 흔적이 많이 남아 있는 북한에서 춤을 배운 북한 국적의 재일교포 무용수 백향주의 내한공연 (지난 6월) 을 계기로 최승희 재조명 작업이 더욱 활발해졌다.

최승희 ≪사도성의 이야기≫ 발굴 의미

이번에 국내 최초로 공개된 최승희 주역의 무용극 영화 ≪사도성의 이야기≫는 무용계만 아니라 영화계와 국악계에도 파장을 불러일으키고 있다.

최승희 춤의 진면모를 그대로 담고 있다는 점에서 한국 근대무용 연구를 급진전시킬 중요한 자료인 동시에, 빈 공간으로 남아 있는 6.25 이후 북한 영화사와 북한 민족음악 이해라는 측면에서 귀중한 사료이기 때문이다

조선국립영화제작소가 제작한 이 영화는 북한이 정권수립 이후 처음으로 만든 컬러영화다. 기록상으로 한국인이 만든 최초의 컬러영화는 이보다 앞서 남한에서 49년 홍성기 감독이 만든 16㎜ 극영화 '여성일기'. 하지만 문헌상에 제목만 남아 있을 뿐 필름은 없어졌다.

이 작품을 제외하면 지금까지 현존하는 최고(最古)의 컬러작품은 61년 신상옥 감독의 '성춘향. 공연모습을 카메라로 옮긴 단순한 기록영화가 아니라 남북한 영화사를 통틀어 무대예술을 영화화한 전무후무한 작품이라는 점도 특징적이다.

또 월북 이후 전혀 알려지지 않은 북한 영화인들의 활동을 직접 보여준다는 점에서도 중요성을 갖고 있다.

이 영화의 연출을 맡은 정준채와 촬영을 맡은 오응탁은 광복 이전 일본에서 활동하던 영화인들로 국내 영화사 연구가들에게는 낯선 이름. 하지만 이 작품으로 모스크바 영화제 촬영상을 수상한 점으로 비추어 당시 북한 영화인의 수준이 매우 높았음을 보여준다.

상명대 영화학과 조희문 교수(영화사)는 "요즘 제작되는 북한 영화와는 달리 이념이 덜 개입한 초기 북한영화의 면모를 보여준다는 점에서 분단 이후 남북한 영화의 귀중한 비교자료"라고 말한다.

또 영화 기법적인 면에서 "군무를 스펙터클하게 잡는다든가 인물 한사람을 클로즈업 시키는 등 화면변화가 깔끔하게 처리된 것을 보

면 연출이 상당히 안정적인 것을 알 수 있다"며 "크레인을 이용해 위에서 아래를 비추는 다운 샷이 사용되는 등 당시 북한의 영화제작 수준이 상당히 높았음을 보여준다"고 밝혔다.

한편 이 영화는 국악계의 개량악기 연구와 무용음악 작곡 측면에서도 중요한 의미를 지닌다.

국내 국악계는 지난 96년에 들어서야 국립국악관현악단 박범훈 단장이 국악기 개량과 오케스트라 편성을 처음 시도한 데 반해 북한은 최승희 무용극을 위해 이미 50년대부터 국악기 개량을 시도했다.

일제하에서 가야금 산조 최고 명인으로 꼽히는 월북 국악인 최옥삼(국내에는 최옥산으로 잘못 알려져 있다) 이 작곡한 ≪사도성의 이야기≫ 무용음악은 기존 국악의 삼현육각에서 벗어나 개량한 국악기를 이용하여 50~1백여 명의 대규모 오케스트라 편성을 한 최초의 작품이다.

이 영화가 보여주는 북한 국악 개량의 앞선 성과와 실험적인 무용음악작곡은 우리 국악계의 발전에 적지 않은 영향을 미칠 것으로 기대된다.

최승희 무용극 발굴

문화부장 **이 헌 익**

　최승희의 무용극 영화 《사도성의 이야기》 발굴이 요즘 장안의 화제쯤 된다. 굳이 쯤이라고 표현하는 이유는 이 화제가 아무래도 박세리의 골프 우승보다는 덜 대중적일 듯한데, 본지의 특종이라고 해서 과장하지 않느냐는 오해를 피하기 위해서다.

　그러나 《사도성》은 최승희라는 먼지 낀 베일에 가려졌던 '한국 근대춤의 어머니'의 실체를 처음으로 온전하게 드러낸 우리 문화사의 귀중한 사료라는 데에는 오해나 과장의 소지가 없을 것이다.

　이 개가는 본지 김석환 모스크바 특파원의 4년여 추적의 결과임은 이미 보도된 바다. 우리가 여기서 주목해야 할 점은 그의 기자정신이 아니라 그가 모스크바 아르히브(문서보관소)에서 《사도성》 추적의 첫 단추를 찾아냈다는 것이다. 문서와 자료의 보존이야말로 역사를 체계적으로 복원하고, 확충하고, 재해석케 하는 출발점이라는 지극한 상식을 새삼 확인시켜 주는 것이다.

　올봄 세계 최대규모의 뉴욕 메트로폴리턴 박물관에 처음으로 한국의 독자 부스가 생겼다고 기뻐했지만, 이 박물관 수장고에는 벌써 옛날부터 우리의 문화재는 물론 왕자표, 말표 고무신까지 보관돼 있다고 한다. 그 자료를 그들은 한국을 해석하는 한 통로로 이용하고, 나아가 세계문화사를 정리하는 사료로 사용할 것이다.

　세계영화사의 흐름을 바꿨다는 60년대 프랑스 누벨바그 운동의 모태가 바로 영화자료보관소, 이른바 시네마테크라는 것도 상식이다.

이 영화의 창고에서 장 뤼크 고다르니, 프랑수아 트뤼포니 하는 젊은이들이 선배들의 작품을 배우고 비판하다 마침내 몸을 일으켜 '새로운 영화'를 세계영화사에 새겨 넣은 것이다.

고개를 돌려 우리의 남루한 현실(이것도 상식이다) 을 보는 것은 고통스럽다. 정부문서보관소의 상태가 어떤지는 필자가 알 수 없다. 그러나 옛날은 고사하고 지난번 정권교체 과정에서 문서를 고의로 폐기한 혐의가 있다는 말까지 나온 이 나라다. 학자들의 그 정성어린 반대에도 불구하고 국립중앙박물관을 해체해버린 것도 유물보다는 껍데기(총독부)에 더 생각이 미친 처사였다.

영상시대라는 오늘, 우리의 시네마테크라는 것은 존재하기나 하는가. 고다르가 시네마테크의 자식이었던 것처럼 60, 70년대 서울에는 '프랑스 문화원의 아이들'이 존재했었다. 일반 영화관 외에는 그 어느 곳에서도 영화를 향한 갈증을 풀 수 없었던 그때, 일단의 아이들은 프랑스문화원 지하의 그 작은 스크린 앞에 옹기종기 모여 그들의 처지만큼이나 지리멸렬한 영화이야기를 나누곤 했다. 문제는 그로부터 수십년이 지났어도 사정이 나아지지 않고 있다는 것이다.

젊은 영화동호인들이 힘들여 수집한 그나마 비디오테이프로 여는 상영회조차 불법이니 뭐니 하며 규제의 대상이 되고 있다.

자료를 모아주지는 못할망정 쫓아내는 꼴이다. 소박하나마 우리에게도 국립영상자료원이란 곳이 있다. 60년대 10년간 한국영화 생산은 1천5백여 편. 그중 5백여 편이 이곳에 보관돼 있다. 필름을 밀짚모자 장식테로 쓰던 풍토에서 그나마 대견한가. 이 영상자료원이 《사도성》을 특수 처리해 영구보존하겠다는 제의를 본사에 해온 것은 고무적이다.

우리에게는 사관(史官)과 사초(史草), 사고(史庫)의 전통이 있다 조선시대 임금의 나들이길. 임금이 지존한 신분에도 불구하고 급히 용변을 보자 사관이 이를 기록했다. 임금이 "어허 그런 것까지 쓰느냐"고 하면 사관은 "어허 그런 것까지 쓰느냐고 하셨다"고 기록했다고 한다. 그런 기록이 혹시 타거나 없어지지 않을까 해서 전국의 오지

네 곳에 사고를 설치했던 것이다.

사료의 가치란 그 사료가 나온 당대와 후대에 따라 달라지지 않는
다. 요즘 공보실이 국민홍보가로 애용하는 김민기의 노래 '저 들에
푸르른 솔잎을 보라'가 그렇다. 80년대 민중에게 희망을 불어넣기
위해 만든 이 비장한 느낌의 '금지곡'이 IMF시대를 헤쳐가는 '새마
을 노래'가 될 줄을 그 누가 상상했을 것인가.

주위를 보아도, '성공하는 사람의 몇 가지'유의 책을 봐도 성공한
사람에게는 공통된 특징이 있다. 바로 메모하는 습관이다. 그들은 그
때그때 느낀 바와 알게된 바를 차곡차곡 챙겨 적절하게 활용한다. 자
신의 역사를 만들어 가는 것이다.

'재발견 최승희'에 폭발적 관심

기자 안 혜 리

전설적인 무용가 최승희에 대한 관심은 가히 폭발적이었다.

기사가 나간 뒤 본사에는 이 영화를 꼭 관람하고 싶다는 전화와 E
메일이 빗발쳤고 젊은 시절 최승희 공연을 보았다는 팔순 노인에서
부터 평소 최승희를 몰랐다는 젊은이에 이르기까지 다양한 계층이
최승희의 작품세계를 만날 수 있다는 사실에 가슴 설레게 했다. 또
한 출판사는 일본의 최승희 자료 소장가가 구한 사진 수백 장을 갖
고 있다며 이번 기회에 일본인 소장가 자료 및 국내 자료를 모아 전
시를 갖자는 의견도 제시해왔다.

국내 영상자료를 국가적 차원에서 수집·보관하기 위해 설립된 한국
영상자료원에서도 기사를 접하고는 "우리 기관이 해야 할 일을 중앙
일보가 대신 해주어 고맙다"며 "그동안 자료 접근이 쉽지 않아 공백
상태로 놓여있는 북한 영화에 대한 연구에 획기적 자료가 될 것"이
라고 말했다.

이에 덧붙여 "영화상영 이후 자료의 변질을 막기 위한 특수처리와
자료 보존을 맡고 싶다"는 의사도 함께 전달해왔다.

이번 본사의 기사를 계기로 불기 시작한 최승희 바람은 아리랑TV

와 KBS 일요스폐셜 팀이 현재 준비 중인 최승희 일대기 및 작품세계에 관한 다큐멘터리 방영으로 더욱 거세질 전망이다. 특히 이달 말 아리랑TV는 최승희의 50년대 동유럽 공연을 소개할 예정이다

[최승희 무용극영화 전문가감회] 안무적 측면

원로무용가 김백봉(71)씨와 전황(71)씨는 광복 이전 최승희무용연구소의 단원으로, 최승희가 월북 이후 두 번째로 만든 무용극 '반야월성곡 (49년 초연)'에 직접 출연하기도 했다. 두 사람은 6.25전쟁 때 월남한 이후 40여년이 지나서야 필름을 통해 다시 만나게 된 스승의 모습에 노안을 활짝 폈다. 또 조한구·현정숙 등 함께 활동한 무용수들의 얼굴이 등장하자 당시 생활을 떠올리며 잠시 과거로 돌아가는 모습이었다.

최승희의 동서이기도 한 김백봉씨는 "요즘 북한무용이 최승희 춤을 계승했다고는 하나 많이 변질된 것"이라며 "최승희 춤의 원형을 오늘의 무용수들에게 보여주게 되어 기쁘다"고 말했다. 그는 성주의 진갑잔치 장면에 등장하는 검무(劍舞)를 보면서 "진주검무의 원형을 해치지 않으면서 빠른 장단을 도입해 훌륭하게 발전시켰다"며 "한국적 전통을 잘 살려냈던 최승희의 작품세계를 잘 보여준다"고 설명하였다.

또 "헤어질 당시 최승희는 전쟁 등 여러 주변 상황으로 예술적 벽에 부딪힌 인상이었는데 이 화면을 보니 재기에 성공해 제2의 전성기를 구가하고 있는 느낌"이라고 덧붙였다.

김씨와 전씨는 이구동성으로 빠르게 반복되는 턴(turn) 동작이 많이 등장하는 등 테크닉의 발전도 높이 평가하면서 특히 장편 무용극을 제대로 만들기 위해 발레동작과 러시아 코팍춤 같은 서구춤까지 종합적으로 수용한 안무는 역시 최승희라고 감탄했다.

이들은 "춤과 춤을 연결시키는 걷는 동작이라든지 깊이 있는 표정은 쉬운 듯 보이지만 대무용가의 철학을 엿볼 수 있는 부분"이라며 그동안 제대로 된 관련자료의 미비로 잃다시피한 이 위대한 예술가

의 남은 자료를 빨리 찾아야 할 것이라고 강조했다.

[최승희 무용극영화 전문가 감회] 음악적 측면

본사의 최승희 무용극 영화 ≪사도성의 이야기≫ 입수(본지 7월31
일자 1, 5면 참조)는 일반인의 예상을 뛰어넘는 호기심어린 관심은
둘째치더라도 전문가들에게 가볍게 몸이 떨릴 정도의 흥분을 맛보게
하고 있다. 이 영화를 본 원로 무용가들은 과거로의 여행을 떠나는
감흥에 휩싸였으며 중진 무용가국악인 등은 한국근대춤의 원형과 능
숙한 개량 국악 사용을 접하고 절로 감탄했다. 다음은 전문가들의 감
상 소감을 정리한 것이다.

가야금 연주자 황병기 교수(62.이화여대)와 국악작곡가 박범훈 국
립국악관현악단장(50)은 ≪사도성의 이야기≫ 작곡자 최옥삼(崔玉三)
의 음악에 대해 "서양음악 차용 없이 국악만으로 만들 수 있는 극음
악의 극치"라며 놀라움을 감추지 못했다.

"국악기 개량을 통한 무용음악의 발전 없이는 한국무용의 발전도
없다"며 반주음악에 힘을 쏟았던 최승희의 음악적 역량은 물론 이름
만 전해지는 가야금 명인 최옥삼의 작품세계를 처음으로 확인했다는
사실에 흥분하는 모습이었다.

최옥삼은 국내에 최옥삼류 가야금 산조가 전해질만큼 우리 국악계
에도 큰 영향력을 미쳤던 인물. 북에서는 ≪사도성…≫에 쓴 것 같은
국악관현악 편성곡을 만드는 등 국악 작곡자로 더 많은 활동을 한
것으로 알려졌다.

황교수는 "전통음악을 변질시키지 않으면서도 확대해 효과적인 무
용음악을 만들었다"며 "국내 무용극창극 음악작곡에 굉장한 자극이
될 소중한 자료"라고 평했다.

또 "극음악인 만큼 전통음악으로 담아내기 어려운 묘사가 많은데
도 민속음악만 갖고 손색없이 표현해냈다"고 거듭 감탄했다.

박단장은 "전투장면 등 극적인 순간에 우리는 상식적으로 타악기
를 과도하게 사용하고, 주선율은 날카로운 피리로 표현하는데 반해

가야금 등 부드러운 느낌의 현악기로 모든 표현을 다 했다"며 "이런 전통의 멋이 계속 발전됐어야하는데 끊어져버렸다"며 안타까워했다.

가야금 산조의 명인답게 최옥삼은 전체 틀을 산조(散調)로 끌고 가면서도 장면마다 현과 노래로 약간씩 변형을 가하고 그러면서도 주 테마는 계속 반복해 흐름을 안놓치고 있다.

또 이 작품 속에는 태평소와 피리의 중간 소리를 내는 악기와 변형된 아쟁소리가 등장하는 등 당시에 이미 악기 개량이 이루어진 사실도 알 수 있다.

황교수는 "전통 속에 이런 풍부함이 존재하는 만큼 우리도 이제부터는 전통음악을 좀더 신중하게 다뤄야할 것으로 생각한다"고 말하였다. 박단장 역시 "이번 필름 발굴로 우리 민속음악의 특징적이고 독특한 장단과 가락을 잘 살려내는 계기를 만들었으면 좋겠다"고 밝혔다.

'재발견 최승희' 관심 새록새록

전설적인 무용가 최승희(1911~미상)가 안무와 주역을 맡아 56년에 제작한 무용극 영화 ≪사도성의 이야기≫ 필름을 발굴, 입수했다는 보도가 나가자 무용계는 물론 각계에서 예상을 뛰어넘는 높은 관심을 보이고 있다.

이날 본사에는 이 영화를 꼭 관람하고 싶다는 전화와 E-메일이 빗발쳤고 젊은 시절 최승희 공연을 보았다는 팔순 노인에서부터 평소 최승희를 몰랐다는 젊은이에 이르기까지 다양한 계층이 최승희의 작품세계를 만날 수 있다는 사실에 가슴 설레어했다. 또 한 출판사는 일본의 최승희 자료 소장가가 구한 사진 수백 장을 갖고 있다며 이번 기회에 일본인 소장가 자료 및 국내 자료를 모아 전시를 갖자는 의견도 제시해왔다. 국내 영상자료를 국가적 차원에서 수집과 보관하기 위해 설립된 한국영상자료원에서도 기사를 접하고는 "우리 기관이 해야 할 일을 중앙일보가 대신 해주어 고맙다"며 "그동안 자료 접근이 쉽지 않아 공백 상태로 놓여 있는 북한 영화에 대한 연구에 획기적 자료가 될 것"이라고 말했다. 이에 덧붙여 "영화상영 이후 자료의 변질을 막기 위한 특수처리와 자료 보존을 맡고 싶다"는 의사도 함께 전달해왔다.

이번 본사의 기사를 계기로 불기 시작한 최승희 바람은 아리랑TV와 KBS일요스페셜 팀이 현재 준비 중인 최승희 일대기 및 작품세계에 관한 다큐멘터리 방영으로 더욱 거세질 전망이다.

최승희 무용극 ≪사도성…≫ 남자주인공 가족 비디오상봉

"너무 현둥하게(똑같이) 나타나네. 그렇게 말려도 춤 좋다고 최승희 따라 북한에 간 우리 한구로구만." 본지가 발굴해 공개한 최승희의 무용극 영화 ≪사도성의 이야기≫ 기사가 한 이산가족의 안타까운 비디오 상봉을 이루어냈다.

≪사도성…≫의 남자 주역 조한구씨의 누나 한 분 할머니(80, 경기도성남시)가 48년 전 6.25때 헤어진 동생의 42년 전 모습(≪사도성…≫ 은 56년 작)을 비디오로 만난 것. 한 분 할머니는 본지 8월 3일자 기사에서 동생 이름을 발견하고 94년 세상을 떠난 남동생 한철씨 슬하의 자녀·손자들 8명과 함께 신문사로 달려왔다.

맏조카 금순(52)씨는 "저 태어난 해에 한구 삼촌이 금강산에 다녀와 비경에 감탄하고는 이름을 금순(金順)이라 지으라고 했다"며 감회에 젖었다.

일본에서 활동 중인 조총련계 무용가 백홍천씨에 따르면 한구씨는 현재 북한에 생존해 있는 것으로 알려졌다.

≪민주조선≫ 2003.2.25.

공화국의 품에 안겨 위인의 품속에서 영생하는 무용가
조선무용가동맹 중앙위원회 위원장이였던 최승희*32)

본사기자 **태 윤 식**

얼마 전 애국열사능에서는 만 사람의 감동을 자아내는 눈물겨운 화폭이 펼쳐졌다. 오래전에 세상을 떠난 우리 민족이 낳은 재능 있는 무용가 최승희의 유해가 애국열사능에 새롭게 안치되였던 것이다.

백두산 3대장군의 품속에서 받아 안을 수 있는 온갖 사랑과 영광을 고스란히 다 받아 안았으며 오늘은 영생의 영마루에 올라 선 최승희의 생애를 추억하며 위인의 넓은 품을 다시금 심장으로 절감하고 있다.

세계 10대 무용가의 한 사람인 최승희여사. 그의 이 자랑스러운 명성도 뛰어 난 재능도 오직 절세의 위인의 품속에서만 더 높이 떨쳐지고 아름답게 꽃 펴난다는 것을 우리는 오늘의 이 위대한 현실을 통하여 깊이 느끼게 된다. 돌이켜 보면 위대한 수령님께서 오래전부터 최승희에게 극진한 사랑을 베풀어주시며 우리 민족 앞에 높이 내세워 주신 데는 그가 지닌 열렬한 조국애, 민족애를 귀중히 여기시는 숭고한 뜻이 깃들어 있었다.

위대한 수령 김일성동지께서는 회고록 ≪세기와 더불어≫에서 다음과 같이 교시하시었다.

---

* 이 기사는 최승희 유해를 애국열사능에 새롭게 안치되었음을 보도한 북한의 신문≪민주조선≫(2003.2.25)의 기사자료이다. 이를 계기로 최승희의 복권은 물론 사망일(1969.8.8)및 당시의 직함(조선무용가동맹 중앙위원회 위원장)이 처음으로 알려지게 되었다.

"1920년대와 1930년대는 왜색왜풍의 탁류 속에서 시들어가는 민족성을 고수하고 민족적인 것을 발전시키려는 강렬한 모대김이 문학예술의 여러 분야에서 분수처럼 솟구쳐 오르던 때였다. 바로 이 시기에 최승희는 조선의 민족무용을 현대화하는 데 성공하였다."

1911년 서울에서 둘째 딸로 태여난 그는 숙명여학교 시절부터 음악에 남다른 취미를 가지고 있었다. 그러던 그는 오빠인 '카프'작가 최승일의 권고와 방조를 받아 돌연 무용가로 방향전환을 하게 되었다. 조선민족의 슬기를 무용으로써 온 세상에 떨치자는 열렬한 애국심이 오빠와 그로 하여금 무용세계로 힘껏 떠밀어 주었던 것이다. 그는 수난당한 민족의 딸 이였지만 민족의 존엄과 얼만은 언제나 잃지 않았다. 그가 일본에서 예술 활동을 하던 어느 날 일본의 고위인물의 시신을 실은 어마어마한 행렬이 그의 앞을 지나가고 있었다. 곁에 늘어섰던 형형색색의 시민들이 모두 땅에 엎드려 머리를 조아린 채 애도를 표하였지만 최승희만은 그에 아랑곳없이 서 있었다. 이것을 본 한 일본인이 그의 어깨를 치며 머리를 수그리라고 말하자 그는 더욱 도고하게 머리를 쳐들었다. 나라를 빼앗은 일제에 대한 반발심이 그 살벌한 분위기속에서도 그런 행동을 하게 되었던 것이다. 민족의 넋과 얼을 외세에게 절대로 짓밟힐 수 없다는 강렬한 지향은 그로 하여금 조선의 율동적인 멋과 맛이 나는 민족무용연구에 한 몸 바치게 하였다.

그는 민간무용, 승무, 무당춤, 궁중무용, 기생무 등의 무용들을 깊이 파고들었으며 거기에서 민족적정서가 강하고 우아한 춤가락들을 하나하나 찾아내기 시작하였다. 그 과정에 여러 편의 민족무용작품들을 내놓은 그는 우리 민족의 춤가락을 무대에 훌륭히 펼쳐 놓았다. 일제의 극악한 민족말살정책으로 창씨개명이 강요 되였을 때에도 그는 자기 이름을 고치지 않았으며 조선이라는 말조차 입에 올리기 어려웠던 그 험악한 세월 〈조선의 무희 최승희〉라는 민족의 얼이 살아 숨 쉬는 소개간판을 뻐젓이 내걸고 국내공연을 물론 해외순회공연도 줄기차게 단행하였다. 그의 공연은 문명을 자랑하는 프랑스와 도이칠

란트는 더 말할 것도 없고 아메리카대륙의 여러 나라들에서까지 민족적 생기를 띠고 활발히 진행되었다.

하지만 그는 가는 곳마다에서 나라 잃은 민족의 설움과 슬픔을 뼈에 사무치게 통감하군 하였다. 온몸에 민족애의 불덩어리를 안고 몸부림친 그였건만 나라 없던 수난의 그 세월엔 그의 재능을 귀중히 여겨 주는 삶의 품이 없었던 것이다. 그러했던 그였기에 위대한 수령님께서 찾아 주신 광복의 새봄을 안고 그는 오빠와 함께 주체35(1946)년 7월 민족문화건설로 들끓는 공화국의 따뜻한 품에 안기게 되었다.

그의 재능에 희망의 나래를 달아주고 구만리 창공을 열어 주신분은 다름 아닌 우리 민족의 위대한 어버이 김일성동지이시였고 항일의 여성영웅 김정숙동지이시였다. 풍치 수려한 대동강기슭에 무용연구소의 자리를 잡아주시고 현지에 몸소 나오시어 무용연구소가 수행해야 할 과업과 임무, 사명에 대하여 일일이 가르쳐 주신 백두산위인들의 그 거룩한 손길, 텅 빈 금고밖에 없던 당시의 엄혹한 시련 속에서도 거액의 자금을 내시여 무용연구소에 보내주신 그 대해 같은 사랑에 떠받들려 최승희는 민족무용발전의 새로운 길을 자랑스럽게 걸어 갈 수 있었다. 이 보람찬 길에서 그는 무용연구소가 설립 되지 한 달 만인 주체35(1946)년 가을에 군무 <김일성장군님께 드리는 헌무>를 창작하여 조국광복의 위대한 은인이신 어버이수령님에 대한 우리 인민의 감사의 정을 훌륭히 펼쳐 보일 수 있었다.

세계청년학생축전이 진행될 때에는 이번 축전을 통하여 동방에서 온 아침의 나라 조선의 기상을 온 세상에 시위하라고 고무격려해 주시고 조국의 운명을 판가리하는 준엄한 조국해방전쟁시기에는 무용연구소를 안전한곳에 보내시어 민족무용창작을 중단 없이 벌리도록 하신 우리 수령님이시였다. 정녕 그 위대한 품이 있어 최승희는 무용극 <사도성의 이야기>,<맑은 하늘아래>그리고 <봄타령>,<농악무>,<칼춤>,<목동과 처녀>를 비롯한 수많은 무용극과 무용조곡, 무용소편들을 창작하여 인민들의 애국주의 교양에 이바지 할 수 있었다.

위대한 수령님께서는 민족문화건설에 적극 기여한 그를 최고인민회의 대의원으로, 조선무용가동맹 중앙위원회 위원장으로, 인민배우로 내세워 주시였다. 경애하는 김정일장군님께서는 현대조선민족무용 발전의 기초를 마련하였으며 민족무용의 무대화 실현에서 특출한 공로를 세운 그의 공적을 높이 평가하시여 그의 유해를 애국열사능에 안치하도록 하는 크나큰 은정을 베풀어 주시였다.

하기에 사람들은 영생의 언덕에 오른 최승희의 모습을 바라보며 이렇게 말하고 있다. 민족사에 지울 수 없는 흔적을 남긴 공로 있는 인간은 민족애의 최고화신이신 경애하는 장군님의 대해 같은 사랑의 품에서만 영생하는 삶을 빛낼 수 있는 것이라고.

애국열사릉에 돌아온 최승희,
1967년 그녀는 왜 사라졌나!

김 지 영 기자

무용가 최승희의 예술적 업적은 현재 남북 모두가 인정하고 있다. 한 때 잊혀진 존재였던 최승희였지만 냉전 이데올로기가 사라져가고 남북화해가 진작되면서 그의 이름 석 자가 뚜렷이 부상하고 있다. 남쪽 무용계는 말할 것도 없고 덩달아 그의 파란만장한 인생 행로에 대한 대중의 관심도 부쩍 늘었다.

북측 내각 기관지 ≪민주조선≫은 지난 2월 최승희에 대한 특집기사를 게재한데 이어 애국렬사릉으로 최승희의 묘를 이장했다는 사실을 공개했다. 최승희가 정치적으로 완전 복권됐다는 사실을 의미하는 것으로 보인다. 이에 따라 최승희의 말년행적에 관한 관심이 크게 고조되고 있다.

≪조선신보≫ 김지영 평양특파원은 이런 흐름에서 최승희의 제자들과 혈육을 직접 인터뷰한 결과 그의 말년행적에 대해 남쪽에 알려진 기존의 설과는 다르다는 것을 느끼고 새로운 추론을 조심스럽게 개진했다.

이 글에서 추론하고 있는 최승희 말년행적의 가장 큰 특징은 기존의 '1958, 1967년 숙청설'과는 달리 이 시기 북의 '부르죠아분자, 수정주의분자'들에 의해 '거꾸로 화를 입었을' 가능성을 제기하고 있다는 점이다. 최승희 자신의 과오에 의해 숙청 당한 것이 아니라 일종의 모함에 따른 결과라는 강한 암시다. 그 근거를 최근의 애국렬사릉

이장으로 들고 있는 것이다. 북의 최근 조치와 남쪽의 최승희에 대한 뜨거운 관심으로 인해 최승희의 말년행적에 대한 논란은 이 글을 통해 또 한 번 불붙을 전망이다.

그동안 남쪽에 시각은 최승희가 북의 사회주의를 반대해 자유를 추구하다가 숙청됐다는 것이다. 남북의 무용예술계에서 최승희는 늘 화두 같은 존재이다. 이제는 예술계 차원을 넘어서 그의 삶을 통해 북의 현대사 한 단면을 엿보는 것도 가능할지 모른다. 이 글은 이런 차원에서 대단히 시사적이다[편집자 주].

2003년 2월 평양시 형제산구역 신미리에 있는 애국렬사릉에 오래 전에 세상을 떠난 무용가 최승희의 유해가 안치되었다.

'조선의 무희 최승희'. 일제 식민통치하에서 민족의 존엄과 얼을 지켜 조선의 멋과 맛이 나는 무용으로 력사에 지울 수 없는 흔적을 남긴 인물이다. 극악한 민족말살정책으로 창씨개명이 강요되는 엄혹한 시절, 조선과 일본은 물론 'KOREAN DANCER'의 소개판을 내걸고 멀리 미국, 유럽까지 해외순회공연을 단행하여 폭풍 같은 반향을 일으킨 그는 망국노의 설움 안고 살았던 동포들의 밝은 등대, 영원한 우상이였다.

최승희는 광복 후 분단된 나라의 북측 땅에서 민족무용의 무대화, 현대화를 위한 활동을 벌였다. 하지만 그의 노년은 오래동안 베일에 싸여 있었다. 잡다한 풍문이 나돌았다. 이른바 '숙청설'이다. 북에서 각 파벌간의 정치적 헤게모니싸움에서 당의 요직에 있던 남편이 밀려나 여기에 련루되었다 혹은 사회주의예술에 끝내 동조하지 못한 최승희가 비판의 대상이 되어 제거되었다 등등. 일제강점기의 '민족적 자부심'이 '공산정권'에 의하여 '숙청되었다'는 줄거리는 일견 그럴듯하지만 그의 유해가 애국렬사릉에 안치되었다는 현실과는 모순된다. 애국렬사릉은 말그대로 북측 사회가 '애국자'로 인정한 사람들이 영면하는 곳이다.

력사의 뒤안으로 갇혀진 최승희의 삶과 예술은 어떤 것이였는가. 마침내 해명의 열쇠를 찾는 기회가 마련되었다. 애국렬사릉에 유해가 안치된 것을 계기로 연고자들의 닫혔던 입이 열리기 시작한 것이다.

"우리 스승이 조선무용의 기초를 닦았습니다"

중국 베이징에서 광복을 맞이한 최승희는 1946년 6월 딸 안성희와 아들 안문철을 데리고 서울로 들어갔다. 광복직후 먼저 북으로 들어갔던 남편 안막이 이때 서울로 내려왔다. 부부는 밀선을 타고 가야 할 위험한 북행길에 올랐다. 그들은 어린 자식들을 서울에 두고 떠났다. 평양 도착은 1946년 7월. 한 달이란 짧은 기간에 인생의 갈림길을 선택한 셈이다. 이 때 최승희의 나이는 35세. 이듬해에는 자식들도 유모와 함께 평양으로 들어오게 된다.

북은 최승희를 각별한 대우로 맞이하였다. 오늘의 평양 옥류관 자리에 '최승희무용연구소'를 설립하였다. 평양음악무용대학 무용학부 안무강좌장인 인민배우 김락영(69) 씨와 교재창작실 안무가인 오영옥(71) 씨는 1940년대 이곳 연구소에서 최승희의 지도를 받으며 무용을 배웠다.

"우리 스승의 최대의 공적은 식민지시기도 해방 이후도 무용에서 민족의 존엄과 얼을 꿋꿋이 지켰다는데 있습니다."

김락영 씨는 바깥 세상에 퍼져있는 스승에 대한 풍문을 의식하듯 "최 선생이 오늘의 무용예술의 기초를 닦아놓았다"고 힘주어 말한다.

만수대예술단이나 피바다가극단에서 김락영 씨의 제자들이 펼쳐보이는 화려한 춤세계도 그 원점은 해방직후 자기 스승이 대동강반의 연구소에서 시작한 활동에 있다는 지적이다.

"아직 나라도 일떠서지 않았는데 막대한 자금을 풀어 연구소를 꾸렸지요. 지금으로서는 상상을 못할 것입니다. 마음대로 일을 할수 있는 환경이였습니다. 한 무용가가 령도자의 집무실에도 마음대로 찾아 갈 수 있었으니까요. 아마도 어느 간부도 우리 스승처럼 배려를 받지 못했을 것입니다."

연구소에서 배웠던 제자들이 최승희에게 돌려진 '배려'에 대하여 말하면서 가장 강조하는 대목은 1950년부터 52년까지의 '외국소개'이다. 전쟁시기 최승희는 중국 베이징에 활동의 거점을 옮겨 창작활동을 중단 없이 계속할 수 있었다. 당시 상황으로서는 그것은 완전한 특례조치였다. 전쟁시기에는 예술인들도 문화선전대 성원이 되어 전선에 달려나가지 않으면 안되였다.

주은래 수상 등 중국 측의 지원 속에 베이징에 있는 중앙희극학원에 '최승희무용반'이 꾸려졌다. 평양에서 배우던 연구생들의 일부가 이곳에 모였다. 최승희는 이들을 지도하는 한편 중국의 소수민족에서 선발된 학생들에게 무용을 가르쳤다. 조선민족무용의 기본과 중국무용(경극)의 기본에 대한 정리작업에도 달라붙었다.

1952년 5월에는 베이징대극장에서 공연을 진행하였다. 최승희는 공연에서 중국에서의 활동을 총화하였다. 동부전선에서 문화선전대로 활동하던 오영옥 씨도 다른 국내 예술인들과 함께 이 공연에 참가하였다.

> "베이징공연은 대성황리에 진행되었습니다. 최승희 선생은 그해 독일에서 진행된 제3차 세계청년학생축전에서 〈조선의 어머니〉를 상연하였습니다. 전쟁의 포화속에 자식을 잃은 녀인을 형상한 작품인데 〈세계평화상〉을 수여받았습니다. 다음해 로무니아에서 진행된 4차 축전에는 당시 모스크바에서 류학을 하던 딸 안성희가 나갔는데 장고춤, 북춤으로 큰 반향을 일으켰습니다."

광복 후 짧은 기간에 최승희가 개화 발전시킨 조선의 무용은 국제콩쿨에서 메달을 독점하였다. 안영옥 씨는 이 사실을 두고 "조선의 황금예술은 무용분야에서 그 력사가 시작되었다"고 강조한다.

1958년 해임, 이듬해 복귀

1952년 7월 최승희는 평양으로 돌아온다. 이해 국립최승희무용극장이 창설되고 부속학교로서 오늘의 평양음악무용대학의 전신인 최승희무용학교가 꾸려진다. 최승희는 무용극장 총장 그리고 조선무용가동맹 위원장 등의 직책을 지니면서 창작활동에 변함없이 정열을 쏟아 부었다.

> "최승희 선생은 해방된 조국 땅에서도 민족의 얼이 깃든 춤체를

부단히 연구하고 그것을 무대화·현대화해 나갔습니다. 세간에 특수한 가락을 가진 로인들이 있다는 소문만 들으면 초청하여 며칠간 붙들어서 술을 먹이고 그 동작을 배우느라 숱한 신경을 쓰고… 인민들 속에서 가락을 찾는 것이 선생의 수법이였습니다. 쓸 것, 못쓸 것 가리지 않고 모두 흡수하려 하였지요. 제자들에게는 욕 한번 한 적 없는 스승이였지만, 예술창작에서는 정말 타협이 없었습니다."

"조선의 멋과 맛!", "민족적인 특색!" 그것이 제자들을 지도하면서 춤체를 바로 잡을 때의 스승의 입버릇이였다고 김락영 씨는 회고하고 있다.

"그만한 권위를 가지고 큰 소리하는 사람이 지금은 없습니다."

오영옥 씨에게는 잊을 수 없는 스승의 말이 있다고 한다.

"제자들의 노력을 촉구하기 위한 롱담인데 이렇게 말했지요. 무릎을 탁 치고 손을 앞으로 내밀어 '이건 30년 짜리야, 너네 암만 해도 나의 춤량에 못간다'라고 말이지요. 진짜 명담이지요."

최승희는 무용가활동 30돐을 맞이하는 해에 자신의 예술을 집대성하는 작업에 헌신하였다. 모란봉극장에서 기념공연을 진행하는 한편 그가 찾아낸 춤가락을 과학적으로 정리한 저서 ≪조선민족무용기본≫(1·2권)을 출판하였다. 1958년의 일이다.

최승희 '숙청설'이 지목하는 년대가 바로 1958년이다. 이때를 경계로 하여 최승희의 눈에 띤 활동이 사라지게 되었다는 것이 그 리유이다. 김락영, 오영옥 씨에 의하면 그럴만한 사연이 있었다고 한다. 당시 최승희의 중국공연이 계획에 올라 있었는데 상층부에서는 악단을 거느리고 종합공연으로 나갈 것을 요구하였다. 무용의 단독공연을 준비하고 있었던 최승희는 반발하여 '지도자의 집무실'까지 찾아가 직접 상소하였다고 한다. 그의 행동은 사업규률에 어긋나는 것이였다.

김일성 주석(당시 수상)은 1958년 10월 14일 작가, 예술인들 앞에서 한 연설속에서 "'무용대가'라고 자처하는 한 예술인"의 행동을 문제삼아 비판하였다.

　이날을 계기로 최승희는 모든 직위에서 해임되고 자신의 사상을 수양하는 나날을 보내게 된다.

> "그때 최 선생은 무용학교의 평안무가로 있었는데 그것도 오랜 기간은 아니였지요. 이듬해에는 다시 무용가동맹위원장으로 활동 하게 되였습니다."

　김락영 씨는 스승이 일시적이나마 활동의 제일선에서 물러나게 된 것은 그 무슨 정치적인 문제 때문이 아니라 순전히 사업작풍, 생활태 도에서 나타난 결함 때문이였다고 지적한다.

> "최 선생은 욕을 하는 분이 아니였지만 연구소에서 배울 때, 우 리가 말을 잘 안 들으면 강한 어조로 말했지요. 나는 망국노의 처 지에 있을 때도 민족의 얼을 지켰다, 너희들은 행복하다, 그런데 왜 이 꼴이냐. 그러면서 가슴을 치면서 우는 거예요. 오로지 자기 일 외에는 안중에 없는 분이었지요."

한 완벽주의자의 독단

　제자들의 증언에 의하면 최승희는 자기가 받은 배려에 대하여 잘 알고 있었다. 북측의 수뇌부와도 친밀한 관계를 유지하고 있었다. 여 기서 한 가지 의문이 생긴다. 그처럼 혜택 많은 환경에 있었음에도 불구하고 어째서 최승희는 비판의 대상으로 되는 돌발적인 행동을 일으켰는가. 그 비밀을 풀기 위해서는 '인간 최승희'를 좀 더 깊이 파고들어야 한다.

　일제시기부터의 그녀의 제자로서 1958년 국립최승희무용극장 안 무가로 일할 때까지 최승희의 곁에 있었던 북의 원로무용가 장추화 (본명 장선애, 85) 씨. 장추화 씨는 최승희의 가장 오랜 제자들 중 한 사람이다.

　장 씨는 1936년 10대 처녀의 몸으로 '무용가가 되고 싶어' 고향을 떠나 당시 도꾜에 있었던 최승희무용연구소를 찾아갔다. 연구소 현관 에서 그녀를 맞이한 것은 한 단발머리의 녀인. 장추화 씨에게 동경의 대상이였던 최승희 바로 그 사람이였다.

> "부모들이 무엇을 하며 어느 학교를 다녔는가, 허물없이 물어보
> 기도 하고 키가 크니 무대에 서면 좋을 것이라며 힘을 북돋아주기
> 도 하였습니다."

그후 장추화 씨는 최승희의 연구소에서 배우면서 그의 가족들과
친혈육처럼 한 지붕 아래서 살았다. 자택을 겸한 연구소에는 나어린
딸 안성희와 최승희의 시어머니, 시누이가 있었다.

> "일본에서는 '반도의 무희'라 불리워 인기가 대단했지만 생활형
> 편은 어려웠습니다. 도꾜의 한복판에 위치한 공연장까지 가는데도
> 연구소에서 멀리 떨어져 있는 뻐스 정거장까지 걸어야 했습니다.
> 편안한 운동화로 가다가 정거장에서 가죽신으로 갈아 신는 그런
> 생활이였습니다."

장추화 씨는 30년대 후반기 최승희가 3년간의 해외순회공연으로
나갔을 때는 일본에 남아 연구소를 지키며 가족들을 돌보았다. 미국
공연 중 최승희가 현지에서 반일운동을 벌렸다는 소문이 나돌고 연
구소 성원들이 경찰에 끌려간 일도 있었다. 연구소는 해산되고 장추
화 씨는 무대에서 '자기 생각에 맞지 않은' 라인 댄스를 추며 생계를
유지하지 않으면 안 되었다.

1940년대는 일본에 돌아온 최승희와 행동을 같이 하였다. 중국에
도 함께 갔다. 1945년에는 임신중이였던 최승희를 대신하여 공연단
을 이끌고 베이징을 떠나 서울로 나갔다. 현지에서 공연준비를 하는
도중에 조국광복의 소식을 접하였다.

그들은 력사의 소용돌이속에서 리별과 상봉을 거듭하였다. 광복
후 최승희는 서울을 거쳐 평양을 향하였다. 장추화 씨는 서울에 남아
남측의 무용가동맹 부위원장으로 활동하다가 1950년 전쟁을 맞이하
였다.

각지 전선에서 문화선전대 활동을 벌리던 예술인들은 후퇴시기 최
고사령부가 있었던 자강도에 집결하였다. 중국과의 국경지대에 꾸려
진 만포국립예술극장이 장추화 씨를 비롯한 예술인들의 활동거점이

였다. 1952년 당시 중국에서 활동하던 최승희가 베이징대극장에서 공연을 진행하였다. 여기에는 국내의 예술인들도 참가하게 되였는데 자강도를 출발한 공연단에는 장추화 씨도 망라되였다.

> "오래간만의 상봉이였는데 그는 자기가 북에 넘어 온 다음부터 민족무용의 기본을 정립하고 완성하는데 힘쓰고 있다는데 대하여 말하였습니다. 그리고 무용예술은 특권층의 독점물이 되여서는 안되며 역사에 이바지하는 것으로 되여야 한다는 이야기도 하였습니다. 패기에 넘친 모습이였습니다."

일제식민지시기 카프(조선프로레타리아문학예술동맹)에서 활동하던 오빠 최승일과 남편 안막의 영향을 받으며 무용활동을 벌인 최승희가 그같이 말하는 것은 별로 이상한 일이 아니였지만 장추화 씨에게는 마음에 걸리는 문제가 따로 있었다고 한다.

> "내가 보니까 많이 달라진 것 같았습니다. 일제 때 그렇게 고생하던 사람이 부유한 생활을 하니까 변할 수도 있었겠지요. 공연장까지 뻐스로 이동하지 않으면 안되였던 무용가가 승용차를 타고 다니며 돈걱정 없이 창작에 전념할 수 있게 되였으니까요."

장추화 씨는 무대에서 공연을 준비하는 스승의 언행에서 '변화'를 느꼈다고 한다.

> "무슨 일이든 자기가 나서서 지휘봉을 흔들지 않으면 마음이 놓이지 않는 것 같았습니다. 남의 이야기를 듣자고 하지 않았어요. 원래 그런 경향이 없지는 않았는데 독점물이 생기니 두드러지게 나타난 것 같애요."

전선에서 병사들과 생사고락을 같이 한 장추화 씨는 최승희의 독단주의는 "혹독한 전쟁을 겪어보지 못한 것이 큰 요인이였을 것"이라고 지적한다.

> "'너 살아 있었구나' 그것이 전쟁시기 우리들의 인사였는데 그는 별세계에 살았지요. 그에게는 자기 예술에만 몰두할 수 있는 환경이 마련돼 있었습니다."

전쟁 후 장추화 씨는 국립최승희무용극장에서 안무가로 활동하였다. 1958년 그 '사건'이 일어난 후 극장에 보이지 않았던 최승희를 오래간만에 만났을 때 그는 "그동안 어디에 있었느냐 하고 물어보았다고 한다. "집에 있었지 뭐" 최승희는 그렇게 대답하였다.

당시 무용극장에서는 '낡은 사상잔재'를 퇴치하기 위한 사상투쟁이 벌어지고 있었지만 그것은 모든 예술인들이 참가하는 호상 비판의 형식이었다. 최승희를 세워놓고 집단적으로 비판을 가하는 일은 없었다고 한다. 본인은 자택에서'개별총화'를 하고 있었던 셈이다.

1959년 봄 공연단의 성원으로 자강도 강계시로 갔던 장추화 씨는 거기서 함경북도 가무단의 안무가로 부서를 옮길 데 대한 사령을 받는다. 지방가무단을 강화할 데 대한 문제가 강조되던 시기였다. 무용극장에서도 많은 무용가들이 지방으로 진출하였는데 최승희와 인연이 깊은 사람들이 적지 않았다. 장추화 씨는 그때로부터 1978년까지 약 20년간 지방가무단에서 활동을 하였다.

광복 후 서울에 있으면서 무용가동맹 부위원장의 역직도 맡은바 있는 장추화 씨는 남측에도 연고자들이 많다. 20년간의 '공백기'는 최승희와 가까운 관계에 있었던 그가 무슨 사건에 련루되어 '숙청'되었다는 풍문까지 나돌게 하였다고 한다.

> "1958년 이후의 공백기를 마음대로 해석하는 사람들이 있다고
> 하는데 이제는 '최승희의 진실'에 대하여 말할 때가 되었다고 생각
> 합니다."

최승희는 1960년대에도 무용가동맹위원장 이외에 조국평화통일위원회 중앙위원 등 여러 직함을 가지고 활동하였다. 1961년에는 ≪조선민족무용기본≫(3권 아동무용편)을 출판하고 무용예술과 관련한 론문도 계속 집필하였다.

1967년까지는 최승희와 그의 가족이 평양에 살았다는 사실이 확인되고 있다. 애국렬사릉의 묘비에는 그의 사망날자가 1969년 8월 8일로 되었다.

그 시기 함경북도에서 활동했던 장추화 씨는 최승희의 만년에 대하여 자세히 알지 못한다. 스승이 사망했다는 소식을 들은 다음부터는 도쿄, 베이징 그리고 평양에서 함께 활동하던 과거를 떠올리는 나날이었다고 한다.

애국렬사릉의 묘비에 새겨진 최승희의 초상은 장추화 씨가 수십년간 간직해온 사진을 돌사진으로 옮긴 것이다. 그는 지난 2월 애국렬사릉에서 진행된 추도모임에도 참가하였다.

"애국렬사릉에서 죽어도 살아있는 스승의 초상을 보니 가슴에 맺힌 한이 순간에 풀린 것만 같았습니다."

'민족파' 대 '현대파'의 대립구도

"최승희의 진실을 알려면 혈육들의 이야기를 들어야 합니다."

기자가 최승희에 대해 취재한다는 소식을 듣고 찾아온 인물이 있다. 최효섭(65) 씨. 최승희의 오빠인 최승일의 아들이다. 현재 만수대예술단 안무가로 활동하는 그는 "조카가 본 고모는 진실하며 한평생 민족사랑을 실천한 사람이었다"고 했다. 최효섭 씨와 그의 누이 최로사 씨를 비롯한 가족들이 북으로 간 것은 1948년 4월이었다.

"누이는 김일성종합대학에 다녔지만 아직 소학교 학생이었던 나는 대동강반의 무용연구소 합숙(기숙사)에서 생활했습니다. 거기서 본의 아니게 무용을 배우게 되었지요. 고모가 말하기에 '집안에 남자 무용수가 하나 있어야 한다'는 것이었습니다."

최효섭 씨는 1948년 이후 무용연구소를 찾아 온 김일성 주석을 "딱 한번 보았다"고 한다.

"연구소가 오늘의 옥류관 건물인데 2층까지가 합숙이고 3층이 사무실, 4층이 종합련습장이였습니다. 어느날 고모가 '수상님께서 나오시니 너는 4층에 올라 오지 말라'고 다짐을 두는 것이였습니다. 2층 계단에 신을 벗는 자리가 있었는데 내가 가서 보니까 하얀 장화가 있었거든요. 류별난 신발이였으니 장난질을 한 것입니다. 계단을 내려 온 고모가 나를 보고 얼마나 성을 내시는지, 지금도 그 장면이 눈에 선합니다."

최효섭 씨에 의하면 최승희는 무용창작에서 결함이 지적되면 밤을 새가며 궁리를 하고 작품이 평가되면 가족들 앞에서 그 기쁨을 표시하군 하였다.

"고모는 중앙의 지도를 따르려 하였지만 그러지 않는 사람들도 있었고 그자들이 높은 벼슬자리를 차지하고 있는 경우도 있었단 말이지요. 쏘련파, 중국파 여하튼 복잡했습니다."

최승희의 활동현장에서는 여러 대립과 갈등이 있었던 것 같다. 다른 나라의 풍을 따르는 간부들이 최승희의 무용을 '복고주의'로 몰아붙이고 그의 활동을 음으로 양으로 방해해 나섰다고 한다.

"50년대에 서양발레를 전문으로 하는 예술학원이 있었는데 여기 무용수들에게는 나라의 자금을 풀어서 사탕, 바타를 푸짐히 공급하는데 민족무용을 하는 최승희무용학교에는 그런 것이 없었습니다. 1958년에 공화국창건 10돐 기념공연 〈영광스러운 우리 조국〉이 창작되였는데 고모는 공화국에서 처음 시도되는 이 대음악무용서사시의 총안무가를 맡았습니다. 그런데 간부란 사람들이 출연자들을 모아놓고 우리 맑스주의자들은 이렇다, 저렇다 하면서 쏘련식을 강조하는 판이였습니다."

최승희는 이같은 간부들의 지도방식에 불만이 많았다. 축적된 울분이 1958년의 그 '사건'을 촉발했다는 것이 최효섭 씨의 견해다.

"고모로서는 무용수만으로 강력한 집단을 꾸리고 중국공연을 떠나고 싶었던 것입니다. 물론 개인적인 욕망도 어느 정도 작용했겠지요. 그런데 간부들은 고모가 준비한 시연회를 비판하면서 악단을 동반한 콘체르토로 나가라고 하는 것입니다. 고모로서는 간부들의 총애를 받는 악단 성원들을 보고 외국의 것을 따르는 오합지졸들과 함께 민족의 간판을 걸고 공연을 할 수 없다고 생각했을지도 모릅니다."

최효섭 씨는 그러나 최승희의 행동은 너무 경솔했다고 지적한다.

"무용계에서 책임적인 지위에 있는 것만큼 심사숙고해야 했습니다. 일부 간부들이 마음에 들지 않는다고 최고지도자 집무실을 곧장 찾아가 '내 못하겠습니다'라고 하면 됩니까. 어느 사회든 지켜야 할 규률이란 게 있지 않습니까. 혜택만 받으며 살다보니 교만해졌다고 비판 받을만 했습니다.”

최승희는 자택에 있을 때 독서를 하며 하루하루를 보냈다고 한다. 최효섭 씨는 자기 고모가 비판을 겸허하게 받아들이는 모습이었다고 말한다. 그런데 그때 쏘련파의 간부들은 모스크바 류학에서 갓 돌아온 딸 안성희를 내세우려 하였다고 한다.

  “모녀간의 관계를 '민족파' 대 '현대파'의 대립구도로 몰아가려 했던 거지요. 고모는 자기 딸을 보고 조선사람은 조선춤을 해야 한다고 자주 말했는데 주변에서는 두 사람을 떼 놓으려고 하였습니다.”

그러나 1958년 이후에도 최승희의 예술활동은 계속되었다. 북의 건국력사를 형상한 대음악무용서사시 〈영광스러운 우리 조국〉은 이듬해인 59년에도 다시 상연되었다. 공연에는 오늘날 북의 무용작품의 원형으로 되는 작품들이 많은데 대부분을 최승희가 창작하였다.

공연의 서장은 최승희가 일제식민지시기에 창작한 작품 〈쫓겨나는 무리〉가 바탕으로 된 작품이었다. 두만강을 건너 이역 땅으로 떠나가는 동포들의 설음을 형상하였다. 〈삼색춤〉도 최승희의 창작이었다. 그후 수십 년간에 걸쳐 북의 집단체조에 단골메뉴로 등장하게 되는 작품이다.

최효섭 씨에 의하면 일부 간부들은 그러한 최승희의 창작활동에 대하여 “예술을 그런 식으로 정치화해서는 안 된다”면서 시비를 걸었다고 한다. 최승희는 끄덕하지 않았다. 〈영광스러운 우리 조국〉의 성공에는 최승희의 공로가 컸지만 1959년의 재연에서는 딸 안성희가 총안무가로 나서고 최승희는 리면에서 작품의 완성도를 높이기 위한 지도사업을 맡았다고 한다.

1959년 말 김일성 주석이 참석한 가운데 〈영광스러운 우리 조국〉의 공연이 있었다. 공연이 끝난 다음 김 주석은 최승희를 무대의 한

가운데에 불러내게 했고 그녀는 그 자리에 서서 만장의

갈채를 받았다. 이 사건은 1958년의 '비판' 이후에도 그가 여전히 무용가 최승희를 신임하고 있었음을 보여준다.

최효섭 씨는 "고모가 새 출발의 마음으로 60년대를 살았다"고 말한다. 그의 증언에 따르면 이제는 자기만 잘난 것처럼 하고 돌아다니지 않았고 오히려 모든 일에서 소심해졌다고 한다. 1960년대 무용가로서 눈에 띈 활동이 많지 않았던 것은 그가 이미 50대에 접어들었다는 리유 이외에 이러한 마음의 변화가 작용했을 수 있다.

최효섭 씨의 증언은 1967년으로 끝이 난다. 최효섭 씨와 재능 있는 작가로 이름난 그의 누이 최로사 씨는 이 해 량강도와 함경북도로 각각 이주해야 했기 때문이다.

> "어느날 갑자기 일어난 일이였습니다. 고모와 그의 가족들도 행처를 알 수가 없었습니다. 그러나 58년 이후의 경위를 알고 있는 우리들은 고모의 잘못으로 이런 일이 일어났다고 생각하지 않았습니다."

베일에 싸인 만년의 비밀

최승희의 말년은 어떤 것이였던가. 유감스럽게도 기자는 1967년부터 그가 세상을 떠난 69년까지의 행적을 잘 아는 사람을 평양에서 찾지 못했다. 그의 조카도 확고한 사실에 대하여 말하지 않았다. 무슨 일이 있었을까. 이 부분만큼은 력사적 사실에 의거할 수밖에 없을 것 같다.

북의 문헌들에 따르면 1960년대 후반, 양 체제간의 대결이 더욱 첨예화되고 외부로부터 수정주의적 사상조류가 침습해 들어오게 되자 북에서는 부르죠아, 수정주의의 여독을 뿌리뽑기 위한 결정적인 대책을 세울 방침이 강력히 제시되었다.

과연 최승희는 청산대상이였던 부르죠아분자, 수정주의분자로 락인 찍혀 자취를 감추었던가, 아니면 역으로 그들의 책동에 걸려 '지방 이주'라는 화를 입었던 것일까.

연고자들을 집중취재한 결과 기자의 추론은 후자에 가깝다. 1958년의 비판은 정치적 과오가 아니라 순전히 사업작품에 대한 것이었고 그렇기 때문에 1959년 이후 1967년까지 무용가 최승희는 건재했다. 그러면 1967년의 사건은 무엇인가.

　1967년 지방 이주를 강요받은 최효섭 씨와 그의 누이 최로사 씨는 1980년대 후반 평양으로 소환되었다. 평양을 떠나 살지 않으면 안되였던 그들의 경위를 료해한 김정일 국방위원장이 직접 조치를 취했다고 한다. 최로사 씨는 1987년과 1989년 김정일 국방위원장의 접견도 받고 있다.

　최효섭 씨는 고모의 유해가 애국렬사릉에 안치된 의미를 묻는 기자의 질문에 이렇게 대답하였다.

> "어느날 갑자기 자기의 생활도 사회적인 지위도 빼앗기고 지방으로 가지 않으면 안되였던 우리가 10년도 아닌 20년이란 오랜 세월을 동요 없이 생활할 수 있었던 것은 우리 고모에게 아무런 죄가 없다는 것을 굳게 믿었기 때문입니다. 모든 것이 밝혀지는 날이 꼭 온다, 그 신념으로 하루하루를 살았습니다."

　'조선의 무희' 최승희의 말년은 어떤 것이였는가. 가장 결정적인 열쇠는 그가 애국렬사릉에서 영면한다는 그 사실 속에 있을런지도 모른다. 바로 그것이 파란만장의 인생길을 걸었던 무용가에 대한 최종 평가일 것이기 때문이다.

　지난 2월 애국렬사릉에서 진행된 추모모임은 바로 잡은 력사를 확인하는 자리였다. 제자들이 말하듯이 이제는 현대조선무용의 뿌리가 최승희에 있으며 그가 발전의 기초를 닦았다는 사실을 부정할 사람은 없다. 묘비를 앞에 둔 참가자들 속에 엄숙한 분위기가 감돌고, 하늘을 찌르는 듯한 힘찬 목소리가 울렸다고 한다.

　"고모여, 최승희여! 이제는 땅을 차고 일어나라!"

　조카 최로사 씨가 추모사를 통해 세상에 고하는 말이었다.

≪금수강산≫ 2003년 8월호.

민족이 사랑하는 무용가(1)*33)

본사기자 **리 경 희**

최승희, 조선무용가동맹 중앙위원회 위원장.

애국렬사릉의 화강석대돌 우에 꽃송이들이 놓여진다. 교정에서 그가 남긴 조선민족무용기본을 익힌 졸업생들이 영생의 언덕에 있는 스승 앞에서 김일성주석께서 회고하신 구절구절들을 다시금 새겨본다.

> "… 최승희는 조선의 민족무용을 현대화하는데 성공하였다. 그는 민간무용, 승무, 무당춤, 궁중무용, 기생무 등의 무용들을 깊이 파고들어 거기에서 민족적정서가 강하고 우아한 춤가락들을 하나하나 찾아 내여 현대조선민족무용발전의 기초를 마련하는데 기여하였다."

---

* 이 글은 북한의 시사잡지 ≪금수강산≫의 2003년 8월과 9월호에 실렸던 〈최승희의 일대기〉를 회상한 구술서이다. 구술자는 최승희의 조카이며 최승일의 맏딸인 최로사와 최승희의 제자 장추화이다.

최로사는 1948년 월북하여 김일성대 노문학부를 졸업 전쟁시기 간호장교로 복무하면서 가사 〈샘물터에서〉를 창작으로 데뷔 하였다. 그 후 조선작가동맹중앙위원회 시분과위원회 작가 및 시인으로 활동과 수많은 '가사' 와 '시'를 창작하면서 대표적인 가사로 〈축배를 들자〉(1990) 등이 있다.

장추화(본명 장선애)는 1921년 평양시 대동문동에서 출생하여 1936년 해주여자고등보통학교를 졸업 후 일본 〈이시이바쿠무용연구소〉를 거쳐 〈동방무용연구소〉 연구생으로 활동하였다. 해방이후 서울에서 〈장추화무용연구소〉를 설립, 활동하면서 전쟁시 월북하여 여러 무용작품들의 창작공연은 물론 조선노동당 3차대회 및 정권창건 10주년을 경축하는 3천명대공연 무용단조직은 물론 무용작품들에 출연하였다. 1957년에는 모스크바에서 개최한 제6차 세계청년학생축전에 무용단장으로 참가와 조선무용가동맹중앙위원회 부위원장과, 평양국립무용예술극장 안무가로 활동하면서 창극 〈춘향전〉, 〈심청전〉 및 〈바라춤〉, 〈견우와 직녀〉, 〈길쌈놀이〉, 〈월파산의 여성들〉등의 무용작품들이 있다. -사도성

한 여성이 대지에 찍은 발자욱은 크지 않지만 역사에 남긴 흔적인
것으로 하여 이렇듯 뚜렷하다.

추억은 어디서부터 시작되는가

세월의 이끼를 헤쳐야 하였다.

민족이 사랑하는 무용가의 얼과 체취, 아름다움을 재생하는 일이
그리 쉬우랴! 우리는 그의 친척부터 찾았다. 최승희의 조카인 문단에
서 관록있는 현숙한 여류시인 최로사(崔露沙)는 자택에서 청년들이
부르게 될 낭만적인 가사를 탈고하고 있는 중이었다. 양해를 바라는
우리에게 70고령의 시인은 안경을 벗었다.

"내가 아직 태여 나기 전 일을 방불히 애기할 순 없고 추억을 할
수 있다면…"

그는 소녀시절의 독학인상을 살려 냈다. 최승희가 바로 주체
26(1937년)년도에 발표한 《나의자서전》의 대목들이 아직은 그의
기억 속에서 사라지지 않았었다.

최승희는 어떻게 되어 민족무용과 인연을 맺게 되었는가. 일제통
치시기 우리나라의 진보적 문학은 애국애족정신으로 인민들을 계몽
하면서 연극, 영화, 음악, 미술, 무용을 비롯한 모든 형태의 발전방
향을 제시해 주는데서 선도적 역할을 수행하였다. 일명 '신경향파'
문학이라 불리운 진보적 작가들의 문학운동으로서 1920년대 중엽에
발족된 조선프로레타리아예술동맹('카프') 성원들 중에는 최승희의
오빠 최승일도 있었다.

당시 연극, 영화, 음악, 미술은 발전하고 있었지만 똑똑한 춤가락
도 없고 무용가도 없었던 이유로 '카프' 성원들은 민족무용의 무대화
실현에서 진통을 겪고 있었다. 과연 누가 민족무용의 축으로 될 것인
가를 모색하고 있던 최승일은 숙명고녀에 다니는 키가 170㎝가 넘고
미모가 뛰어난 누이동생에게 매일같이 무용가가 될 것을 설복하기
시작하였다. 오빠의 노력이 얼마나 진지했던지 동생은 어릴적 부터
소원이던 성악가가 될 꿈을 포기하지 않을 수 없었다. 최승희는 이렇

게 민족무용가로서의 첫 걸음을 내디딘 것이다.

아직은 엄마 품에서 손톱에 봉선화꽃 물들이며 재롱부릴 나이에 최승희는 일본의 이름 있는 무용연구소 하녀로 취직하였다. 당시 그에게는 돈이 없는 탓으로 '연구생'이 아니라 하녀가 된 마음속 아픔이 컸었다.

그때부터 온갖 잡일을 하면서 창문너머로 눈동냥, 귀동냥하다가는 밤이면 거울 앞에서 낮에 익혔던 가락들을 조심히 펼쳐보던 그였다. 세월이 흐르면서 춤가락들은 눈에 보이지 않는 언어로 그의 온몸에 배이기 시작하였다.

어느 날 불빛이 새여 나오는 연습실을 무심히 들여다보던 '소장'은 그만 아연하여 입을 벌리고 말았다. 바로 자기집 하녀가 그 어디서도 보지 못한 훌륭한 춤가락을 펼치고 있었던 것이다. 최승희는 그후 천부적인 무용가적 기질을 인정받고 정식 '연구생'이 되었을 뿐 아니라 누구도 견줄 수 없는 1인자로 등장하였다. 동료들은 그가 언제 자고 언제 깨여 나는지 몰랐고 훈련도중에 쉬는것 마저 보지 못하였다. 시간이 아까워 거울 앞에서 먹고 자군 한 그였다. 하지만 그의 마음속에 꽉 차 있는 망국민의 설음만은 가리 울 수 없었다. 아프리카춤, 인디아춤, 러시아춤, 몽골춤 그 어느 나라 춤이든지 간에 막히는 것이 없었지만 민족춤가락이 없는 괴로움, 식민지 민족이 겪는 슬픔과 고향을 떠나가는 사람들의 처량한 모습이 그에게서 점차 특이한 무용리듬과 언어로 표현되게 되였다.

3년간의 성장을 지켜본 최승희의 스승은 '조선의 얼을 가지고 태어난 그에게 다른 나라의 순수한 무용을 먹일 수가 없었다' 라고 고백하였으며 출판보도계는 그의 졸업발표회 대하여 '다른 무용가들은 기교위주로 나가는데 최승희는 조선의 얼을 살리기 때문에 그 어느 무용이든지 모두 조선화하고 있다'라고 평하였다.

이렇게 공부를 마친 그는 서둘러 고향으로 나왔다. 그리고 애타게 소원하던 민족춤가락을 기어이 찾을 결심으로 식솔들과 정을 나누기 도전에 팔도강산을 순회하기 시작하였다.

궁중무용을 연구하는 한편 조선의 절간이란 절간들은 다 찾아 다녔으며 평시에 질색하던 기생집에도 늘 붙어 있으면서 춤가락을 골라 내군 하였다. 어느 날인가는 곁에 있는 무당집에 잠간 다녀오겠다고 하고는 이틀이나 꼬박 굶으며 무당춤을 익히기도 하였으며 민간 춤가락을 터득하기 위해 농촌마다 찾아다니며 농사일은 제가 돕고 그 앞에서 농군들더러 하루종일 춤을 추도록 한 그였다. 이렇듯 왜색 왜풍의 탁류 속에 시들어가는 민족성을 고수하고 민족적인것을 발전시키려는 강렬한 모대김 속에서 최승희는 끝내 성공의 희열을 체험할 수 있었다.

오래전의 기억을 되살리느라 흥분된 여류시인은 눈굽을 닦으며 김일석주석의 회고록 제5권에서 추억 깊은 그 대목을 펼치는 것이었다.

그 당시까지만 해도 우리의 민족무용은 무대화의 단계에 도달하지 못하고 있었다. 극장무대에 성악작품, 기악작품, 화술작품이 오르는 예는 있어도 무용작품이 오르는 일은 없었다. 그런데 최승희가 춤가락들을 완성하고 그에 기초하여 현대인들의 감정에 맞는 무용작품을 창작해 내면서부터 사정이 달라졌다. 무용도 다른 자매예술과 함께 무대에 당당하게 등장하게 된 것이다.

참으로 그의 얼과 체취, 아름다움이 발산하는 구절들이었다. 역사의 추억은 이렇게 시작되는 것이다. 하나의 작은 꽃잎이라도 민족이라는 큰 나무의 뿌리를 덮어 주는 것이라면…

하기에 세월은 많은 것을 씻어버렸지만 민족을 끝없이 사랑하시는 주석께서는 아무리 세월이 흘렀어도 그 나무의 뿌리를 위해 바친 한 떨기의 작은 꽃잎을 역사의 갈피속에 뜨겁게 새겨 넣으신것 아닌가.

(다음호에 계속)

≪금수강산≫ 2003년 9월호.

민족이 사랑하는 무용가(2)

본사기자 **리 경 희**

최승희, 민족무용으로 세계를 뒤흔들었던 그 이름을 추억깊이 불러보는 사람들 중에는 지난 시기 조선무용가동맹 중앙위원회 부위원장직을 담당하였던 80고령의 장추화도 있었다.

우리가 스승이며 벗 이였던 최승희의 과거를 묻자 그는 몹시 흥분되는 것 이였다. 그가 사색의 밀물을 꽤 감당해 내겠는지 우려가 없지 않았으나 노인의 눈은 예상외로 반짝이는 것 이였다.

태양의 빛발아래서

최승희가 출연한 조선민족무용발표회이후 민족성이 고취되는 것을 두려워 한 일제는 제 땅에서마저 제 나라 춤을 추는 것을 금지시켰다. 그리하여 그는 또다시 이국살이를 하지 않으면 안 되었다.

무용계에 발을 들여 놓을 때부터 '백옥이 부서진들 흰빛을 잃으며 참대가 불에 탄들 곧음을 버리랴' 라는 옛 시를 좌우명으로 삼고 탄압 속에서도 제것을 잃지 않으려고 모질음 쓴 그는 무용가이기 전에 강직한 조선여성 이였다.

그 후 도꾜 한복판에서 <최승희무용연구소>를 차리고 어깨가 들썩이는 조선장고 소리를 내면서 무대 우에서 조선치마저고리를 입고 우아한 춤가락을 펼치는 그의 기상이 얼마나 위압적이었던지 모든 조선식이 금지 당한 때에 그만은 그 누가 다치지 못했었다.

당시 보도계는 조선무용세계를 펼치고 있는 그를 두고 '미모와 기량이 뛰어난 세계적인 무용가'라고 찬사를 아끼지 않았다. 그러나 기쁨은 한순간 이였다. 당시 그가 출연한 무용 <태양을 그리는 사람>에도 형상된 것처럼 그는 겨레의 운명을 구원해 줄 참다운 위인을 애타게 그리며 몸부림 쳤었다. 이 나날 그가 마음 아프게 감수한 것은 무대 우에서 받는 열광의 박수갈채와는 달리 무대 밖에서 식민지 민족에게 보내는 동정의 눈길들이였다.

그리하여 환상을 가지고 아시아와 유럽, 아메리카지역으로 떠났던 원정에서 명예와 수치를 다 같이 체험한 최승희는 아무런 미련 없이 도쿄로 조용히 돌아오고 말았던 것이다. 재능으로 명성은 날릴 수 있어도 조국이 없으면 그 명성도 한줄기 연기와 같이 사라지고 만다는 것은 그가 찾은 이국생활총화였다.

주체34(1945)년 8월 15일 그토록 소원하던 조국광복의 날을 맞이한 최승희는 10여 년 간의 타향살이를 마치고 서울로 돌아 왔건만 당국은 제 땅에서 민족무용을 마음껏 해보려는 그의 일루의 꿈을 여지없이 짓밟아 버렸다. 그러던 그에게 태양의 빛발이 비쳐들었다. 주체35(1946)년 초 광복의 은인이신 김일성장군께서 그를 몸소 평양으로 데려 오도록 하시였던 것이다. 주석께서 친히 제일 경치 좋은 곳에 위치를 선정해 주시고 거액의 돈을 배려하시여 짓도록 하신 <최승희무용연구소>에서 진정한 민족무용의 첫 장단을 울리던 날 그는 목메어 말하였다. "이제는 태양을 찾았어요. 김일성장군님은 겨레의 태양이시예요. 이제부터 조선무용을 마음껏 해보자요." 그때부터 그는 지금껏 발휘하지 못했던 민족춤가락, 억제했던 감정, 태양을 찾은 끝없는 환희를 새 작품에 담기 시작하였다. 조선무용의 민족성 그것은 그의 좌우명 이였고 무용기본의 골자였으며 무용예술의 대였다. 하기에 그는 장고, 북, 피리로 반주단을 고정시켰고 무용가들에게는 조선 치마저고리에 흰 버선을 신도록 하였으며 민족무용의 맛과 멋을 살리도록 높은 요구를 제기하군 하였다.

그가 창작한 무용작품들은 어둡고 밝은 두 양상을 가지고 있었는데 하나는 광복 전 식민지 민족의 슬픔과 통탄이 반영된 것이고 다른 하나는 광복 후 공화국에서의 새 조국건설을 위한 인민의 약동하는 기상과 낭만, 정서가 담긴 것이었다. 그중에서도 바로 자기 인생 후반기에 창작되는 전 인민적 감정인 밝은 양상을 살리기 위해 그는 늘 들끓는 전야와 바닷가, 공장을 찾아다니면서 인민춤가락을 뽑아냈을 뿐 아니라 신인무용교육자체를 현실 속에서 하였다.

최승희는 ≪조선민족무용기본≫(1·2권)의 저자, 무용작품창작의 권위자이면서 동시에 새로운 형식의 창시자이기도 하였다. 그는 ≪조선민족무용기본≫과 ≪조선아동무용기본≫의 완성사업과 함께 소품들인 <풍랑을 뚫고>, <조선의 어머니>, <농악무>, <물동이 춤>, <칼춤>, <북춤>, <부채춤>, <양산도>, <환희>, <목동과 처녀>를 비롯하여 무용조곡 <평화의 노래>와 무용극들인 <사도성의 이야기>, <계월향>, <유격대의 딸>, <옥란못에 깃든 이야기>등 애국적인 역사사료를 주제로 하고 다양한 무용형식을 창작 도입하여 조선민족무용사를 풍부히 하였다. 조선무용의 예술성을 높이기 위한 그의 노력도 진지하였다. 연구소소장, 극장 총장, 학교 교장이기 전에 훈련으로 땀을 제일 많이 흘린 무용가, 너무 시간을 쪼개어 써서 시간의 절박함을 가장 많이 호소한 사람은 바로 최승희였다고 한다. 오늘도 공화국의 무용연습실들에서는 그가 입버릇처럼 외우던 "두팔을 올릴 때 몇 근의 무게를 드는 감각으로", "두 팔을 펼 때는 콩알이 어깨선을 따라 흘러내리듯이"라는 말들이 울리고 있다.

그는 민족의 사랑을 가장 많이 받은 여성이었다. 우선 그에게는 빨간 승용차가 있었다. 당시는 일제의 100만 대군과 맞서 싸운 항일투사들도 차가 없어 걸어 다니던 때였다. 하지만 그는 공화국에서 배려한 차를 타고 농민들과 어부들, 광부들의 춤가락을 찾기 위해 전국을 달렸다. 공화국의 품에 안기기전에는 그에게 똑똑한 집이 없었다. 셋방살이 아니면 연구소에 잠자리를 정하고 살던 그에게 궁전 같은 집이 생겼고 새 조국건설로 한 푼의 자금이 귀할 때 국가로부터 많은 자금을 받으며 무용연구소와 무용학교를 운영하였다. 여기에 이런 이야기도 있다. 준엄한 조국해방전쟁의 전략적 후퇴시기 김일성주석의 조치에 의하여 최승희는 전선도 후방도 아닌 이국으로 갔었다. 그후 그 나라 종합대학에 최승희무용반이 새로 나오고 미제와의 결사전을 벌리고 있는 공화국에서 수십 명의 무용후비를 선출하여 그에게 보내여 무용교육을 받도록 한 전설 같은 사실은 반세기가 지난 오늘도 그의 이름과 함께 전해지고 있다. 한편 그때 최승희의 적극적인 방조로 소수민족무용기본이 완성 되었을 뿐 아니라 소수민족무용후비들을 적지 않게 양성해준 그의 헌신적인 노력은 그 나라 역사에도 새겨져 있다.

그가 지녔던 최고인민회의 대의원, 무용가동맹 중앙위원회 위원장, 무용학교 교장, 국립무용극장총장, 인민배우… 그 모든 직분과 명예는 그가 그토록 원했던 태양의 빛발이 얼마나 따스했는가를 잘 말해주고 있다.

취재를 끝마치고 우리는 최승희 무용생활 30돐을 축하하여 국가에서 차린 연회에서 한 그의 토론 원고도 볼 수 있었다.

> … 저 뿐만 아니라 매 사람들의 마음속 꿈도 활짝 꽃피워 주는 밝은 태양아래서 우리의 조선무용은 세계 가는 곳마다에서 널리 춤추어 지리라는 것을 믿어 의심치 않습니다.

×　　　×　　　×

"신비하고 황홀하며 우아하고 아름다우며, 민족적이고 인민적인 춤가락 그것은 바로 동방의 조선무용을 두고 말할 수 있다." 이탈리아의 한 평론가가 말한 것처럼 조선의 무용은 주체문학예술건설의 전환기를 맞이한 이후 눈부신 발전을 이룩하였다.

태양의 빛발은 김정일장군에 의하여 최승희가 걸어 간 자욱마다 변함없이 뿌려져 그는 주체예술의 대화원 속에 한떨기의 꽃으로 계속 향기를 풍기고 있다.

《간담회 모음》

≪학생≫ 10월호(1929.10)

歸國한 舞姬
崔承喜孃問答記

一 記 者

舞踊이 무엇이냐 하고 묻는다면 그것은 서슴거릴지 모르나 최승희가 누구냐 하면 그것은 '나도 나도'하고 對答할 만큼 男女學生諸君이 熟知하는 바의 崔承喜孃이다. 따라서 최승희 양이 石井漠舞踊詩研究所에서 아주 나왔다는 消息이 신문에 퍼지자 최승희 양에게 대한 疑問과 物論이 여러 가지로 떠돌아가는 그것은 그것도 記者보다는 諸君이 더 잘 아는 바이다. 그럼으로 최승희 양의 眞正한 消息과 最近의 動靜을 알고 싶어하는 것은 제군들이 가지고 있는 최근의 한낱 宿題일런지 모른다.

기자 역시 덜컹거리는 西大門通을 달아나는 버스 속에서 여러 가지로 생각하여 보았다. 먼저 어떠한 動機가 있었는지는 모르나 朝鮮女子로서는 舞踊界에 나선 것이 稀貴하다는 것보다도 勇敢스러운 일이요, 또 최승희 양은 이미 일본서도 石井小浪과 함께 이름이 높아 華麗한 舞臺와 많은 판이 있는 東京을 버리고 朝鮮 같이 쓸쓸한 곳에 나오는 것이 疑問이며 그렇다고 自己 혼자서 研究所를 내기 위해서 나왔다는 말은 그 말을 믿기에는 최승희 양의 技術은 모르겠지만은 經驗時日이 넘었지 않을까 하는 생각부터 들어간다.

石橋에서 車에 내리어 玉川洞의 고요한 골목에서 최양의 집을 찾았다. 밝은 안마당과 大門 밖에서 들어다 보이는 깨끗하고 조그마한 집이었다.

기자는 최승희 양을 만나보는 것이 처음이다. 그러므로 寫眞과 친구들의 이야기로만 알고 있던 나의 想像하던 최양이고 比較的 깊은 印象을 가지고 올 수도 있었다.

먼저 少女의 崔承喜孃이다. 방문이 열리자 수줍어도 안하고 등도를 반듯이 뛰어 들어오는 그는 기자가 상상하던 '모던'의 최승희가 아니라 天眞한 少女의 최승희 양이었다. 斷髮한 얼굴에 서늘하게 빛나는 눈방울은 아직도 小學校에서 들채기하고 노는 소녀였다. 그러나 그가 어리광을 거두고 기자가 묻는 말에 차곡차곡 註까지 달아서 說明하는 것을 보면 결코 소녀에게서 볼 수 없는 沈着과 主見이 서있었다.

萬難과 싸우면서라도 끝까지 藝術家로서 精進하려는 그의 귀여운 主張과 氣槪를 보라.

최승희 "댁에 오셔서 재미 많으십니까?"

최승희 "재미요, 호호 많은 셈이지요."

기자: "여기 계실 때 淑明學校에 다니셨지요?"

최승희 "네 淑明學校에 마치고 그 이듬해에 日本 갔습니다."

기자: "學校에 다닐 때부터 舞踊에 대한 憧憬이 있었습니까?"

최승희 "뭐 저는 아무 것도 몰랐어요. 그때는 어렸으니까요. 호호 지금도 어렵니다마는… 학교에 있을 때는 特別히 音樂을 좋아했습니다마는 그때부터 무용을 배우겠다는 準備로 그랬던 것도 아닙니다."

기자: "그러시면 舞踊과 또는 石井漠과 어떻게 因緣이 되었습니까? 너무 깐깐스럽게 묻습니다마는…"

최승희: "그러면요. 자세히 물으셔야지요. 저어… 우리 엄마가 전에 東京에서 공부할 때 石井漠氏를 알았기 때문에 무용에 대한 것을 엄마 自身부터 좋아하게 되었고 따라서 저에게 늘 舞踊이란 어떤 것이며 얼마만큼 價値있는 藝術이란 것을 말씀해 주셨습니다. 그때서야 제가 엄마의 說明을 참으로 理解했는지

는 疑問이지만 아무튼 엄마가 저렇게 좋아하고 잘 아는 것이
니까 내가 그 方面에 나가서도 冒險이 아니요 將來가 漠然하
지 않으리라는 것과 그때 생각에도 舞踊이란 한낱 춤추는 재
주에 그치지 않고 그 속에 價値있는 무슨 生命이 있는 것이라
는 信念만은 가지고 있었습니다. 그러다가 四年前 그러니까
저… 昭和一年이 元年이지요. 호호… 그 해에 歐洲로부터 돌아
가는 길에 京城에 왔던 石井漠氏를 만나보고 그때 같이 따라
갔습니다."

기자: "石井漠舞踊研究所이지요. 研究生이 많았습니까?"

최승희: "石井漠舞踊研究所입니다. 지금은 研究生이 많습니다. 朝鮮
사람도 지금 몇 사람됩니다마는 처음 제가 갔을 때는 한 사람
도 없었습니다. 石井漠先生과 그 선생의 妻弟되는 石井小浪과
그리고 弟子로는 제가 처음이고 저 한 사람밖에 없었습니다.
그러다가 곧 石井漠舞踊研究所라 하고 研究生을 募集한 것입
니다."

기자: "研究所의 生活은 대개 어떠했습니까?"

최승희: "아주 家庭的이었습니다. 살림하는 집에서 先生과도 같이 해
먹고 같이 掃除도하고 그리고 늘 舞踊練習이지요. 더구나 저는
멀리서 왔다고 해서 그런지 꽉 親切히 해주셨습니다. 그리고
半은 旅行입니다. 꽉 愉快한 生活이지요. 各地方으로 公演도
하면서 다니는 것이 꽉 좋았습니다."

기자: "그런데 왜 벌써 나왔습니까? 所聞을 들으면 石井小浪까지도
石井漠氏에게서 나왔다는데 事實입니까? 무슨 衝突이 있었습
니까?"

최승희: "勿論 그렇습니다. 石井小浪과 저와 또다른 日本女子 한 사
람과 셋이서 나왔습니다. 그속에는 事實은 簡單하면서도 조금
말씀드리기에는 複雜한 일이 있습니다. 또 石井漠先生은 아무
튼 우리의 恩師이신 만큼 世上에 이러니 저러니 하고 말을 하
기에는 너무 輕率한 일 같습니다. 이번에 저희가 石井漠先生에

게서 나온 데에 대해서 日本서는 여러 가지 얘기가 떠도는 것 같습니다. 어떤 新聞에서는 우리가 獨立하여 硏究所를 내기 위해서 나왔다고까지 하였지만 그것은 짐작으로 쓴 말이겠지요. 어디 저희에게 그만한 實力이 있습니까. 그러니까 다른 事情이 있다는 것은 짐작하실 일이겠습니다만 그것은 더 물으시지 말아주세요. 호호… 무슨 큰 秘密 같습니다마는"

기자: "勿論 事實이 重大하다고 秘密이 아니겠지요. 秘密이라고 해 놓으면 말하기 좋아하는 사람들은 오히려 內容以上으로 그야 말로 重大한 誤說을 뿌려 놓지 않을까요?"

최승희: "글쎄올시다. 世上에선 誤解하는 일이 많으니까요. 별스런 일은 아니예요. 간단하게 말씀하면 좀더 自由스럽게 硏究해 보려고 나온 것입니다. 더큰 事情은 없습니다."

기자: "그러시면 朝鮮에서 앞으로 어떻게 지내실 생각이십니까?"

최승희: "여기서 길게 말씀드릴 수 없습니다마는 三年 동안이나 石井漠先生에게 가있는 동안 舞踊이라는 것이 어떠한 것이라는 것은 알 만큼되었고 또 基礎될 만한 技術도 배웠다고 할 수 있으니까 이제부터는 무용이 나의 性格에 調和가 되어 完全히 나의 藝術이 되도록 더욱 硏究하여 가렵니다. 그러니까 얼마 동안은 집에서 공부하겠습니다. 그리고 實力과 自信이 許諾할 때에는 硏究所 같은 것을 設立하도록 힘쓰렵니다. 朝鮮에서는 事實 힘드는 일 같습니다. 舞踊을 理解해 주는 사람이 적으니까요. 그러니까 아무 데나 나가서 出演할 수도 없는 곳입니다. 그것은 먼저 제 自身이 어느 時期까지는 삼가야 할 것이니까요…"

기자: "만일 지금 朝鮮女學生들 속에서 舞踊을 배우려는 사람이 있다면 어떻게 말씀하시겠습니까. 贊成하시겠습니까?"

최승희: "글쎄올시다. 얼른 贊成하고 싶지가 않습니다. 이제도 말씀드렸지만 藝術方面엔 아직 朝鮮 사람들이 大體로 沒理解하니까요. 自己自身이 미치도록 좋아서 하는 것이야 누가 말리겠습

니까마는 무용을 배우는 것이 좋으냐 안 좋으냐고 묻는 사람이 있다면 나는 안 좋은 것은 아니나 다른 方面으로 나가라고 勸하고 싶습니다. 舞踊뿐만 아니라 藝術運動을 하든 사람들은 朝鮮에선 모두 失敗하지 않습니까? 더구나 舞踊 같은 것은 보는 사람과 하는 사람이 서로 距離가 너무 멀으니까요."

기자: "舞踊生活에 제일 愉快한 때가 어떠한 때입니까. 그리고 제일 不快한 때는?"

최승희: "제일 유쾌하기야 初舞臺이지요. 저는 東京邦樂座에서 처음 舞臺에 나섰습니다. 그때가 제일 愉快하였습니다. 그것은 누구나 다 그러하리라 생각합니다. 그리고 저는 再昨年과 昨年에 京城公會堂에서 할 때가 또 퍽 緊張하여 했습니다. 故鄕이니까 제가 하는 것을 有心히 보아줄 사람이 많다고 생각되어서 그런가요? 또 不快한 때요? 그거야 不快한 날 舞臺에 서는 것이 不快하지요. 特別히 舞踊家이기 때문에 不快한 일은 없습니다."

기자: "舞踊界에 나서서 成功하려면 特別한 素質이 있어야겠지요?"

최승희: "勿論 素質이 必要하겠습니다. 肉體가 고르게 發達될 體格과 藝術家的 頭腦이 必要하다고 생각합니다."

기자: "이 方面에 나오시기 때문에 혹시 後悔되시는 일은 없으십니까?"

최승희: "없습니다. 아주 滿足합니다. 앞으로 꾸준히 나아가려는 생각뿐입니다. 타분야 사람이라도 理解하시는 여러 先生님들께서 直接으로나 間接으로나 많이 後援해 주시기 바랍니다."

    孤獨한 環境에서라도 끝까지 성공하려는 承喜孃의 氣槪에 記者는 적잖게 感心하였다. 빨리 주저앉지 말고 끝까지 이러한 氣槪로 朝鮮의 많은 藝術運動家로 무덤을 넘어서 '이사토라 당칸'과 같은 高潔한 藝術家의 生活을 넘어 世界的 舞踊家의 큰 消息이 있기를 心祝한다.

崔承喜의 舞踊과 抱負를 듣는
崔承喜, 咸和鎭, 宋錫夏 鼎談會
– 三月三十日 半島호텔에서 –

李甲燮: 바쁘신데 이렇게 와주셔서 感謝합니다. 崔承喜氏가 舞踊을 世界에 結介하고 돌아오신 것을 機會로 朝鮮榮의 最高權威이신 咸先生을과 그리고 또 宋先生을, 이 세 분을 모시고 暫時동안 이야기해 주셨으면 하는 것입니다. 그러나 아무 제한은 하지 않겠습니다. 自由롭게 얘기해 주십시오. 時間도 바쁘신 것 같으니 卽時 始作하기로 하겠습니다.

崔承喜: (웃는다)

宋錫夏: 언제 東京에서 오셨죠.

최승희: 十二月 五日에 왔습니다. 滿三年만에 돌아온 셈이죠. 昭和 十二年인가요 十二月末에 떠나서 昨年 十二月初에 돌아왔으니까 꼭 滿三年되는 셈이지요.

송석하: 十二 十國(손으로 꼽으며) 그렇겠군요.

咸和鎭: 西洋에 가서서 民俗舞踊, 鄕土舞踊을 주로 하셨지요?

최승희: 프로그램을 대개 세 종목으로 나누었어요. 저는 워낙 朝鮮舞踊에는 조예가 없습니다마는 첫째는 現在에도 남아 있고 제대로 해오던 鄕土舞踊, 民間舞踊等을 다시 舞臺化시킨 것이고 둘W는 테마는 朝鮮 것인데 現在에는 舞踊化되지 않은 것은 제 想像力으로(이미지네이션)으로 이렇겠다 하고 만든 것, 즉 內地, 支那, 朝鮮, 印度에 있는 것에서 얻은 印象이나 感想을 가지고 만든 것 대개 그렀습니다. 그러니까 全東洋的인 舞踊, 鄕

土舞踊, 宮殿舞踊, 民俗舞踊 그런 것을 기초로 하고 創作한 것 또 한 가지는 예를 들면 초립동이는 초립동이의 까부는 느낌이라든지 天下大將軍의 '感じ'를 이미지메이션으로 表現하는 것이지요. 이런 것으로 이번에 西洋에서 했는데 그 사람들은 처음 보는데도 불구하고 잘 알아요. 印度춤보다 朝鮮춤을 그 사람들에게 알기가 쉬운 모양이예요. 朝鮮춤이라는 대개가 흥에 겨워서 다시 말하면 感情的이 아니예요. 喜怒哀樂의 감응은 코스모폴리탄한 것이니까요.

함화진: 그렇겠죠.

최승희: 西班牙舞踊하고 露西亞舞踊은 世界的으로 유명하고 포풀라한 것인데요. 이것이 포풀라하게 된 것은 흥에 겨워하는 感情的인 要素가 많은 까닭이죠. 이런 점에서 조선춤도 西班牙춤이나 露西牙춤에 넉넉히 따라갈 수가 있겠어요. 저는 硏究도 부족하고 아직 미숙하니까 그렇지만 좀더 훌륭한 사람만 있다면 確實히 센세이션을 일으킬 것이라고 생각합니다.

　　제가 한 중에서 '보살춤'이라든지 '傳統的 리듬'이라든지 퍽 평판이 좋았어요. 보살춤이라는 것은 下體는 그대로 두고 주로 손과 상체만 가지고 하는 것에는 서양사람은 동양사람보다 훨씬 못합니다. 그래서 보살춤이 問題도 됐고 評判도 좋았어요.

함화진: 獨逸에도 가셨든가요?

최승희: 南獨逸은 갔어도 북쪽은 못갔습니다.

함화진: 瑞西에는

최승희: 안 갔어요. 佛蘭西, 白耳義, 和蘭等에 주로 公演을 갔었습니다.

함화진: 전에 桂貞植氏가 獨逸서 學位論文을 쓰겠다고 할 때 西洋音樂에다가 朝鮮音樂을 연결시키겠다는 것이 論文의 主題였는데 레코드를 보내달라고 해서 보낸 적이 있었지요. 그러니까 瑞典이나 獨逸 같은 데서는 혹 짐작하는 사람이 있었을는지도 모르지요.

송석하: '엑켈스'라는 사람이 朝鮮音樂을 發表한 적이 있었지요.

함화진: 아, 그것은 論文입니다. 그 사람은 發表도 하고 講演도 했습니다. 李王職에 와서 樂器도 구경하고 듣기도 하고 硏究도 많이 했습니다. 지금 그 사람의 논문이 伯林大學博物館에 있다든군요.

송석하: 또 '모우리스 쿠랑'이라는 사람도 있었습니다.

함화진: 그 사람의 논문을 國語로 번역한 것을 읽어봤는데 모순이 많이 있습니다. 여러 해 연구는 했는데…

송석하: 和蘭公使館의 通譯官으로 '크릭크'란 사람이 있었는데 조선 음악을 참 잘 아는 사람이겠죠. 漢文을 여간 잘하는 것이 아니예요. 琴에다 歲를 한문으로 썼는데 참 잘 썼어요. 조선 사람은 따라가지 못할 것입니다.

함화진: 나이도 어렸죠.

송석하: 三十 가량 됐을까요.

이갑섭: 이것은 通俗的인 質問입니다마는 저는 이런 생각을 해요. 崔女史의 춤이 정말 그 사람들이 理解하고 그러는 것인지 또는 好奇心으로 그러는지 그런 疑心을 갖게 됩니다.

최승희: 네, 그런 말을 가끔 듣는데요. 거기에 대해서는 저는 當事者이니 만큼 생각도 많이 해 보고 注意도 하고 있습니다. 처음에 東京에서 公演하던 때 대단히 평판이 좋았지요. 그때 저도 이것이 신기하니까 호기심으로 그런 것인가 아닌가 생각도 하고 일반으로도 그렇게 생각도 했던 것 같아요. 호기심으로 그랬다면 앞으로 二回, 三回할수록 評判이 나빠질 것이고 평판이 좋아진다면 眞價가 있는 것이라고 생각했어요. 그림도 처음 볼 때에는 좋던 것이 두 번 세 번 자꾸 보면 싫어지는 것이 있지 않아요. 그래서 진중히 해야겠다고 조선에 나올 때마다 鳳山탈춤이나 '산대도감'이니 各地 鄕土舞踊等을 보고 미숙하나마 퍽 애를 썼어요. 그랬더니 二回, 三回, 四回, 다 評判이 좋았어요. 그것을 보고 호기심이 아니라는 것을 저도 자신을 얻었습니다.

　　西洋에서도 大衆들 속에는 호기심으로 보는 사람이 얼마간 있겠지요. 그러나 舞踊愛好家나 批評家들은 '안나 파보로바'니

'이사도라 던컨'이니 '아루헨티나'이니 하는 世界一流의 舞踊家들의 춤을 늘 보아와서 신기하다는 게 없을거죠. 各國 舞踊家의 衣裝이나 테크닉은 말로지만 舞踊家가 가진 소질을 뽑어낼 수 있지 않겠어요? 그것을 가지고 批判하니까 호기심 같은 것은 問題가 되지 않아요. 西班牙舞踊家와 저를 比較해서 평을 하니까요. 그런데서 결코 '珍奇'한 것만이 아니라는 자신을 얻었습니다.

　　대개 五日間씩 公演을 했는데요. 처음 날에는 'トツツキニクイ', 사팔수가 없다고들 그러던군요. 두 번 보고 세 번 보면 비로소 알 수가 있다고 理解할 수가 있다고 해요. '프로'는 나중으로 갈수록 좋지 않는데도 不拘하고 나중 프로가 좋다고 하는 것을 보면 신기해서뿐이 아닐 것입니다. 衣裝이나 테크닉은 달라도 그 舞踊家의 소질이라든지 創作力이라든지 그런 것을 보니까 제가 이번에 '하리아이'가 생긴 것도 그 때문이고 많이 參考도 됐고 工夫도 많이 됐습니다.

송석하: 崔先生은 처음의 出發이 西洋舞踊이였다가 그 뒤에 東洋舞踊으로 가시지 않았습니까? 저는 최선생이 대단히 영리하시다고 봅니다. 제가 東京에 있을 때 學生時代부터 石井漠氏의 무용을 보았는데요. 그 사람뿐이 아니라 대체로 서양무용의 모방에 지나지 않더군요. 동양사람은 肉體的으로도 도저히 서양사람에게 따를 수가 없고, 그러니까 그들의ㅣ 모방과 貧弱한 肉體的 條件을 가지고 外國으로 간다면 물론 성공할 수 없을 뿐 아니라 國內에서도곤 '이끼쓰마루'해 버리더군요. 거기에 비하면 崔承喜씨는 영리한 方法을 취하셨습니다. 춤이라는 것은 말할 것도 없이 素質이 있어야 되는데 소질이 있어도 자기 것을 만들지 못하면 舞踊美도 나타나지 않고 무용도 되지 않지요.

함화진: 춤은 精神作用이 主題가 되는 것이지요. 이 根本精神은 언제든지 잃지 않습니다. 十年, 二十年 내려오는 동안에 이름이 바뀌고 拍手도 바뀌고 했으나 근본은 변치 않는 것입니다. 춤에는

拍子가 主張이 되지요. 拍子가 맞지 않으면 춤의 美도 나타나지 않고 춤도 되지 않습니다. 춤에 무슨 정해 놓은 式이라는 것이 있나요. 우리가 좋은 글이나 좋은 음악을 들으면 저절로 흥에 겨워지고 주먹이 쥐여지고 하는 것과 마찬가지로 썩 잘 추는 춤이라면 老幼를 불구하고 어느 나라 사람이 보든지 좋다고 할 겁니다. 서양 사람들이 李王職雅樂을 와서 듣고 感想을 이야기하는 것을 들으면 다 좋다고들 하는데 그것이 단순히 '오베까'로 아첨으로 그러는 것이 아니고 진정으로 좋다고 한단 말예요. 崔承喜씨의 춤도 專門家들이 보면 아무리 처음 보는 것일지라도 그 춤의 精神이 어떻게 伴奏가 어떻다는 것을 알테니까요. 朝鮮 音樂의 반주는 自然히 어깨가 으쓱거려지고 한다는 것을 알테니까 崔承喜氏의 춤도 환영을 받았을 줄 압니다.

송석하: 춤에는 民族마다 버릇이 있어요. 손 하나를 들든가 발 하나를 들어도 그 민족마다 버릇이 있습니다. 舞風이라는 것이 있어요.

최승희: 民俗舞踊이라는 것은 그 나라사람이 아니면 자연스럽지가 않아요. 西班牙舞踊은 世界에 有名한 것이지만 누구나 해도 西班牙舞踊의 미묘하고 델리케트한 곳은 表現하지 못한데요. 그렇지만 西班牙女子가 하면 설사 춤은 서툴려도 잘 表現한다니까요. 그런 점으로 봐서 東洋사람이 西洋舞踊을 한다는 것은 어려운 문제가 아닌가 해요. 지금까지 저도 서양무용을 해왔는데요. 이제부터는 동양무용에 全力을 할 생각입니다. 그러나 지금까지 서양무용을 했던 것은 저한테 퍽 유용했다고 생각돼요. 지금 조선의 무용이라는 것은 시작도 없고 끝도 없는 것이 많지 않아요? 좋기는 좋으면서 '마도마라나이'한 것 한 개의 춤으로서 完成되지 않는 것도 있죠. 그것만을 가지고는 藝術作品이라고 할 수 없는 것이고 전에는 좋았으나 지금 衰해서 없어진 것이 있죠. 이런 것들을 가지고 새로이 創作을 해서 舞臺化시키는데 많이 도움이 되었습니다. 제가 배운 西洋舞踊을 朝鮮舞踊에 어울려서 만들려고 하니까 一種의 창작이지요.

서양무용을 배웠다는 것은 여러 가지로 有效했어요. 지금까지 해온 경험으로 테마는 이미한 테마를 잡아야 민중을 끌 수 있다는 것도 알았구요.

송석하: 桂貞植씨가 第一回獨奏會 때 바이오링으로 朝鮮의 타령을 했는데 西洋타령이 되고 말더군요. 아무리 잘 배웠다 해도 그렇게 하면 농담이 됩니다. 民俗藝術은 그 地方에서 自然히 우러나서 되는 것이죠. 朝鮮의 民俗舞踊도 南鮮 北鮮이 다르고 南鮮 사람이 北鮮 사람의 델리케트한 곳은 表現을 못하니까요. 애말배기춤이라는 것은 固城이 다르고 晉州가 다르고 馬山이 다르고 조금씩 다릅니다.

함화진: 民俗舞踊은 배우고 가르치고 하는 것이 없어도 그 지방이면 그 지방의 鄕土色을 나타냅니다. 朝鮮 안에서도 지방이 다 다르죠.

송석하: 在來의 것이라도 모방에 그치지 않고 자기의 것으로 만드는 사람이 나중까지 남는 사람입니다.

최승희: 西班牙에 '아르헨티나'라는 유명한 무용가가 있는데요. 世界的으로 有名합니다. 그 사람의 춤이 外國에 가서는 어디서든지 환영을 받지만 西班牙로 가면 그 사람의 舞踊은 邪道라고 순수한 西班牙의 舞踊이 아니라는 비난을 받는데요. 저도 그런 念慮가 없지 않습니다. 워낙 硏究時日도 짧은데다가 朝鮮에는 材料도 적고 그런 關係上 제 想像力으로만 하는 純粹한 것이니까 여기서들 제 무용을 보시고 이것은 조선춤이 아니라 하실지도 모릅니다. 저도 각오는 하고 있습니다마는 제 생각으로는 國內의 누구가 보아도 좋다고 하고 世界의 어느 나라 사람이 보아도 좋다고 하게 되기가 제 소견이예요. 전에는 末梢化된 西洋舞踊 테크닉도 많이 混入되어 있었습니다마는 이번 公演에는 그런 것은 없습니다. 이번에 보시고 어디가 不足한지 기탄없는 意見을 말씀해 주세요. 材料가 있으면 재료도 제공해 주시고…

함화진: 이번 公演을 끝내시고 어디로 가십니까.

최승희: 四月下旬까지 朝鮮에 있다가 滿洲로 갔다가 九州를 지나서 東京으로 돌아가겠습니다. 北京에는 다음 機會에 가겠어요.

송석하: 崔先生은 지금이 제일 흥도 나실 겁니다. 지금까지는 한 習作時代였지만 지금은 그것을 지나서 나가실 길도 짐작이 나섰겠고…

최승희: 무용한지 十五年째 됩니다마는 外國 가서 제 밟아나갈 使命을 깨달았어요. 이후의 理想으로는 朝鮮舞踊을 土臺로 하고 힘이 자라는 대로 全東洋的인 것도 해볼려고 합니다. 佛敎藝術도 좀더 硏究하고 印度舞踊 日本鄕土舞踊 流球舞踊 같은 것도 손을 대보겠습니다. 조선무용만으로는 스케일이 적으니까요.

송석하: 世界的으로 나가셨으니 끝까지 나가셔야지요…
　　　　沙里院에 누워서만 추는 사람이 있었지요? 천목이라는 사람이죠. 보셨습니까?

최승희: 네, 그게 제일 재미있더군요. 저도 이번에 그것을 基礎로 해서 만든 假面舞踊이라는 것을 합니다.

송석하: 瑞典의 '베르그망'이라는 사람이 와서 보고 좋다고 稱讚을 하더군요. '휴러쓰게'도 가르쳐 달라고 하고… 거기에는 그 사람 하나밖엔 없습니다.

최승희: 누웠다가 일어나는 것이 퍽 자연스럽더군요.

송석하: 누웠다가 일어나는 시간 사이가 대단히 깁니다. 언젠가 한 번 時計를 꺼내서 세어보니까 누웠다가 양손을 뗄 때까지 꼭 二十分입니다. 보는 사람은 긴 것을 모르고 보게 되죠. 방울소리와 꼭 마치면서 춤이 넘어갑니다.

함화진: 이번 公演은 遺憾 없이 準備되었나요.

최승희: 음악을 걱정하고 있습니다.

송석하: 技術이 나빠도 춤의 '고쓰'를 잘 아는 사람이어야 되요. 音樂은 잘 몰라도 춤에는 마칠 줄 아는 사람이죠.

최승희: 歌舞伎座에서 朝鮮樂으로 伴奏를 했더니 어떤 사람은 귀에

익지 않아서 서투르다고 洋樂으로 해달라고 하는 사람도 있고 또 朝鮮樂의 몇 가지를 가지고 반주를 하는 것이 심포니 오우케스트라로 한 것보다도 몇 배 났다고 單純한 속에 미묘한 하모니는 如何한 오우케스트라의 比가 아니라고 極讚을 하는 사람도 있었어요. 음악이 춤을 따라간다고 해요.

함화진: 伴奏者에 適當한 사람만 있으면 專屬으로 두실 意向이 계십니까?

최승희: 네, 앞으로 十年은 더할 생각이니까요. 제가 무용생활을 할 때까지 손을 맞잡고 할 만한 사람이 있으면 하겠어요. 朝鮮音樂을 世界的으로 進出시키고 싶다는 野心도 있으니까요(웃는다). 조선음악을 위해서 一身을 바치겠다는 사람이 있으면 언제까지든지 함께 硏究하겠습니다.

이갑섭: 앞으로 十年은 더 繼續하신다면 그 뒤에 崔女史의 藝術을 매길 만한 弟子를 發見하셨습니까. 그런 사람이 있어요. 제자도 양성하고 계십니까?

최승희: (웃으며) 弟子養成보다 제가 硏究할 것이 泰山 같아서요. 뭐 그럴 여유가 있어야지요.

함화진: 門下生은 없으십니까?

최승희: 전에는 四五十名 두어 봤어요. 後繼者를 養成하겠다는 意味로 하나 둘 뽑아 가지고 가르쳐 봤는데… 여러 가지 지장이 많았어요. 그러나 有望한 아이만 있으면 이후라도 후계자를 양성하고자 합니다. 그리고 제 딸이나 조카딸 속에서도 뽑아 가지고 가르쳐 볼려고도 합니다. 저희들도 좋아하니까…

함화진: 世襲을 생각하고 계십니다그려…

(一同笑)

최승희: '가부끼'(歌舞伎)에서 第五郎이라 하는 사람의 五代目(로구다이메)이라 하지 않아요? 저는 그것이 一理가 있다고 봐요. 아무 애는 熱心으로 가르쳐도 중간에 튕겨지면 大成하기 전에 아무 것도 안되니까요. 그러니까 제 딸이나 조카딸들에게 가르

치려고까지 하는 생각이 나지요. 물론 끝까지 해보겠다는 希望
者가 있다면 얼마든지 養成해 보고자 합니다.

함화진: 전에 國內省의 俱樂部엘 갔는데요. 그 사람들더러 언제부터
했느냐고 물어보니까 어떤 사람은 三百七十年이 됐다고도 하
고 또 어떤 사람은 三百年이라고도 하고 자기들도 代數를 모
른다는 말이예요- 七年卒業으로 樂士가 됐는데 老人은 받지도
않습니다.- 그래 어째서 代數를 모르느냐 물으니까 자기 專門
樂器에 비방이 있어서 그 비방은 絶對로 남에게 가르쳐 주지
않는데요. 남에게는 普通 것은 가르쳐도 비방만은 子孫이 아니
고는 안 전한 돼요. 崔先生도 무슨 비방이 있으십니까?(一同笑)

최승희: 글쎄요. 제 자신이 未洽하나마 十五年以上 걸어온 舞踊家로
서의 努力의 結果를 後輩에게 가르쳐 주려고 노력은 합니다마
는 어디 如意하게 아니되네요. 저는 私的으로 舞踊生活을 秘訣
로써 未公開시킨다는 생각은 조금도 없습니다. 그게 親戚이거
나 他人이거나 大成하는 希望이 있는 後輩에게 전하려 합니다.
그러나 舞踊家로서 大成하기 위한 長時日의 努力을 끝내 갖는
사람이 드물어 걱정입니다.

함화진: 民俗的舞踊이라고 할까 하여간 여기에는 崔承喜氏가 世界的
으로 되었는데 그 才操를 아껴서야 되겠습니까? 一身의 光榮
만으로 생각마시고 뒤에 오는 사람들을 指導하셔야죠.

최승희: 네, 워낙 제가 미숙해서… 가르칠 여유도 없고… 硏究도 不
足해서… 오늘도 두 분 先生에게서 좋은 말씀 가르쳐 주시기
를 바라면서 왔습니다. 다른 機會에 그건 듣기로 하고… 何如
間 그 정도로 좋았을는지 모르지만 여기서 先生님들이 보시고
기탄 없이 말씀해 주시라고 하지 않았어요… (記者를 向하고)
모처럼 불러 주셨는데 변변한 말씀도 못 드리고 私談만 해서
미안합니다. 後日에 機會가 있으면 다시 뵙기로 하지요.

≪별건곤≫(제39호) 1931.4.1.

崔承喜孃이 約婚했다… 고한다.

조선의 괴로움을 춤추는 우리 최승희양. 조선사람의 설움을 춤추
는 우리 최승희양. 그가 한 번 무대에 올나서서 보드라운 각광(脚光)
을 밟을 때에 그의 연한 팔에는 조선의 괴로움이 아련히 백혀 보이
고 그의 고흔 다리에서는 조선사람의 설움이 매듸매듸 숨여난다.

그는 조선의 괴로움을 알며 그는 조선사람의 설움을 말업는 예술
로써 우리에게 보여준다.

만일 거기에 조곰 미흡한 점이 잇다 하면 그것은 차라리 그가 압
흐로 대성할 남어지가 잇다는 것을 말함이요 속단을 허하지 안이하
는 것이다.

그의 정성은 붉다. 그는 붉은 정성으로 조선의 괴로움, 조선사람의
설움을 춤추는 조선의 애인이요 우리들의 애인이다. 최승희양은 우리
가 가진 다만 하나의 애인이다.

조선의 애인-우리의 처녀무용가 최승희 양이 약혼을 하엿다는 소
문이 전한다. 이 소식을 아직 듯지 못한 이에게는 과연 놀나운 말일
것이다.

그러나 그 놀나움은 불행의 놀나움도 안이요 그러타고 행복의 놀
나움도 안일 것이다. 그저 다만 지금까지 우리의 만흔 사랑을 바더
내려오든-조선의 모든 젊은이의 애인이든-최승희양이 약혼을 하엿다
는 것이…. 그리하야 오래지 안아 사람의 안해가 될 것을 생각하고
놀내는 것일 것이다.

물론 최승희양을 조선의 애인으로써 사랑하는 조선의 젊은이들이

그로 하여곰 인생으로써 반드시 밟어야 할 길 녀자로써 반드시 마지 하여야 할 일을 말리려는 생각은 안일 것이다. 아—니, 그들은 도리어 최양의 장차에 빗날 질거운 결혼생활을 축복하기에 쌍수를 올녀 크게 소리칠 것이다.

그러나 그러하는 마음 한편 구석에는 무엇인지 모를 적막을 늣기일 것이다.

그것은 지금까지에 모든 조선 사람의 애인이든 최양이 한 사람의 애인이 되는 때문이요 한 애기의 어머니가 될 터이기 때문이요 처녀무용가라는 로—맨틱한 후광(後光)이 사라지는 때문이다. 그러타고 해서 결코 투기로운 마음으로가 안이다. 다정한 마음 연연한 마음으로다.

그러면 최승희양의 배필로 작정이 된 미워할 수 업는 략탈자(略奪者)는 누구냐?

이것이 우리의 가장 궁금한 문제일 것이다.

여기에 대하야 우리는 여러 가지로 그 모습을 상상하여 본다.

스팔타의 무사가튼 강장한 스포—츠맨?

자연과 인생을 읍조리는 시인?

뿌라스코에 시험물을 집어너코 일심으로 그 변화를 굽어다 보는 화학자?

문인? 음악가? 짜—나리스트?

안이다. 다 틀녓다.

금년 봄으로써 둥근 모자를 버서노코 뿔모자를쓰고 淸凉里에서 락산 밋 본과로 옴겨 올 한 칼네지 뽀—이다. 그는 지금 학생이다.

지식을 흡수하기에 골몰하고 잇는 압길이 툭 터진 학생… 젊은이… 청춘이다.

우리에게서 귀여운 애인을 빼아서 가는 그야말로 미웁기는 하면서 그러나 미워할 수 업는 일이다.

성명은 누구인가? 그것은 당분간 알지 말고 지내자.

고향은 어딘가? 그것도 잠시 후면 알 수가 잇다.

언제 결혼을 하려는가?

그것도 국수나 먹으면서 알을 일이다.

이 소문이 정말인가, 허무한 풍설인가. 최승희양을 즉접 맛나보고 물어보는 것도 괜찬흘 것이다. 그러나 어둔 밤에 홍둑개라는 푼수로 그대로 그러한 말을 쑥 내놀 수야 잇나… 슬슬 에둘너서 눈치나 보기로 하지.

記者: 엇지 입대까지 결혼을 안이 하심니까?

崔: 그거야 저…. 아직 충분히 생각을 해 보지도 안이햇서요.

記: 그러치만 인제 결혼을 하시기는 하실 터지요?

崔: 그거야 그럿습니다…. 만은 엇젯거나 그런 말슴은 인제 조용한 틈을 타서 자세히…

記: 그건 그러신다고 하고,,, 요지음 저…… 거시기(말을 내기가 장히 거북하다)약…약혼을 하엿다는 소문이 잇는데요.

崔: 아직… 그건… 그런 일은 업는데요.

記: 네! 그러세요. 그러면 대개는 알겟습니다.

여기까지 이야기를 한 기자는 한 결론을 어덧다. 즉 최승희양이 약혼을 하엿다는 것은 전연 사실도 안이요, 전연 거짓말도 안이다. 그런데 당자는 압흐로 결혼할 것을 부인은 안이한다.

그러니까 아직까지 약혼까지는 안이 하엿더래야 인제 오래지 안하 약혼을 할 전야(前夜)에 잇다는 것이다.

만일 이 축측이 빗두러젓다면 최양을 비롯하야 만천하의 최양 파트론에게 백배 사죄를 한다.

≪별건곤≫(제44호) 1931년 10월 1일

그 後의 生活 秘錄(1),
崔承喜 女史 家庭 訪問記

구지 구지 감추어 두엇든 사랑의 화살이 푸로藝術同盟의 幹部 安漠氏에게 던저지자 저널리스트의 첨예화한 붓끗과 젊은 長安 팬들의 서늘한 간장에 유황불을 껴언든 달도 어언간 넉달이란 손을 곱게 되엿쓰니 지금은 한 가정의 아담하고 상냥한 안악이다. 安漠氏의 귀여운 이 부인은 지금 어떠한 길을 개척하며 것고 잇는가? 이는 氏의 의지와 매번 공연의 푸로그람에서 氏의 방향을 짐작하고 알어볼 것이니 구태여 말하고 십지 안타.

기자가 積善洞을 차저 갓슬 때는 가을 햇볏이 멀니 땅 우를 내리 빗칠 때 아침 열한 시경이엿다.

문밧게서 얼슬넝거리면서 崔氏를 차즐 때에 안으로부터 白髮이 성성한 노인 한 분이 나오며 "承喜 찻소. 그 애가 압허서 누어 잇소. 어서 드러오우. 감기를 들려서…" 하고 친절하게 대하여 주는 氏의 얼골 모습은 直覺的으로 氏의 자당임을 알엇다.

부억을 지나 올흔편 손족 첫방이 바로 氏의 침실이엇다. 기자가 신발을 벗고 방안으로 드러갓슬 때는 파리-하게 된 얼골빗이 독한 감기에 쫏김을 넉넉히 짐작할 수 잇섯다. 그러나 화장하지 안흔 그의 본 얼골과 潑剌한 그의 어조에 약간 부자연한 군음이 끼인 것이 오리려 조흔 인상을 던저 주엇다.

"어제부터 병석에 누으섯나요? 이번에 너무 수고 만히 하서서…"

"아니요. 천만에 감기 알튼 지는 벌서 이십여 일이나 되는데요. 그러니까 이번 공연도 압흔 중에서 전부 잇는 힘과 잇는 렬성을 모-도 집중하여 자우행하게 되엿서요. 그때에 나는 그까짓 무대에 쓰러저라 하고 나가 한 것인 만큼 연습도 불충분하고 또 몸도 압헛고 하여서 조곰 연긔하려 하엿스나 신문지상에 보도가 벌서 되엿고 또 그이가 저러케 저 안에 드러가 게시고 하니 혹 거게 근심하여 못나오는가 남들이 말성도 잇슬 것 갓고 하여 겨우 사흘로 끗맛치엿는데 지금은 두통이 나고 신열이 오르고 하여 이러케 누어 잇습니다." 어듸까지 굿센 의지의 소유자인 氏는 머리를 숙이고 이와 가티 대답하고는 다시 또 말을 계속하여 "괜이 그들이 저러케 오래두는 것을 보니 언제 나올지 참말 걱정이야요. 벌서 한달이나 되는데…"

걱정과 수심에 그의 얼골은 젓고 잇섯다. 그의 눈은 천정 한판만 처다보고 빙빙 도는 애닯흔 정경이야 가튼 립장에 처한 사람이 아니고는 어느 누가 그 속을 알 것일가?

"그러면 安漠氏가 경찰서에 드러가신 후의 감상은?"

"감상이라야 무슨 감상이 잇겟서요. 나도 그이의 주의에 공명하여 싸우겟다는 생각밧게야. 말하자면 빈약한 이번 공연도 결국 씨의 뒤를 이어하지 안어서는 안될 엇떤 사명이지요. 그러나 내용이 빈약하여 여러 대중에게 미안한 것밧게 잇습니까?"

고마운 대답에 긔자도 그저 고개만 끄덕하엿다.

"지금에 생활은 어떳습니까?"

"결혼하기 전이나 별로 다름이 업습니다."

"경제 문제로 곤난하거나 전보다 더한 편인지요?"

"글세요! 그리 풍부하지 못합니다. 더욱 조선 사람으로 풍부하다면 부자라는 일홈을 엇기 전에야 어듸 무엇이든지 마음대로 넉넉히 쓸 수가 잇서요? 우리는 그저 쫄니지 안는 만큼 지나니까 그리 옹색한 것은 늣기지 안어요."

"식구는 멧 분이나 됩니까?"

"연구생 일곱 명을 우리 집에 두엇고 또 아버님이 이 애들을 감독하시느라고 와 게시고 또 어멈 하나까지 열한 식구이지요."

"언제 드르니까 팔판동 싀댁에서 부억일에 매우 취미를 가지시고 팔 것고 일 잘하신다고 소문을 드럿는대요."

"저는 결혼하고 나서는 곳장 여기 잇섯지요. 각금 아버님 어머님 뵈러갈 뿐이지요."

"싀부모 되시는 이들은 두 분의 주의(主義)에 대하여 리해하십니까?"

"네! 결혼 승락까지 할 제는 모-든 것을 잘 리해한 폭이겟지요. 그러고 퍽 싀부모 되시는 이들이 친절히 구러줌으로 애착이 퍽 잇습니다."

어데까지 선량하고 의긔 잇는 부인인 씨는 싀부모의 내면생활이나 혹 그분들이 씨에게 대한 태도를 어듸까지 얌전히 하여주며 리면의 무엇을 알려는 저널리스트의 곱지 못한 심정을 갈피를 못찻게 한다.

"혹 실례될넌지 모르지만 결혼 이후의 감상은?"

"무얼요. 별다른 것이 업서요. 앗가도 멧 번 말하엿지만은 그의 지도 밋헤서 어데까지 나의 할 역활을 굽힘업시 하여 나갈 결심밧게요. 더욱히 빈약한 무용게에서 나는 실컨 싸울 생각이 간절할 뿐이지요. 엇던 분들은 내가 결혼하엿쓰니 스테-지에 다시 나오지 안으리라는 추측도 하여 가지고 잇는 이도 만흔 모양이지만 나는 결혼하엿슴으로 동지인 안막씨와 굿게 악수하면서 더- 힘차게 나갈 것이 나의 이후의 일이겟습니다. 하여간 우리의 결혼이 결코 무의미한 것이 아니니까요."

굿센 의지의 새로운 투사들의 이 외침이 얼마나 살길을 차즈려 헤매이는 이들에게 조흔 청량제이랴. 어디까지 경쾌한 어조에 세련한 사교술이 듯고 안진 긔자를 황홀케 할 뿐이엿다.

"혹 어린애를 나으시면?"

"아이 별 말슴 다- 하서요. 호-호-호. 아마 당분간은 그럴 리 업게죠만은 만일 그런 일이 잇다손 치드라도 결코 무대를 떠나지 안을 것입니다. 하다못해 연구생을 ヒトリマエノモノ를 만들기 위해서라도."

"이번 푸로그람 작성에 몹시 고닯거나 또 힘드시다고 생각하시지는 안엇나요."

"본시 그 방면이 나의 나갈 바라고 정한 이상 고닯흠도 힘듬도 모다 업서요. 다만 새로운 길을 더- 힘차게 나가려고 생각이 가득할 뿐이야요."

과연 씨는 괴롬도 고닯품도 감각지 못할 만큼 열성의 열성으로 연구하는 것은 누구든지 부인할 수 업는 사실이다. 더욱이 十字架 人造 人間 未來는 靑年의 것이다. 이 제목의 무용 그것이야말로 무용 이상의 가치가 잇겟쓰며 수만흔 대중에게 만흔 쑈크를 주엇다고 보겟다.

"푸로그람 작성은요?"

"그것도 제가 꾸며요."

"그런데 이번에 안막씨가 예비검속 당햇슬 제는 씨의 힘이 퍽 유력하엿뜨구만요."

"그때 싀골로 가지 안어서는 안될 급한 사정이 잇섯서요. 그러자 시골 가기 전날 드러가시엿슴으로 고등게 주임을 맛나 이야기하여 그날 밤으로 나온 일이 잇는데요. 그때도 특별한 환경에 처하게 됨으로써 할 수 업시 가 말한 것이지 그러치 안으면 무어라고 그들에게 굽석거리며 청을 할 리가 잇겟습니까?"

"서적은 엇던 류의 것을 보서요."

"별로 볼 사이가 잇서야지요. 무용에 대한 것을 보는대 로서아 것이나 아메리카 것을 보나 하나도 취할 것이 업서요. 그래서 전부 창작으로 하지요."

말이 끗나자 오정 소리가 요란히 들려왓다. 이러 서서 나올랴 함에 씨는 "또 오서요. 긔운 업서서 나가지 못합니다." 이 소리를 드르면서 씨의 침방을 나왓다. 문밧게 발을 옴겻슬 제는 햇님이 서늘-하게 머리 한편을 쪼이여 주엇다. ─끗─

삼천리≫(제7권 제9호) 1935.10.1.

그리운 故土를 차저서

<半島의 舞姬>를 백이려

<半島의 舞姬.>

<조선이 나흔 세계적 무용가.>

崔承喜女史가 서울의 고토를 밟기는 지난 9월 14일 오후 세시 이엿다.

한번 이 땅을 떠난 뒤 다시금 東京으로 건너가 東京市 麴町區 九段2의 17, 九段會館 2층을 빌여 <崔承喜舞踊硏究所>를 두고 오로지 무용에다 온몸을 기우려 오는 女史는 第1回 新作舞踊發表會를 지나 오늘에 이르는 동안, 그의 무용가로서의 天分과 재조는 널니 세상사람들이 잘 아는 사실이다.

이 第1回 發表會가 한번 끗나자 東京에 잇는 모든 藝術家, 評論家, 舞踊家들은 일제히 그에게 격찬과 찬사를 보내고 잇스니, 石井漠씨 갓흔 이는 "…그 녀자의 一擧手, 一投足은 보통 사람의 두 倍의 효과를 낼 수 잇다"고까지 충찬하엿스며, 川端康成 갓흔 이는 말하기를 "…崔承喜는 日本에서 제일가는 훌륭한 체구를 가젓다, 그 녀자의 춤은 크다, 그러고 힘이 잇다… 아마 그 녀자 한 사람에게서는 훌륭한 민족의 냄새를 엿볼 수 잇다"고까지 찬사를 보내고 잇스며, 左翼演극 평론가의 제일인자 村山知義는 말하되 "…그는 육체적 천분과 오랜 동안의 근대 무용의 기본적 훈련우에, 옛날 조선의 무용을 살닌 가장 훌륭한 예술가이다.…"라고.

그 외의 수만흔 팬들은 "오늘날 일본녀성이 가진 최고의 육체를

가진, 그는 확실히 현대 일본의 녀성을 대표할 만한 무히임은 결정적
사실이라"고―.

이러틋 녀사가 오늘의 영에를 세상에서 엇기까지에는 뜨거운 눈물
도 수업시 흘니엿고 쓰라린 가슴도 멧 번이나 쥐여 뜨덧든 것이다.

그리고 불우한 경우도 그 멧 번이나 뛰여 넘어 왓섯든 것이다.

어찌되엿건 오늘의 녀사는 <스페인 舞踊의 아루헨디-나와 가치
조생무용의 최승히>라고까지 일크르게 되엿스니 이 엇찌 과거의 거
리온 다난 하엿든 길이 싸허논 위대한 긔록의 금자탑이라 안하리오.

이러한 崔승히 녀사가 <新興키네마>에 入社하여 또한 스크린 우
에 아름다운 육체미를 나타낸다고 하는 소문도 만흔 사람들의 耳目
을 놀내이게 한지가 벌서 오래전의 일이다.

이러케 무용으로, 영화로 명성을 온 몸에 차지하고 잇는 崔녀사가
한번 그리운 고토를 차저나오게 됨에 다시금 그의 생활과 장차 거러
나갈 푸란을 적어 이 땅 사람들의 압혜 널니 알니울까 한다.

최승씨가 이번에 조선에 나오기는 新興映畵社入社후 第 1回 作品
인 그의 自敍傳인 <半島의 舞姬>라는 영화를 촤령하려 나온길이라
함은 당시에 신문들이 일제히 알니운 뉴-스이엿다.

이에 기자는 녀사를 차저 그의 포부와 그의 생활 등을 알어 보려 그
가 들어 잇는 市內 御成町에 잇는 大塚旅館으로 그를 찾기로 하엿다.

2, 3일 내로는 곳 다시 東京으로 돌아갈 예정이라는 소식을 들은
기자는 그를 맛나기가 좀 어려우리라는 것을 생각하고 미리 전화로
그의 유무를 무러 보앗다.

아니나 다를까 녀사는 아츰 일즉이 일행과 가치 로케이슌을 하려
떠낫스며, 낫에는 맛나 보기가 좀 어려우리라는 것을 알엇다.

그래서 기자가 녀사를 맛나기는 바로 그날밤 7시 반경이엿다.

로케이슌을 하고 바로 돌아온 씨는 근방 목용을 하고 나오는 길이
엿다.

간단한 인사의 말이 가고 오매 녀사는 명낭한 목소리로 기자의 무

름에 서슴지 안코 대답하여 준다.

記: "메출 동안이나 잇슬 작정인가요."

崔: "사흘동안만 잇고는 곳 떠납니다."

記: "웨 그러케 속히 떠나나요."

崔: "퍽 밧버요, 모래 들어가서는 곳 北海道로 떠난담니다."

記: "그리로도 역시, 로케이슌으로 가나요."

崔: "안이여요, 東京에 잇는 무용연구소원들을 다리고 무용 공연차로 東北地方을 쭉 돌아서 北海道까지 갑니다, 아마도 10일간쯤은 걸니겟서요."

記: "이번 나온 것은 신흥키네마에서 백이는 自敍傳을 촬영하려 나오섯나요."

崔: "네 그럿슴니다, 그런데 이번 촬영하는 영화는 自敍傳이 안이라 <半島의 舞姬>라는 일홈으로 백인담니다, 自敍傳으로 하면 스토리가 너무 재미업슬 것갓해서 다소간 加減해서 백이지요."

記: "멧군데서나 백이나요."

崔: "오늘은 麻浦東幕에서 로케이슌을 하엿지요, 그리고는 조선사람의 빨내하는 것이 라든지, 멧가지 풍속을 촬영하엿담니다, 내일은 市外彰義門박 洗劍亭에서 로케이슌을하고 모래는 和信과 그 외 멧군데서 백이고는 곳 들어가게 되엿서요."

記: "이번에 나오시기는 멧분이 나오섯나요."

崔: "감독인 今日出海씨와 좌령기사 한사람과 나하고 세사람이 가치 나왓서요."

記: "新興키네마社에는 어떠한 포부를 가지고 入社하엿나요."

崔: "제가 신흥키네마사에 들어간 것은 결코 나의 본직인 무용을 버린 것이 안이라 오히려 나의 무용연구의 비약적 발전과 아울너 무용의 대중화를 목적함이여서 꾸준히 무용연구를 하는 한편 틈틈이 영화사의 일을 보고 잇지요. 나의 마음은 언제나 열정을 다하야 예술-특히 무용-을 통해서 우리 민족의 자랑을 세계에 알니고자 하는 생각에 가득할 뿐입니다. 실로 이번에 백이는 작품 도 얼마마한 성과를 나타낼넌지요."

記: "금후는 계속해서 新興키네마사에 잇서 스크린우에 나슬작정인 가요."

崔: "안임니다. 처음 영화사와 관게를 매즐 때에는 단 두 개 만 백일 작정으로 서로 게약하엿지요. 그래서 이 <半島의 舞姬>를 백이고 또 하나를 백이고는 그만이지요."

記: "그러면 그 이외에는 더 스크린에 안나슬 작정인가요."

崔: "그야 그때에 보아야 하지요, 스크린을 통해서 좀더 무용을 일반 대중에게 널니 알니울냐고 하는 것이니 이 두편의 영화를 백여낸 다음의 영향을 보아서 조흐면 다시 계속하고 그러치 못하면 그만 두지요."

記: "東京에 잇는 무용연구소원이 얼마나 되나요."

崔: "한 이십명됨니다. 그런데, 대부분은 녀자들이고 남자는 2,3인 박게는 업서요. 그리고 조선사람도 두엇 잇슬 뿐이예요."

記: "北海道에서 돌아와서는 조선까지 나온신다지요."

崔: "네, 北海道에서 돌아와서는 곳 東京에서 제 2회 발표회를 日比 谷 公會堂에서 개최하고는 그길로 大阪, 京都등지를 쭉들여서 조 선까지 나오겟서요. 아마 조선에 나오기는 10월말경이나 되겟서 요, 그리고 들어갈때에 4國地方을 들이겟서요, 이러케 밧부니 자 연 영화는 히마히마로 백인담니다, 그래서 이 <半島의 舞姬>만도 백이자면 약 半個年은 걸여야 된담니다.

記: "이번 백이는 <半島의 舞姬>에는 조선장면이 얼마나 들어가나 요."

崔: "약 5分之1쯤 박게는 안되여요, 그리고 대개는 東京장면이 대분 인데, 전부 국어 올토-키로 백임니다."

記: "금후 조선에다 무용연구소를 둘 생각은 업슴니까?"

崔: "아즉은 더 연구할 것이 만코 해서 동경에서 얼마동안은 더 잇 서 충분히 연구를 계속 하겟서요."

記: "동경에서 하는 연구만으로 충분하다고 생각함니까."

崔: "역시 불충분하지요, 그러기 때문에 한 일이년후에는 외국으로 더 공부하려 갈 작정임니다."

記: "어느 나라로 갈 작정임니까. 아메리카인가요. 또는 이태리인가요?"

崔: "안님니다. 아메리카에는 더 배울 것이 업슬 줄 아러요. 그리고 이태리도 무용에 대해서는 그리 조치 못해요. 불난서 巴里로 갈 작정임니다."

記: "기어히 가기로 햇슴니까."

崔: "네, 꼭 가겟슴니다. 그리고 돌아와서는 조선에다 무용연구소를 둘 작정임니다."

끗흐로 10월부터 만 1개월간 일본 전국을 순회하며 공연할 新作 무용발표회의 푸로그람을 적어 미리부터 녀사의 京城공연을 기대리기로 한다.

第1部

1. ≪王의 춤≫……………銅鑼伴奏
2. ≪犧牲≫……………뿌롯보曲
3. ≪세개의 詩≫……………쿠레인曲
   A. 드라마틱·포엠
   B. 리릭·포엠
   C. 안데익·포엠
4. ≪狂想≫……………베-도-벤曲
5. ≪朝鮮風의 데유엣드≫…朝鮮俗曲 音樂部編曲

第2部

1. ≪無憂華≫……………쇼판曲
2. ≪巫女의 춤≫……………朝鮮古曲 音樂部編曲
3. ≪習作第三≫……………無音樂

4. ≪假面의 춤≫·········打樂器伴奏

5. ≪靑春≫··········사라사-데曲

第3部

1. ≪세개의 코리안·메로듸-≫ 朝鮮音樂 音樂部編曲

    A. 靈山調

    B. 民謠調

    C. 盡陽調

2. ≪赤과黑≫······피아노·銅羅伴奏

3. ≪호니호로師≫······角野錦生曲 音樂部曲編

4. ≪金손가락의 춤≫······그리엘曲

5. ≪마음의 흐름≫················챠이콥흐스키-曲

   以上.

≪삼천리≫(제8권 제12호) 1936.12.1.

藝術家의 雙曲奏, 文士 張赫宙氏와 舞踊家 崔承喜女史, 場所 東京에서

崔承喜: 오래간만 이올시다. 언제 東京에 오섰어요.

張赫宙: 올 봄에 왔어요.

崔承喜: 부인께서도 함께?

張赫宙: 나 혼자올시다. 이번 길은 동경으로 고학하러 온 셈이여요. 어떠십니까, 사업이 잘되어감니까

崔: 여러 가지로 번민도 있어요. 저도 조선에서 연구소를 열고 있을 때는 東京에서 築地小劇場의 푸로 예술이 전성할 때이기에 시대 사조를 탓든 탓이든지요. <建設者> <그네의 行進>이라 하는 등의 작품이 조선에서는 매우 환영을 받었어요. 조선 사람의 사상 감정을 노골스럽게 표현했든 까닭인가 봐요. 그러나 지금은 그런 정도로도 표현할 수 없으니깐 안타까워요.

張: 나는 동경서 당신의 춤을 본 일이 없으니까 무에라고 말할 수 없으나, 그러한 사상적의 것을 하고싶은 마음만은 결코 반대하지 않지만 너무 억지를 써가며 할 것까지는 없을걸요.

崔: 그러한 춤은 예술지상주의자들로부터 납부게 악평을 받어요. 그저 西班牙식으로 조선의 호화로운 것만을 하여 내놓으면 아모 탈이 없지만도요

張: 나의 작품이 거러온 자최로 거지반 그와 가태요. 나의 작품에는 초기의 <餓鬼道> <쪼기는者> 등은 몹시 좋와해서 일종의 영웅과 가치 떠 받들어 주더구만, 그러나 생각해보면 이러한 초긔의 작품을 즐겨하는 것은 유치하다고 생각해요. 가령 당신의 <에야라·노

아라>라거나 나의 <權哥라는 작자>라든지는 기뻐하지 않어요. 마
츰 大邱에서 당신 공연이 있었을 때에 나의 옆에 師範學校 諭가
섯다가 <에야라노아라>를 좋지 못하다. 조선 민족의 결점을 폭로
해주는 것이라고 이렇게 말하더군요. 결국 그 춤 속에 있는 <유-
모아>가 알려지지 않는 모양이여요. 어쩐지 자기네들의 약점이 폭
로 되어지는 듯한 생각이 드러 그런 게지요. 나의 <갈보>도 폭노
적의 것이기에 장혁주를 죽여 버려라하는 소리까지 있었어요.

崔: 나도 그 점을 통감해요. 문단에서 무용에 가장 깊은 리해를 가진
사람 중의 하나인 村山知義씨조차 <에야라노하라>에 표현되여
있는 조선의 순풍 속이며 <칼이카추아>를 보면 어쩐지 우리들의
모양을 제 자신이 폭로하는 듯해서 덜 좋다고 말해요. 대체로 문
사 양반들조차 너무 純朝鮮的인 것은 좋아하지 않았어요. 결국
내가 가지고 있는 <유모-어>의 본질이 표착되지 않는 듯해요.

張: 그래요. 제일류의 군센 족속들이면, 제 모양 어떻게 <칼니카추
어>화할지라도 대수롭지 않게 웃고 지내련만-너무 정직하게 조선
의 감정이 표현되 나오면 좋와하지 않어요, 어째 그것을 모를가.

崔: 아니지 몰느는 것이 아니고 지금 말슴한 僻때문이여요. <쪼기는
무리>와 같은 사상적, 반항적 생활적인 것을 기뻐해요. 진실로
이러한 것을 하면 객석서는 몹시 좋와하지만, 그러나 <유모-어>
를 내면 이번에는 아조 슬혀하는 걸요.

張: 그런 점에 망설이지 말고 예술적인 것을 하여 가는 것이 나는
좋을 줄로 생각해요. 나는 <朝鮮風 듀엣도>를 보고 느꼈는데 거
기에는 농촌의 젊은 남녀들의 심리며 憧憬이 잘 나타나 있다고
생각해요. 그런 점으로는 별로 난점이 없다고 생각해요.

崔: 그런데 조선무용의 기교에는-의식이나- 정신을 충분히 표현할
수 없어요.

張: 무용은 소설과는 달느니까 극적 요소를 너무 넣으면 곤란하리라
고 생각해요. 전혀 넣지 말나고는 않지만은, 내 생각에는 문학적
내용을 넣지 말고 보아서 유쾌한 것 아름다운 것을 짓는 것도 한

방법인 줄 알어요.

崔: 저도 역시 그러한 것이 불만이지만 역시 그러한 방향으로 나가고 있어요.

張: 당신의 무용에는 대체로 세 가지 경향이 있서요. 조선의 고전무용을 새롭게 고처 맨든 것 사상적의 것 순 서양무용식인 것으로요.

崔: 조선의 무용에도 고전적인 것과 향토적인 것이 있어요.

張: 나는 고전보다 현대의 것이 좋다고 생각했지요. 이번의 제3회 발표회에는 고전극이 있어요.

崔: 아녀요. <假面劇>이란 것을 해요. 아시지요. 늙은이와 어린이가 <女子>를 서로 빼앗는 춤이지요. 그리고 <섬타령> <총각> 즉 젊은 농군들이 몇 지게 추는 춤, 그리고 <巫女의 춤> 이것은 어릴 때에 본 인상을 주로 하고 전부터 만들고 싶었어요.

張: 그렇습니가. <巫女의 춤>등은 원시종교무용이니까 많이 연구함이 좋으실 걸요. 지금도 제주도 지방에서는 아직도 한다더군요. 내게는 전혀 옛날 춤은 어쩐지 부족해요. <칼춤>도 좀더 勇壯味가 그리웠어요. 구체적으로 좀더 이약이 하자면 내 눈에는 <호로호로> 師에는 진실로 感心했읍니다. 그것은 최상의 예술이여요. 그것을 보고 있으면 당신이 예전에 지은 <曠野를 것느다> <廢墟의 자최>에서 나타내려고 하든 기분이 이 춤에는 많이 나타나고 있어요.

崔: 그밖에 이번에는 <아리랑>을 내는데 이것은 앞서 지은 <가는 무리>와 같은 내용이여요. 토지에 대한 애착과 着人에 대한 번뇌라고 할 복잡한 것을 낼려고 생각해요. 내용은 전혀 민족적인 것인데요.

張: 장래 銀座바닥에 도라다니는 사람들의 춤이라도 만들 생각이 없어요? 지금 이 시대 사람들은 사상 근거를 잃고 몹시 허무적이 되어 있어요. 그러한 허무적인 感을 표현하고 싶은 생각은요.

崔: 문학과 달너 어려운 일이여요. 그러나 일종의 피에로적인 표현이라면 될 수도 있을 걸요. 조선의 춤이라도 고전적인 것으로부터 향토적인 것까지 되도록 많이 도라다니며 파무친 것을 캐여보고 싶어요.

張: 당신이 <조선 사람>이란 것을 붓그러워 한다는 소문이 있는데 정말인가요.

崔: 아녀요, 아녀요, 그것은 오해입니다. 결단코 붓그러워하지 않어요. 조선 사람이니까 조선의 춤을 하는 것이여요, 그러나 崔承喜는 조선의 춤을 <팔닐감>으로 하여 인기를 얻는다고 하는데는 정말 화가 나요. 그래서 서양무용도 하지요, 예술적으로 인정하려 들지 않고 <조선 것이 되여 히귀하니까>하는 한디캡을 부처가지고 말하는 것이 제일 싫혀요.

제2회 발표할 적에는 그러한 의미로 조선무용을 내지를 안었지요. 그러치만 아러주는 분은 아러주기에 제2회 적부터 당당히 내었서요.

張: 그래요, 그것은 조흔 일이요, 누구에게든지 부끄러워 할 일은 없어요. 이 점, 민족의 예술적인 선수의 한사람으로 당당하게 하여주었으면 좋겠어요. 그런데 洋行은?

崔: 내년 5월경이 되겠어요.

張: 목적은?

崔: 주장 각국의 민족무용을 보고 오겠어요.

張: 그는 조쿠만, 민족무용! 당신 예술을 가장 잘 이해할 곳은 불난서와 로서아일걸요, 불난서 巴里는 너무도 도회적이니까, 시골로 돌아다녀요. 또 항가리―와 첵크, 슬로바카 등지에

崔: 네. 갈려고 해요. 국민성이 달르니까 사람 사람의 생각이 다달르겠지만 기교같은 것은 크게 참고가 될 줄 알어요.

張: 보고만 오지 말고 보이고도 오서요. 또 뿔가리아라든지 <셀비아>가튼 소국에도 가서요. 대체로 몇 해 작정으로?

崔: 예정은 연구뿐이면 1년쯤, 만일 거기서 일하게 되면 2,3년쯤.

張: 얼마나 가지고가요. 당신은 돈 모앗다더군요.

崔: 돈 모였다고? 다 거짓말, 비용은 2만원 정도랍니다.

張: 2만원을 모앗스면 잘 모앗구만 하하하―

≪삼천리≫(제13권 제4호) 1941.4.1.

崔承喜, 歸鄕感想錄

朝鮮에 돌아온 感想

記者: 朝鮮엔 얼마만이지요?

崔承喜: 달 數로는 3년 6개월이지만 東京에 돌아왔을 때가 작년 10월 初 닷샛날이였으니까 歐米에 滯留하기는 3개년가량 되였어요.

記者: 故鄕에 오신 感想을 말씀해 주십시오.

崔承喜: 그저 반가워요. 歐米를 巡演하면서도 늘 어릴 때 자라던 서울이 더욱이 父母가 계신 서울이 그리워서 鄕愁라고 할까 그러한 무엇을 늘 느끼군 했는데 돌아와서 父母두 대하구 親戚두 대하구 또 親舊들두 대하게 되니 그저 기뻐요. 그리구 歐米에서 생각하던 것과는 딴판으로 戰時 下의 朝鮮은 戰時답지 않게 平和와 秩序를 保持하고 있으며 물자의 乏迫도 생각하던 바와는 훨씬 넉넉하군요.

내가 만난 歐米 藝術家群

記者: 今番 歐米行脚에서 상봉한 그곳 有名人士들은 누구누구였나요.

崔承喜: 公演 때문에 매우 바빠서 사사로이 찾아보고 交際할 시간여유는 전혀 없다 싶이 되였어요. 그러나 제 공연을 본 뒤에 찾아주는 이가 대부분이여서 만날 수 있었는데 그것은 인사정도에서 불과할 뿐이오 交際라고까지는 할 수 없어요. 그런데 世界 各國을 巡演하면서 각 처의 日本大使館 혹은 日本公使館에서 대단한 好意로 <레세푸숀>을 해서 즉 紹介 兼 歡迎會를 開

催해 주었는데 그때마다 그곳 有名人士와 官界의 高官, 또는 藝術 家들까지 청하여서 소개해 주므로 歡談할 기회를 얻을 수 있었습니다. 대개 各大臣을 비롯하여 <엔·몰간>이라든가 <헤렌·파카스타->라든가 <마루피나호포리나> 등 諸氏들과 相面했었습니다.

記者: 한 나라에서 대체로 얼마나한 人士와 사괴이었습니까.

崔承喜: 적은 데서는 100명, 많은 데서는 200여명 이었었지만 지금 와서 기억에 남는 이가 별로 많지 못합니다. 그들은 다 절 기억할테지만.

記者: 그 중에는 歐米 藝術家들도 있었을텐데 그들을 만나셨던 이야기를 들려주십시오.

崔承喜: 米國에서는 露西亞 音樂指揮者 스토코푸스키氏를 만났었습니다. 相面하기 전에는 一流 音樂家니까 상당히 호화롭게 생활하리라 생각했는데 뜻밖에도 뒷골목 컹컴한 2층에 서 노파 하나를 두고 혼자서 쓸쓸한 생활을 하고 있드군요. 藝術家와 貧困은 떨어질 수 없는 가장 친한 벗인 양 하다고 처량한 웃음을 웃어요.

그 외에 喜劇王 짜푸링, 그리고 수년 전 朝鮮을 거쳐간 일이 있는 映畵監督 스탄빽을 만났으며 男優로는 로버트테라-, 女優로는 루이즈레나孃, 죤고로호-트 諸氏였죠. 그밖에도 수많은 이들을 만났으나 일일이 말할 수 없죠.

記者: 歐羅巴에서는 누구누굴 만났습니까. 역시 藝術家들 말입니다.

崔承喜: 巴里에서는 世界的 美術家 피카소, 그밖에 콕트 마티스, 데고부라 쟝고푸드 등 諸 氏였는데 그 분들이 제 舞踊을 열심히 관람해 주었습니다.

大統領 夫人의 印象

記者: 이번 巡演에서 만나보신 大統領이나 혹은 그 夫人의 印象을 말씀해 주십시오.

崔承喜: 그러한 분들은 中南米에서 만났습니다. 中部亞米利加의 멕시코에서는 副大統領을 만났었고, 南亞米利加의 智利國에서는 大統領夫人을 만나 가치 이야기도 하고 寫眞도 가 치 박았었죠. 다 친절히 대해 주는 품이 전혀 平民的이어서 조금도 내노라 뽐내거나 거만 한 태도를 보여주지 않아서 퍽 그 인상이 좋아요.

歐米에서 만난 朝鮮人

記者: 朝鮮同胞로는 누구누구를 만났었나요.

崔承喜: 歐羅巴에서는 戰亂때문에 모두 피난가서 세분 밖에 못 만났어요. 獨逸에도 北部에 는 못 갔고 南部에만 갔었기 때문에 별로 만날 수가 없었으며 英國엔 도모지 가지 못했 고, 그러니까 巴里에서 만나 뵈였지요.

中南米에서는 단 한사람을 만나 뵈였고, 제일 많이 만난 데가 米國이었습니다. 米國에서는 到處에서 만났는데 모두 반가이 대해 주드군요.

舞踊行脚十萬哩

記者: 歐米舞踊公演行脚談이나 들려주십시오.

崔承喜: 그 얘기는 ≪三千里≫ 誌上에도 여러 번 발표된 거니까 머되푸리 할껀 없지만 처음 가기는 米國이었었는데 그땐 支那事變勃發 後이어서 對日感情이 나뻤던 관계로 생각했던 바대로 일이 순조롭게 진행되지 못해서 20회의 公演을 하고는 그만 歐羅巴로 건너 갔지요. 佛蘭西 巴里에서 23회, 和蘭에서 11회, 白義耳에서 9회, 南部獨逸과 波蘭에서 작년 5월까지 40여회의 공연을 하여서 自畵自讚하는 감이 없지 않으나 매우 好評을 博했습니다. 이것이 모두 봄씨-슨이었는데 가을씨-슨에 南歐 빨칸諸國(유고, 흥가리, 루마니아, 첵 코, 오스트리아, 불가리아, 希臘 등)과, 伊太利, 英國 등 여러 나라와의 60회의 공연과 또 北 獨逸에서 40회의 공연을 하기로 契約까지 했었으나 9월 3일날 英佛이 宣戰布告를 發하자 그만 모두 단념하고 西班牙

舞踊의 本山인 西班牙 마트릿트에 갈까 그렇잖으면 伊太利로
갈까 망서리면서 動亂의 巴里를 脫出했지요. 탈출해서 서너달
동안 避難民속에 끼어 쫓겨 다니다가 昭和 14년 12월에 米國
으로 다시 건너가서 3개월간 공연했으며 昭和 15년 5월경부터
中米의 멕시코와 南美의 알젠진, 부라질 智利-, 페르, 코스타
리카, 콜럼비아, 에콰돌 등 諸國에서 공연해서 分에 넘는 격찬
을 받았습니다.

記者: 모두 합하면 몇 회의 公演을 하셨던가요.

崔承喜: 150회가 넘습니다. 그리고 금번 巡演行脚의 里數는 10萬哩
의 긴 旅行이였어요.

世界第一의 美人國은

記者: 巡演하시면서 各國의 女子를 다 보셨을 텐데, 어느 나라 여자
가 제일 美人이든 가요?

崔承喜: 그럭 저럭 各國 女子를 다 보았는데 제가 본 世界一의 美女
國은 南亞米利加 諸國의 여자들이였어요. 中米의 墨西哥의 여
자도 매우 아름다웠지만 南米의 智利國 女子라든 가 알젠진
國의 여자들은 참 이뻐요. 어쩌면 그렇게도 아름다운지 嘆服했
어요. 본래 南米의 여자들은 그 祖上이 西班牙人이였었기 때문
에 모두 混血族들이지요.

記者: 都市의 美로는?

崔承喜: 역시 巴里애요. 米國 뉴-욕같은 곳은 웅장하지만 美를 찾자
면 巴里가 아주 째였어요.

家庭·趣味讀書

記者: 이렇게 늘 돌아다니시는 몸이니 家庭에 대한 愛着은 적으시겠
군요.

崔承喜: 웨요. 애기들과 가치 있어서 가치 웃고, 가치 놀고, 또 어머
니로서의 教育을 시킬 기회를 자주 놓지게 되는 것을 슬퍼해
요. 그렇다고 전혀 家庭을 떠나 있는 몸은 아니기 때문에 家庭

에 들어가면 누구에게 못지지 않는 家庭에 대한 愛着을 가집니다. 安漠氏(夫君)와는 늘 가치 다니니까 가는 곳마다 가정일 수는 있으나 이번과 같이 歐羅巴에 가서 3 개년간이나 있게 될 때는 실로 아이들에게 대한 그리움을 禁키 어려웠습니다.

記者: 趣味로는 무엇무엇인가요.

崔承喜: 좋은 映畵를 즐기며 그 외에는 적당한 運動을 즐깁니다.

記者: 讀書는?

崔承喜: 文學書籍을 늘 손에서 뗄 수 없습니다. 그리구 제가 舞踊에 關係하니까 舞踊에 관한 書籍도 늘 들여다보게 되죠.

世界新聞의 批評

佛蘭西

美人 崔承喜와 그의 프로그람은 최대의 成功을 獲得하였다. 그의 舞踊藝術은 如何한 사람이나. 無條件으로 賞讚하지 않을 리 없다. 異國的인 詩의 분위기가 그를 싸고 있는 듯이 뵈이여 蟲惑적인 魅力이 그의 신변에 흘러 잊을 수 없는 藝術的 센세이슌을 창조하고 있다. 그의 獨創的인 才能이 완전히 표현되었다. [巴里, 엑세루스와紙 1939.6.24.]

崔承喜는 여러 가지의 특이한 성격의 체스처를 뵈여주어 여러 가지의 감정을 絶妙한 獨創性으로써 표현하였다. 이 이상 없을 만한 優雅로 또 輕妙한 그의 演技에 위대한 인테리첸쓰를 뵈여 주었다. 관객은 全 曲目을 통하여 완전히 恍惚하였다. [巴里·라마단紙 1939.6. 24]

그의 彫刻的인 선과 그의 경탄할 만한 손의 표현력과 코미쿠인 그리고 威脅的인 여러 가지 假面으로써 그는 涅槃과 微笑와 感淚와 恍惚을 일으켰다. 참으로 그로써 東洋의 幻想이 顯現하였다. [巴里쿼가로紙]

白耳義

崔承喜는 위대한 美다. 그의 얼굴은 眞珠와 같은 光澤이 있다. 그의 舞踊의 성질과 일치해서 그의 東洋的 얼굴은 거울과 같이 靑春의

歡喜를 비춰여 神聖하고 敬畏하다. 悲劇的 恐怖 또는 絕對의 苦憫을 표시한다. 그의 춤을 보고 있으면 呪咀的인 몸짓으로 눈에 안보이는 空氣의 <精>을 喚起하여 그의 주위에 微妙한 魔術이 떠도는 것같다. 그의 성공은 대단했다. 세계에 確認되었다. [부랏쎌·나숀·베르쥬紙]

崔承喜는 그의 舞踊作品에 있어서 民謠는 말할 것없이 宗敎와 日常生活에 의하여 靈感되었다. 그의 舞踊은 우리들 西洋人 눈에 가장 魅惑的인 표현의 新鮮한 맛과 明快性을 가지고 있다. 하나 그의 舞踊 테-마의 魅力을 따로 하드라도 우리들이 절실히 느낀 것은 崔承喜의 위대한 파-소나리티-와 그의 유-모아한 쎈스와 그의 優雅와 그의 舞踊構想에 있어서 精妙한 銳感性이다. [부랏샐, 리-부르, 베르쥬크紙]

獨逸

言語는 너무 힘이 없어서 이 重要한 事件을 充分히 表現할 수 없다. 崔承喜는 우리들에게 審美的 歡喜와 風味에 넘처 흐르고 同時에 가장 强하고 깊은 印象을 가진 푸레센트를 했다. [라인르-르쯔아이톤 그 紙]

崔承喜의 藝術은 神의 生生한, 그리고 壓倒的인 畵像이다. 그의 創作은 滿場의 歡客이 讚歎과 그와 꼭 같은 程度의 感謝로서 대접을 받았다. [나쇼낸, 쯔아토웅紙]

北米合衆國

그는 希有의 卓越한 藝術家다. 舞臺에 빛나는 아름다운 魅惑的인 맵씨인데다가 表情이 풍부한 美貌를 가졌다. 눈부실 듯한 高尚한 趣味의 衣裳이 그의 舞踊의 重要한 要素로 되여있다. 움즉이는 美와, 自由自在를 極한 몸짓이 巧妙로운 것, 作品의 <振付>에 있어서의 細密한 注意와 舞臺藝術家로서의 그의 美의 質이 遺憾없이 發揮되었다. 모든 作品에 있어서 線과 細部에 대한 周到한 注意는 眞正한 意味에 있어서 藝術性 發露다. [뉴-욕싼紙]

그는 充分히 訓練된 身體와 넓은 範圍에 미치는 움즉임을 갖고 劇場內에 즐거운 經驗을 提供한다. 이것은 潑剌한 것이고 또 더욱 더욱

力學的으로 强하게 發展하고 多種多樣의 움즉임을 包含하고 있다. 그는 完全한 無缺한 택닉과 優美한 몸짓과 淸新한 어린아이와 같은 天眞한 유-모아를 發揮하여 많은 熱狂的 喝采를 받았다. [뉴-욕헤랄드·트리퓨-紙]

舞踊祭中에서도 가장 마음을 끄은 公演이다. 그의 레파트리는 卓越한 變化를 獲得하고 있다. 그의 귀염성스런 態가 優雅하고 絶妙한 衣裳으로 더욱 빛났다. 그는 그 使用하는 道具-肉體를 自由自在로 完全히 支配했다. 曲目은 우리들 西洋人 눈에 새로운 것일 뿐 아니라 極히 精妙한 것이다. 觀客은 滿員이였으나, 모다 熱心이였다. [뉴-욕타임쓰紙]

崔承喜는 그의 레파트리의 多樣한 興味와 洗練된 테닉과 絶迫한 파소나리티한 優雅한 맛으로 滿場의 喝采를 받았다. [市伽古데-리트리퓨-紙]

墨西哥

崔承喜의 舞踊은 모다 어떤 心理狀態를 暗示하는 것으로 精神的 價値가 極히 獨特한 몸짓과 매우 밀접하게 結合하고 있다. 正當히 말하면 그는 舞姬다. [메키시코, 에르유니바살紙]

和蘭

突然 우리들이 알벤테이나를 생각하게 된 것은 웬일일까? 그리고 崔承喜를 알벤테이나와 같다고 불느는 것이 過言이 아니라는 것은 어떻게 생각할까. 崔承喜에 대하여 우리들은 알벤테이나에 것처럼 非常히 洗練된 同化力을 가지고 자기를 自己에게 대하는 므든 사람의 魂에 適應하고 또 그와 같은 肉體的 表現力에 適應하게 한다.

《언론 자료》

1937.11.11.

≪별건곤≫(제40호) 1931년 5월 1일

崔承喜孃 프로 藝術家와
結婚 將來론 프로 舞踊에 精進

　본지 전월호에 임의 발표하엿든 바와 갓치 조선이 가진 무용예술의 하나인 보배요 자랑인 崔承喜 양이 정말 결혼을 한다.

　상대는 경성에서 제2고등 보통학교를 중도 퇴학하고 즉시 일본으로 건너가서 와세다(早稻田) 제1고등학원분과를 금춘에 졸업하고 와세다대학 로문과(露文科) 1학년에 재적하고 잇는 수재요 또한 조선 프로예술동맹 중앙위원중의 한사람인 安漠 군으로 崔양과 꼭 가튼 22세의 나젊은 프로예술가이다. 이들은 작년 여름부터 비로소 사랑의 실마리가 얽히기 시작하야 건전한 이해를 긔초로 성립된 것인만치 가장 리상적 결합으로 볼 수 잇다.

　결혼을 한다니 스테지를 아조 영영 떠나리라고요? 아니요. 그는 비록 결혼은 할지라도 夫君의 지도와 협력으로 현재보다도 훨신 비약하야 압흐로는 순전히 夫君의 사상과 주의에 공명하야 순프로레타리아 예술가의 임무를 다하는 새로운 무용수립에 적극적 노력을 하기로 결심하엿답니다.

　그의 일레로는 금번 제3회 공연 프로그람 중에 ≪겁내지 마라≫와 기외 멧멧 가지 춤은 종래의 것과는 그 성질이 전연히 달는 좀더 프로의식을 너은 새로운 경향을 보여준 점으로 보아 압흐로의 긔대와 촉망이 여간 크지 안타. 동시에 량씨의 결혼을 한껏 축복해 마지 안는다.

잡보 ≪삼천리≫(제5권 제4호) 1933.4.1.

佳人近況

舞踊家 崔承喜女史는 石井漠 舞踊所에 다시 드러가 춤 研究를 하려 東京으로 떠낫고.

京都蒲田撮影所의 女俳優로도 또 朝鮮劇壇의 名女優로도 잇스면서 아름다운 용모와 가치 그 才質을 盛히 날리는 吳葉舟氏는 이번 和信百貨店 안에 美容化粧院을 開設하엿고.

許貞淑氏는 病勢가 도로 더처서 3월 15일부터 다시 醫專病院에 입원하엿더니 퇴원하엿고.

宋桂月氏는 亦 病이 더처 고요히 靜養中이며.

許英蕭氏는 東京帝國大學에 聽講生으로 約 3년 공부하려 東京 갓다가 手續까지 다 하여 노코서 어린 아기 病 때문에 귀경하였다한다.

잡보 ≪삼천리≫(제5권 제10호) 1933.10.1

崔承喜 女史의 舞踊

東京으로 드러간 崔承喜 女史의 그 뒤 소식은 이러하다. 崔承喜氏는 石井漠舞踊研究所에서 만흔 제자에게 춤을 가르치고 잇스며 夫君 安漠 氏는 早稻田高等學院에 통학한다는데 어린 아기는 잘 커간다고요.

잡보 ≪삼천리≫(제8권 제12호) 1936.12.1

三千里機密室, 長安甲富 秋收 調査

崔承喜女史 財産 二萬圓

지금 東京에 있어 제3회 공연을 하고나서 완전히 그 인기가 旭日 昇天의 勢에 있는 무용가 崔承喜女史는 東京 공연을 끝마친뒤 약 60처의 都會로 도라다니며 발표회를 하리라 하는데 듣건대 여사가 연구소를 독립하여 내기 전에는 東寶名人會에 10일간 출연할 때에 겨우 합게2백원을 밧엇더니 요지간은 하루밤 3백원 이하에는 출연치 않는다 하며 더욱 작년 10월 大阪劇場에 연출하였을 때는

一週間에 3천원

이란 놀라운 출연료를 받었다 한다. 여사의 洋行은 아마 明春頃이 되리라고.

그리고 여사의 공연 度數와 인기는 더욱더욱 절정에 올라가서 벌서 그동안 버은돈 2만원에 달하야 양옥집 짓고 연구소 만들고 하였고 소문이 놉흐다.

거국적인 숙명여전건립모금운동

1937
거국적인 숙명여전건립모금운동

최승희의 학생들

1930년 일제 우민화 정책 탓에 전문학교설립이 용이하지 않은 상황에서도 당시 선각자들은 여성교육을 통해 식민지 상황을 극복하고자 뜻을 모았다.

전문학교교육은 "조선여자의 행복일 뿐 아니라 민족전체의 향상이요 발전"이라는 여론이 성숙하면서 한국적 교풍을 갖춘 숙명여전건립에 뜻있는 학생이나 교육계는 물론 조선사회 전체의 간절한 염원이 담겼다. 이정숙 교장과 후치자와 학감은 [숙명여자전문학교 창업비 모금취의서]를 조선총독부에 제출하고, 대대적인 모금활동을 벌였다. 최초의 기부는 본교와 숙녀회 주최로 열린 최승희 무용의 밤에서 그 수익금을 숙전건립기금으로 기부한 일이다. 같은 해 동경에서도 무용의밤 행사를 열어 전문학교창립을 널리 홍보했다. 기부금 모집에 관한 신문보도가 나가자 전국각지에서 모금안내서를 보내달라는 요청이 있었기에 학교에서는 모금취의서, 창립위원 및 찬조원 명단, 창업비내역, 전문학교 설립내용, 이정숙 교장과 후치자와 학감에 대한 소개의 글, 모금요강 등을 실은 소책자를 만들어 각지에 배포하였다. 숙전건립모금운동에 한국뿐 아니라 일본의 교육계에서도 큰 호응을 얻어 중일전쟁발발의 어려움 속에서도 3년간 지속될 수 있었다. 이로써 1938년 숙명여전이 탄생 당시 절실하게 필요했던 지성과 인격을 두루 갖춘 인재를 양성할 여자전문학교를 우리의 힘으로 세울 수 있었다.

≪삼천리≫(제10권 제1호) 1938.1.1.

古典「舞踊」과「音樂」을 부흥식히고저, 崔承喜·韓成俊 兩巨匠 會見

<얼화만소-
얼화 대세니라>

이러한 멋진 노래곡조를 서양사람이 백번 죽은들 해여 볼 길 잇스랴, 마찬가지로 곳갈쓰고 장삼입고 기는 듯, 안는 듯, 연하고 부드럽게 추는 <僧舞>라거나 칼자루 나근나근 나붓기며 기개잇게 추는 <劍舞>라거나 이런 것을 어느 누구 춤 길이 잇스랴, 이것은 오직 우리네만이 출 수 잇고, 우리네 중에도 연소한 이들은 그를 보아도 감상할 눈이 점점 어두어간다.

여러 천년, 여러 백년을 두고 이 땅 흙속에서 비저 지어낸 고전적 음악과 무용이 차츰 차츰 시대 사람의 안광뒤에 숨어버린다는 것은 참으로 앗가운 일이다.

그래서 그 예술의 향기에 한번 저저난 사람들은 엇더케 하면 이 <노랫가락>이 <너덜너덜 추는 멋진 춤>을 살려볼 수 잇슬가 하고 모다들 생각하게 되엿다.

엇든 시대 엇든 곳에서든지 이러한 노력을 하어 사라지는 빗을 잇어내는 것은 그때의 대중이 아니고 오직 예술가인 것이다. 예술가 중에도 가장 熱이 잇고 정성이 잇는 이들이 하여온다. 그런데 이제 아름다운 새빗이 새해 첫 새벽에 들니여온다. 그는 韓成俊氏와 崔承喜氏의 등장이다.

明月館서 相見-실지로 춤추며 研究

맨 처음 일의 시작이란 얼마전 일이다.

겨울날 추운 하로 저녁

곳은 明月館

모힌분은

崔承喜氏

韓成俊氏

金炯駿氏

玄哲氏

崔承一氏

安漠氏

들이다. 崔承喜 여사가 그 창의적 천재를 기우려 딴스나 신식무용를 통하야, 세상에서 가장 존경을 밧는 무용가임은 다시 더 두말할 바 업지만은 그보다도 半島情緖가 엉킨 넷춤, 가령

<에헤라, 노아라>

<아리랑>

등의 여러 갈래의 朝鮮무용을 창조연출하여 京城府民館에 공연때에나 그박게 각지로 도라다니며 연출할 때마다 그를 내세위서 큰 의의를 이루어 노은 것은 다시 더 말할 바 업는 일이요. 또한 韓成俊氏로말하면 일즉 장고 잘치기와 아조 아조 먼 넷날의 三國時代적부터 전래하여오는 古무용을 출 줄 아는 유일의 거장임을 더 설명할나위 업스리라. 그리고 그날밤 참석햇든 金炯駿씨로 말하면 南鮮지방에 무처잇는 남방예술에 造詣깁흔 이로 유명한 民俗무용가이며 그박게 玄哲氏도 민속연구가요 崔承一, 安漠 諸氏 또한 반도의 고전예술을 살니려 애쓰는 분들이다.

이 여러분들이 한자리에 모엿다. 모어서 새것과 넷것을 서로 이약이하며 서로 보이며 그래서 조흔 점을 발견하려고 노력햇다. 이제 이 날밤에 광경을 적으면 먼저

韓成俊氏: 나는 금년 64세 되기까지 오로지 朝鮮舞踊을 이론적으로 실제적으로 연구하야 왓스나 朝鮮민중은 아직 무용에 대한 이해가 없어 무용하는 사람은 일종 천한 藝人으로 인식되여 왓든 것입니다. 그러니 자연 대중의 앞에 무용인으로서의 자기를 널니 공개할 용기도 갓지 못하엿스며 그리할 기회조차 갓지 못하엿든 것입니다. 그러케 무용에 대하야 이해없든 朝鮮민중도 崔承喜氏의 놀나운 무용으로 하야곰 朝鮮舞踊을 재인식하게 되엿스니 그 깃븜은 무어라 말할 수 없습니다. 저로서 崔承喜氏한테 願托하는 바는 내가 금일까지 연구하야온 50여종의 朝鮮舞踊을 계승하야 朝鮮舞踊을 영원히 살니도록 하여 달나는 것입니다. 만약 그러하지 않는다면 내가 연구하야온 朝鮮舞踊는 나의 죽엄과 함께 죽어버리고 말 것입니다.

崔承喜氏: 제가 금일까지 연구공연하야 온 것은 朝鮮舞踊을 현대화 즉 말하면 西洋舞踊에서 조흔 것을 배위 西洋사람도 이해할 수 잇는 무용 30여종을 창작하여 왓습니다. 이번 歐米에 가 소개할려는 朝鮮舞踊이란 이것입니다.

韓成俊翁과 崔承喜 여사의 긴 의견교환이 끈난 후 실지로 무용상호공개-무대 우에서 춤추는 崔承喜氏를 본 사람은 많으데 화장도 않하고 양장한 그대로 수건을 동이고 설명하여가며 춤추는 광경을 본 이는 드문지라. 明月館사무원 及 뽀이는 물론 각방에서 유흥에 심취하든 손님과 기생들까지 다투어 볼려고 야단이다. 崔承喜氏의 <舞女>는 韓成俊翁과 金炯駿氏의 심금을 울니엿든 모양 兩氏는 연발 감탄사를 발한다. 60이 넘은 韓成俊翁의 <鶴춤> 金炯駿氏의 南鮮民俗舞踊 <덧배기춤> 亦 崔承喜氏에게 배위주는 점 많엇든 모양 전신이 눈이 되야본다.

音樂, 舞踊 研究會 창설?-崔承喜여사 600원 義捐

무용상호공개가 끈난 후 곳 의견이 합의되야 朝鮮音樂舞踊研究會를 조직하기로 결정, 崔承喜氏는 창립준비금으로 600원 내기를 자원

하엿다. 그러나 崔承喜여사는 朝鮮舞踊公演으로 오는 12월 25일 東京을(42頁 하단계속) 떠나 歐米로 향하는지라 창립위원은 될 수 없고 고문으로써 歐米여행중은 간접으로 후원하고 귀국후에는 제일선에서 활약하기를 약속하엿다. 그럼 其後의 同會창립소식은 엇더한가 市內慶雲町 韓成俊氏 자택에 朝鮮音樂舞踊硏究會 창립사무소 간판을 걸고 그 창립위원장 玄哲氏가 맹활동을 하는 바 벌서 모집된 회원이 60여 명에 달한다 하며 느저도 明年 3월에는 회관을 건설하고 연구생을 모집하리라 한다.

崔承喜氏가 도라온 후이면 同會 본부는 서울에 두되 행동장소 즉 공연장소는 東京에 두고 崔承喜氏가 日本內地 각 큰 극장에서 실제 공연하기로 한다고 한다.

잡보 ≪삼천리≫(제10권 제8호) 1938.8.1

機密室, (-우리 社會의 諸 內幕-)

舞踊·演藝映畵
崔承喜 迫害 眞相-米國서 支那人 때문에

요지간 들니는 말에 천재 무용가 崔承喜여사가 미국 가서 본 무대에서 공연하려 하였지만 서양 사람과 支那 사람과 사회주의자들의 방해 때문에 큰 곤란을 당하고 잇다는 말이 喧籍한데 그 진상은 이러하다. 崔承喜가 亞米利加에 들러서 공연을 하려한 즉 抗日華僑 - 즉 排日하는 재미 支那人들과 그네들과 氣脈 상통한 사회주의자의 일파가 여러 가지로 협박과 방해를 하며 극장에서 공연을 하지 못하게 하고 있다.

日支 사변 때문에 歐米巡演 계약의 일절을 취소된 예술가에 伊藤道郎씨 잇고 또 무용가에 仁村京一씨가 있는데 이 박해의 손은 이제 崔承喜에게까지 밎인 것이다.

崔여사는 할 수 없이 그러나 묵묵히 스타지오에서 매일 맹연습을 하고 있어 今秋 N.B.C와의 계약으로 米州의 두 차례의 공연을 한 뒤 구라파로 건너가기로 하였다 한다.

잡보 ≪삼천리≫(제10권 제10호) 1938.10.1

演劇·映畵界 內報
崔承喜, 큐-바, 뿌라질 行

- 約 一個月 豫定으로 南米 各地에 -

도미중의 무희 崔承喜씨는 다시 紐育에 도라왔다가 이 달 월말 N·

B.C와의 계약이 성립되어 巴奈馬운하 이남의 남미일대로 공연하기로 되어 9월 초순에 떠나기로 되었는데 南亞米利加라 하면 상하의 로-만스의 나라, 기기에는 큐-바 뿌라질 시들로 정열의 주민들이 동방의 무희가 오는 것을 고대하고 있다.

더욱 여사는 9월 24일부터 紐育의 일류 극장에서 공연하기로 되였는데 이리하여 米洲체재를 금년 연말까지 하고 내년 초에 太西洋을 건너 英, 佛, 이태리 등 각 국으로 약 1년 간 순행공연 하리라고.

잡보 ≪삼천리≫(제11권 제7호) 1939.6.1

文壇, 映畵, 演劇

崔承喜氏, 十二個國에 出演 -伯林서는 5月에 하기로 豫定-

米國을 떠나 지금 巴里로 가 있는 崔承喜씨로부터 최근 온 편지에 의하면 금년 12월까지에 英, 佛, 獨 등 12개 국가의 일류 극장에 入演키로 이미 계약이 되었는 바 伯林에서는 5월부터 공연키로 되었다 한다. 그런데 崔여사는 歐米 순방 중에도 朝鮮무용을 創案한 것도 더 있어 그를 좀 더 충실히 준비코저 朝鮮으로부터 의상과 악기를 더 보내달난 소식이 있어 이제 京城高女 출신으로 崔氏 무용연구소에 비서로 있든 香川ヒサ라는 여성이 巴里로 향하야 요지음 출발키로 되었다고 한다.

잡보 ≪삼천리≫(제12권 제10호) 1940.12.1

崔承喜橫濱着

-十二月三日에 오며, 智利서 온 便紙-

歐米 各地를 巡遊 중이든 반도의 무희 崔承喜여사는, 각국 인사에게 조선예술을 그 천재를 통하여, 유감없이 소개하고, 3년만에 12월 3일 橫濱에 도착하게 되었다. 이제 南米 智利巡演 중에 보낸 近日의 편지를 소개하건대,

"나는 歐羅巴에 전쟁이 일어났기 때문에 巴里에서 떠나서 米國紐育에 와서 半個年, 北米東西海岸의 주요 도시를 巡演하고, 다시 中米와 南米에 이르러 舞踊巡演을 한 뒤, 智利에 왔습니다. 지나온 곳이 〈뿌라질〉 〈阿然丁〉등 諸國인데, 이제부터 〈베루-〉, 〈컬넘비아〉 〈巴奈馬〉 〈멕시코〉 등을 一巡하고 그리운 고국으로 향하여 돌아가겠습니다. 지금 南米는 歐羅巴에 전쟁이 있기 까닭에 구미 예술가들의 활동무대로서 著名하여졌습니다.

여러분도 아시다싶이 라텐·아메리카 諸國은 西班牙, 葡萄芽의 자손들로 의해서 개척된 4백년밖에 되지 않는 역사를 가졌지만 몇 천년간 라텐 민족의 문화의 전통을 받은 관계로, 그 관객층의 수준이 매우 높다는 말을 들었었는데, 실로 그러하였습니다. 나는 각지에서 3일내지 4일간의 공연을 했는데, 인구 2백만 이상의 대도시 베노스나, 在留邦人이 많은 산페드로는 물론, 6,70만인의 산체코까지라도 3일간 모다 滿員을 계속하였습니다. 그것은 동양무용의 공연은 이 방면에서는 내가 최초이었음으로 非常히 열심히 觀賞하여, 진실스럽게 비평하여 주더이다.

나는 연일 공연 때문에 각지에서 천천히 이 곳 異國情調를 맛볼수는 없었으나, 저 〈오데재로〉산맥의 웅대한 모양과 그리고 각지에서 열린 甘味한 哀愁와 情熱에 찬 〈西班牙〉的인 맬로디-와는 여행하는 나에게 대하여는 인상이 깊었습니다. 그리고 저 거문 머리털과 거문 눈동자를 가진 젊은 여성들이 공연한 뒤에 〈樂屋〉에 달려와서 〈싸인〉을 求하는 모양은 3년전, 내가 동경서 공연하던 때의 일을 연상하지 않을 수 없습니다.

벌써 해외에 와서 3년이 되었습니다. 한 없는 세계의 공연의 여행을 일단 끗내고서, 이 겨울에는 여러분과 대면한 것을 기쁘게 생각합니다. 前後에 未熟한 弟임에 불구하고 마음으로부터의 성원을 하여 주옵신 南米 各地의 在留內地人 及 朝鮮人 同胞의 여러분의 건강과 발전을 빕니다."

- 10월27일 智利에서 -

≪문화전선≫ 제3집(북조선문학예술총동맹편), 문화전선사, 1947.2

최승희무용연구소 제3기생 60명 모집

최승희무용연구소는 지난 8월 평양에 있어서 조선민족무용예술의 새로운 발전을 위하여 무용예술에 관한 연구와 공연뿐 만 아니라 조국과 인민에 복무하는 새로운 무용가의 후진들을 양성키 위하여 창립하였던 것이다.

그리하여 무용을 통하여 민주주의 민족문화건설에 헌신하려는 인재를 모집 중이었으나 연구생의 대분이 가정형편으로 도저히 무용연구를 계속할 수 없어 중도 퇴학하는 상태이다.

본연구소는 이에 대한 급속한 대책으로 그러한 학비부족의 연구생에 대하여 숙소, 숙비 등 학비의 일부 혹은 전부의 금액의 보조제를 실시하기로 결정하였는데 학생기숙사를 설치하고 진실로 장래 조선민족무용예술에 헌신하려는 유위한 인재들로 하여금 안심하고 공부할 기회를 주기로 하였다.

보조제실시 요목

약 60명 기숙사에 대한 비용을 년 1백만원으로 정하고 수도료, 전기료, 신탄대를 제외하며 좌기 3종으로 분별하여 보조함.

1. 매 3,500원 보조자(예정인원 30명).가정 빈한하여 학비부족을 느끼는 자로서 사상견현하고 무용연구에 열성 있는 자.
2. 매월 1,000원 보조자(예정인원 20명). 前記 500원 급비자로서 성적 우량한 자.
3. 전액 급비는 매월 약 2천원(약 10명). 성적우수하고 정치적, 사상적, 예술적 교양이 충분하며 장래에는 능히 민족무용예술고급간부로서 적극 투쟁할 가능성 있음을 인정한 자.
4. 가정에서 능히 학비 충당할 수 있는 자는 매월 식비의 실비를 징수함.

연구기간: 만 3년, 매주 3일간, 연구생 자격: 인민교 졸업 14세 이상 20세까지. 단, 학교교사로서 무용교육에 종사하려는 희망자는 연령을 제한치 않음.

원서제출: 1947년 3월 15일까지
　가. 입소원서: 전신사진 2매, 사진배면에 성명, 체중, 신장을 기입.
　나. 이력서.
　다. 보증인 승낙서, 출신학교장 성적표,

제출장소: 평양시 경제리 239 최승희무용연구소

시험:
　가. 구두시험, 예술과 일반상식에 관한 문제.
　나. 교양시험: 동작 박자의 관한 것.
　다. 신체검사

기일: 1947년 3월 16일

≪문학신문≫ 1950.1.24

최승희무용연구소 무용가 일행귀국

최승희무용연구소 무용가 일행은 4개월간에 걸친 외국공연을 마치고 지난 1월 22일 밤 평양에 도착하였다.

동 일행은 작년 9월 20일 불가리야의 국경도시 루쎄에서 첫 공연을 가진 후 소련과 불가리야, 루마니아, 체코슬로바키아, 알바니아 등 제 국가를 방문하여 무려 80여회의 친선공연을 하였다. 공연종목 중에는 ≪사도성의 이야기≫, ≪맑은 하늘 아래서≫의 제1부와 그리고 ≪행복한 젊은이≫외 10여편의 소품들이 들어 있었다. 공연은 언제나 관중들의 절찬리에 진행되었다. 이번 친선 공연을 통하여 소련과 인민민주주의 제 국가간의 문화적인 연계를 일층 강화하였으며 제 인민간의 국제적 친선단결을 굳게 하였다.

Привет Дедеганиям
Советеко-Американскои
Совеместнои Комиссии!

Welcome!
The U.S-Soviet Joint Commission

쏘미공동위원회대표단환영

順 序

제1부
국립교향악단
국립합창단

교향악 지휘 김동진(金東振)
합 창 지휘 박광우(朴光羽)

1. 합창과 관현악(合唱과 管絃樂)
   (가) 애국가(愛國歌) ················ 北朝鮮人民委員會新制定
   (나) 쓰딸린大元帥에게올리는 노래 ·············· 詩 김귀련(金貴蓮)
   　　　　　　　　　　　　　　　　　　　　　　　曲 김동진(金東振)
   (다) 김일성장군께 올리는 노래　·············· 詩 이 찬(李 燦)
   　　　　　　　　　　　　　　　　　　　　　　曲 김원균(金元均)

2. 교향악(交響樂)
   (가) 양 산 도

3. 혼성합창(混聲合唱)
   (가) 조선民謠 聯曲 ························· 황학근 편곡(黃學根編曲)
   (나) 새 벽
   (다) 조국(祖國) ······························ 詩 홍순철(洪淳哲)
   　　　　　　　　　　　　　　　　　　　　曲 이면상(李冕相)

休息(15分)

제2부

최승희무용연구소(崔承喜舞踊研究所)

1. 영산회상(靈山會像) ························· 研究所員

   (가) 정악(正樂)
   (나) 무용(舞踊)

2. 석굴암의 보살(石窟庵의 菩薩) ····················· 최승희(崔承喜)
3. 화랑(花郎) ······························· 최승희(崔承喜)

4. 검무(劍舞) ······························ 안성희(安聖姬), 최옥명(崔玉明)
   강옥채(姜玉採), 이옥순(李玉順)
5. 신노심불노(身老心不老) ······························ 최승희(崔承喜)
6. 봄노래 ······························ 안성옥(安聖玉), 임정옥(林貞玉)
7. 우조(羽調) ······························ 최승희(崔承喜)
8. 초립동(草笠童) ······························ 안성희(安聖姬)
9. 천하대장군(天下大將軍) ······························ 최승희(崔承喜)
10. 무고(舞鼓) ······························ 한봉순(韓奉順), 원금순(元金順)
    김금순(金錦順), 현정숙(玄晶淑)
11. 즉흥무(卽興舞) ······ 최승희 및 연구소원(崔承喜 및 研究所員)

   무용창작(舞踊創作) ······························ 최승희(崔承喜)
   무용음악(舞踊音樂) ··· 안기옥(安基玉), 최옥삼(崔玉三), 심재덕(沈載德)
                    김인관(金仁琯), 윤감영(尹淦永), 윤 옥(尹 玉)
                    전성진(全成鎭), 오세환(吳世煥), 김학선(金學善)
                    송영준(宋英埈), 김광준(金光俊), 박성찬(朴聖贊)

V. 부록

1. 최승희 연보

1911.11월 서울 생

1922년 12세
○ 소학교 만4년 졸업
○ 숙명여자고등학교 보통학교 입학. 4년 동안 장학금 받음

1926년 16세. 숙명여학교 졸업.
○ 동경음악학교 및 경성사범 합격 했으나 연령미달로 미취학 함.
○ 오빠 승일의 권유로 일본 동경에 만3년 계약 이시바꾸에게 무용을
　배우러 떠남.

1927년 17세
○ 이시바꾸 무용공연 출연 독무 "세레나데"춤

1928년 18세
○ 큰오빠 승일 배우 석금성과 결혼.
○ 제2회 이시바꾸 공연 참가.
○ 사할린 공연 교포들 환영 받음.

1929년19세
○ 대만 문인회 초청 대만 공연 함.
○ 한국귀국, 서울 최승희 무용연구소 설립함.

1930년 20세
○ 경성에서 제1회 신작무용발표 함(2월.1)
○ 경성에서 제2회 신작무용발표 함.(10월)

1931년 21세
○ 제3회 신작무용발표 함 (1월10일).
○ 안막과 결혼.(5.19일)
○ 제4회 신작발표회
○ 안막 조선독립 음모 사건으로 일본 경찰에 검거(10월6일)

1932년 20세
○ 제 5회 신작 발표 함(4월 28일).
○ 스승 이시이바꾸에게 일본 재입국 요청 함.

1933년 23세
○ 딸(승자) 출산 함.
○ 제자와 김민자와 함께 일본 떠남(3월4일).
○ 이시바꾸무용단 재 입소 함.
○ 한성준에게 전통무용 익히고 채록함.
○ 일본 여류무용대회 출연 무용작품 <에헤라 노아라>를 추어 무서운 신인이 나타났다는 호평을 받음

1934년 24세
○ 동경에서 제1회 신작무용발표 함
○ 영화 <백만인의 합창>에 유치원선생으로 출연(9월 11일)

1935년 25세
○ 이시이 바꾸에서 독립 함
○ 제2회 신작무용발표회(10월22일)
○ 최승희 후원회 조직됨.
○ 일본 전국장기 순회공연 함.
○ 영화<반도의 무희>주역 출연 함.
○ 안막 와세다 대학 노문과 졸업

1936년 26세
○ 제3회 신작무용발표회 (9월22일)
○ 경성공연 함. 나의 자서전 나혼쇼서 발간. 손기정 선수 축하공연에 초청받음.
○ 경성 중앙도서관 「반도의 무희」 상영함(4월8일)
○ 광고 및 폐션 모델 활약 함
○ 콜롬비아 레코드사 「제사의 밤」, 「향수의 무희」 들을 취입함
○ 최승희 무용사진 우편엽서에 등장. 대만 오키나와 순회공연 함

1937년 27세

○ 주일 미국대사관과 최고의 흥행사 휴록과 미국공연에 대한 합의 함.(3월)
○ 숙명여전 건립기금 모금을 위한 자선공연 (3월20일)
○ 최승일 저 <최승희자서전 > 이문당에서 발간함.
○ 도미 특별공연을 동경극장에서 함, 6세 딸 승자 첫 출연함.
○ 영화 <대금강 신보> 의 주연으로 촬영함(10월24일)
○ 도미 고별공연 히비야 공회당에서 개최함
○ 요꼬하마 항에서 미국 떠남 (12월 19일)

1938년 28세

○ 메트로폴리탄 뮤직 컴프니와 6개월간 미국공연계약 함(2월)
○ 샌프란시스코 카란 극장에서 첫 공연함(2월)
○ 로스엔젤레스 공연장 앞에서 재미교포와 유태인들이 반일 시위 함
○ 헐리우드에서 무용영화 계획함(1월27일)
○ 뉴욕공연장 앞에서 최승희 규탄하는 시위 발생
○ 미국의 각 신문들이 최승희 무용 호평함.
○ 유태인계 흥행사 N.B.C를 통해 두 번째 뉴욕 공연 함.

1939년 29세

○ 파리흥행사 오가니제이션 아티스틱 인터내셔널 유럽공연 담당 함.
○ 파리 상제리제 극장에서 첫 공연함(1월31일)
○ 프랑스, 스위스, 이탈리아, 독일, 네들란드, 벨기에, 브뤼셀 빠데쁘르사 극장 등에서 공연함
○ 제2회 브르쉘 국제콩쿨에서 심사위원으로 위촉 됨(4월 30일)
○ 헤이그 세계무용음악제 참가 공연(6월 8일)
○ 제2회 빠리 공연 함(6월 15일)
○ 유럽의 전쟁으로 미국 떠남.
○ 미국 세인트제임스 극장 홀리데이 댄스 페스티발 뉴욕시티 발레단 및 마사 그레이함과 함께 대 공연함 존 마틴의 호평을 받음.
○ 시카고, 로스엔젤레스, 샌프란시스코 등지에서 공연함.

1940년 30세

- 브라질 리오데 자네이로의 미닝시빠르 극장에서 중남미 순회공연 막을 염.
- 우루과이 아르핸티나, 페루, 칠레, 콜롬비아 등에서 공연함.
- 칠레와 콜롬비아 신문이 최승희 일본 간첩이란 기사 실었다.(2월4일)
- 샌프란시스코에서 류다마르 여객선을 타고 일본 귀국함(11월 24일)

1941년 31세

- 세계무희로 동경 가부끼좌 에서 공연함(2월 21일)
- 일본관서 지방 순회공연 함
- 동양무용을 시도하기 시작 함
- 동경 다까라서 극장에서 신작 무용을 함.(첫날 입장료 전액을 일제 군부에 헌납함,11월 28일)

1942년 32세

- 최승희 동양 발레 위원회 발족 함(1월 23일)
- 경성 부민관에서 공연(2월 16일)
- 한국지방 순회공연 함.
- 중국 화북 지방에서 일본군 위문공연 함.
- 7일 동안 북경에서 대 공연함
- 동경 제국극장에서 세계기록인 24회 장기 독무공연 함.(12월 26일)

1943년 33세

- 안막 "동양 무용론" 발표함
- 최승희 무용관상회가 일본의 최고의 지성인들로 결성 되었다.
- 중국 중부지방에서 공연함
- 매란방과 중국 경극 무용에 대한 의견 교환
- 남경 동아극장 공연 때 중국 국민당의 왕 징웨이도 관람함(9월30일)
- 중국이름 최청씨로 북경에서 대 공연을 함.(11월23일)

1944년 34세

- 제2차 23회 장기 독무공연을 동경 제국극장에서 함

- 재미교포와 한국유학생들이 공연에 열광 함.(1월27일)
- 극우파 작가 미시마 유끼오가 최승희 무용평을 발표 했다.
- 최승희 무용 감상회에 많은 화가들이 출품했다.
- 최승희 안막 부부가 중국도피를 계획했다.
- 안제승(안막의 동생) 김백봉 (최승희제자) 혼인함
- 딸 승자 서울 재동 초등학교 편입시킴.
- 북경시 삼좌대로에 최승희 동방무도 연구소를 개설함.

1945년 35세
- 상해 황군 위문공연 때 해방을 맞이함.
- 안막 북한으로 귀국
- 노기준 이찌가 최승희가 일본에서 탈출했다는 사실을 폭로함.
- 중국잡지 「한간」에서는 최승희가 스파이 였다고 폭로함.

1946년 36세
- 아들 병건 북경에서 태어남
- 최승희 무사히 인천 귀국함.
- 민족일보 "해방민족의 기수 무용창조" 라는 귀국소감을 발표(7월)
- 안막 서울남하 월북 종용했으나 가족들이 반대함.
- 안막, 최승희, 안제승, 김백봉 그 밖에 두 사람이 마포에서 배를 타고 출발하여 인천을 거쳐서 월북 했다(7월 20일) 김일성 주석을 만나서 후대를 받았다.
- 딸 승자 이름을 승희로 바꿈
- 평양 대동강변 최승희 무용연구소 개설함 (9월)
- 안막은 북한의 조선노동당 중앙당 선전동부 부부장에 이어서 문예총 부위원장이 되었다.

1947년 37세
- 월북 후 첫 공연을 신의주에서 함(5월)
- 조선 인민회 대의원에 당선함.
- 체코슬라 바퀴아 제1회 세계민청 대회의 예술제에 참가함

○ 북한 전 지역을 순회공연 함.

1948년 38세
○ 무용극「춘향전」,「반야월성곡」발표함
○ 남북 지도자 연석회의에 참석한 김구, 김규식을 비롯한 단체장들을 위한 공연을 함.(4월)

1949년 39세
○ 안막이 평양 음악학교 학장 취임함.
○ 제2회 세계 민청 대회의 예술제에 최승희 무용단 참가함
○ 평양 모란봉극장에서 8.15 해방 기념 축전에서<해방의노래>공연함.
○ 북경에서 개최한 아시아부인대회 북한대표로 참석 공연함.

1950년 40세
○ 최승희 무용동맹위원장 됨. 한설야 문학예술 총 동맹위원장 됨
○ 허정숙 인솔, 방소 예술단에 최승희 무용단 소련공연 함(6월7일)
○ 6월 25일 38선에서 전쟁이 발발함.
○ 소련에서 돌아온 방소 예술단 남한 공연함. 그기에 딸 성희도 포함됨
○ 맥아더 인천 상륙으로 방소 무용단 필사적으로 월북함.
○ 성희 사망소식이 인민일보에 보도. 만주로 피했다 중국정부의 초청으로 단원 15명과 북경에 도착함.(11월)
○ 딸 성희를 그리워하며 <조선의 어머니> 독무 창작함.
○ 안막 성희가 북경에 도착하여 가족들이 다 재회함.
○ 북경 반점에서 공연 했다.(12월 4일)

1951년 41세
○ 안제승, 김백봉 그 외 제자 8명 1.4후태 때 월남함
○ 중국정부가 북경 중앙희극원 (무대예술대학) 무도반 교수로 초빙함. 또한 무용연구소와 살림집을 제공함.
○ 학생들과 합동 공연함(5월 17일)
○ 북경 청년궁과 장안극장에서 공연을 보고 주은래가 격찬을 함.
○ 제3차 동베를린에서 개최된 세계 평화축전에 참가한 성희가 <장검

무>로 일등상을 받음.
- ○ 소련, 모스크바를 비롯하여 동베를린 ,바르샤바, 프라하, 소피아 등지를 순회 공연했다

1952년 42세
- ○ 매란방과 함께 중국 경극기본과 중국 고전무용체계를 이룸.
- ○ 최승희무용단 중국 중요 도시를 순회공연 함.
- ○ 평양에 귀국 시 북경 중앙희극원 조선족학생 조선족 15명 데려 가려다 중국정부의 반대로 실패 함.(11월)

1953 43세
- ○ 평양의 연구소 최승희 이름으로 바뀜
- ○ 성희가 모스크바 무대예술대학 무용연출과에 유학을 떠남.

1954년 44세
- ○ 평양 모란봉극장에서 무용극<사도성의 이야기>공연함.
- ○ 세계청년예술제 폴란드 열린 심사위원으로 추대 됨.
- ○ 조선족 무용단 제자 금메달 받고 최승희의 작품 <조선의 어머니>가 평화상을 받음.
- ○ 최승희 무용30주년 기념공연 마침과 함께 최승희 무용 미술전람회도 개최 되었으며, 김일성 주석 및 외국인 축하객도 참석하였다.
- ○ 스승 이시이 바꾸에게 일본에 초청해달라는 편지를 인편에 보냄.

1956년 46세
- ○ 모스크바 국제 콩쿨에서 성희가 소련의 <집시춤>으로 일등상 받음.
- ○ 국립극장에서 무용극 <맑은 하늘아래> 가 공연 되었다.
- ○ 무용극 <사도성이야기> 북한 최초 칼라영화로 제작되었다.
- ○ 성희 유학마치고 돌아와서 모란봉극장에서 귀국공연을 하였다. 김일성주석도 참석하였다.
- ○ 성희 공훈배우가 됨.
- ○ 서일만이 쓴 최승희 평전이 <조선예술>지에 연재됨

1957년 47세

○ 국가 제1급 훈장 받음.

○ 최고 인민회의 대의원에 두 번째 당선됨.

○ 제6차 소련 세계 청년학생 평화 우호 축제에 심사위원으로 참석함.

○ 딸과 함께 모스크바 와구단고프 극장에서 "조선의 밤"에 출연.

○ 성희 소련영화 <지브후리드>에 출연

○ <조선민족무용기본> 책과 <최승희 무용극 대본집>을 발간 함.

1958년 48세

○ 성희가 무용극 < 옥란이의 전설>을 안무 함.

○ 안막과 서만일이 반당 종파분자의 혐의로 함께 체포 됨.

○ 최승희 비판받음 공산당 선전선동 부장 이일경 으로부터.

○ 국립최승희 무용연구소 폐쇄되고 국립무용극장으로 개편됨.

○ 남편숙청으로 무용 활동이 중단되고 연금이 된다.

1959년 49세

○ 노동신문 최승희 무용극 <사도성의 이야기>를 비판 함.

1961년 51세

○ 최승희 무용계에서 제거된 상태.

○ 문예총 중앙위원, 조소친선협회 중앙위원 조국통일 평화위원회 실권 없는 요직만 소유.

○ 성희가 무용조곡 <시절의 노래 > 안무 출연 함.

1962년 52살

○ <민족무용기본동작>이 영화제작 됨.

1963년 53세

○ 성희가 평양 무용극원 원장으로 임명됨.

1964년 54세

○ <조선무용아동기본> 책 출간함.

○ 성희가 무용극 <당의 딸 >을 안무함.

○ 일본 사회당 국회의원들과 미팅 함.

1966년

○ <조선무용동작과 그 기법의 우수성 및 민족적 특색> 이라는 논문 발표함.

1967년 57세

○ 최승희 숙청됨.

○ 일본 아사히 신문에 "최승희 등 반 김일성파 추방 " 기사 나옴.

1968년 58세

○ 최승희 사망 함.(8월8일 사망)

1994년

○ 제5권 김일성 회고록 <세기와 더불어> 에 김일성은 30년대 최승희 는 조선민족무용의 현대화와 현대 조선무용의 발전에 기여하였고 국내외에서 열렬한 환영을 받았다고 논평했다.

2000년

○ 남북 정상회담 시 김대중 환영예술 공연에서 최승희의 작품과 딸 안성희 작품 등 두 작품을 보여 주었으며 이는 최승희의 명예 회복 을 의미함.

* 이 자료는 필자가 가진 자료와 한국비평과 협회 <탄생 90주년 최승희 국제심포지엄 자료>를 참고 재정리 하였다.

2. 최승희 문화교류 인물 및 단체와 일본작가들 평집

1. 가와바타 야스나리(川端康成)의 舞踊작품목록

소　　설	수필・평론・문예시평 등
「落葉」(1931) 「舞踊」(1931) 「化粧と笛口」(1932) 「禽獸」(1933) 「故鄕の踊」(1934) 「水上心中」(1934) 「舞姬の曆」(1935) 「雪國」(1935-1948) 「花のワルツ」(1936) 「舞姬」(1951) 「見ない人」(1952)	「わが舞姬の記」(1933.1) 「石井小浪」(1933.11) 「舞踊會への誘ひ」(1933.10) 「舞踊劇コツペリア」(1934.1) 「舞踊界私見」(1934.6) 「舞踊界實際」(1934.6) 「コドモ座」(1934.6) 「舞踊劇を見て」(1934.10) 「朝鮮の舞姬崔承善」(1934.11) 「崔承善孃」(未詳) 「日本踊」(1935.4) 「舞踊映畵」(1935.5) 「純粹の聲」(1935.7) 「本に據る感想」(1936.3) 「日本舞踊の日」(1937.5) 「日記」(1932.4・5,1936.7)
무용극본 : 「船遊女」(1954) 「古里の歌」(1958) 「古都舞曲」(1963)	「小說その後 - 『舞姬』」(1953) 「初夏」(1953) 「船遊女」の作者として(1954) 「古里の音」について(1958) 「大きい豊かな舞踊」(1966) 「船遊女」の再演(1969) 「船遊女」について(1970)

　　위 가와바다 야스나리의 <조선의 무희 최승희> 외 일본의 많은 작가, 화가, 시인들을 비롯하여 기업체, 영화사, 등은 최승희를 통하여 시, 그림, 영화, 포스타, 광고제작 및 창작하였다.

<일본인>

가와바다 야스나리	노벨문학상을 받은 작가, '모던 일본'지나 '문예'지를 통해 최승희를 일본 제 1의 무용가라고 극찬한 열렬한 최승희 팬이다. 최승희 후원회의 핵심이기도 하다.
야마모도 사네히꼬	일본 매스컴의 대부, 진보적인 좌경 잡기 '가이쪼사'사장으로 있으면서 최승희를 세계적 무희로 끌어올리는 데에 큰 힘이 되어 주었다.
하세가와 지야미	작가, 최승희의 열렬한 팬이다. 최승희의 정신세계의 길잡이가 되어준 사람이다.
다가시마 유사부로	최승희 평전을 쓴 사람. 동보문예부, '중앙공론'사, '부인공론'사 기자로 있을 때 최승희의 상담역을 한 사람이다.
도오고 시게노리	일본 패전 직전에 외무부장관을 지낸 사람, 최승희의 열렬한 팬. 전범으로 체포되었을 때 '나는 한국인이다'라고 말해 세상을 놀라게 했다. 본명은 박성덕이다.
야마다 고오사꾸	작곡가, 최승희의 열렬한 팬이다. 최승희 무용을 주제로 그림을 그려 전람회를 열기도 했다. 대표작은 '옥적'이라는 무용화이다.
후지이 히로스께	조각가. 최승희의 무용을 주제로 '최씨보살'이라는 작품을 전람회에 출품하였다.
나까노 시게하루	작가. 자신의 전집에 최승희에 대한 글을 넣을 만큼 최승희의 무용을 좋아했다.
곤 히데우미	불문학 교수. 최승희가 주연한 '반도의 무희'의 감독을 맡고 있다.

*** 위 사람의 야나기 무네요시를 비롯한 10여 명 ***

<중국인>

주 은래	중화인민공화국 총리를 지낸 지도자. 최승희 무용을 좋아했고 6.25전쟁 때는 북경회극학원에 최승희 무도반을 신설하게 하고 무용연구소를 제공하고 해 보이지 않게 최승희를 도와주었다.
메이란팡	중국 최고의 경극배우. 최승희와는 일제말 상해에서 만나 경극 속에 담겨있는 무용을 예술적으로 어떻게 재창조하느냐의 문제로 친교하게 되었다. 6.25전쟁이 터진 뒤에 최승희가 2년 동안 중국에 있을 때에 많은 도움을 주었다. 화가로도 유명하며 여자 역을 담당한 미남배우로도 알려져 있다.
왕 징웨이	정치가. 일제가 점령지인 남경에 세운 세정부의 주석을 지냈다. 최승희 무용을 보고 극찬하면서 자기가 소장한 휘호를 선사하기도 했다.
쏜 리엔쭝	화북지역 총사령관을 지낸 사람. 해방 뒤에 친일파로 몰릴 뻔한 최승희를 도와서 무사히 귀국할 수 있게 했다. 전쟁의 와중에서도 최승희가 많은 무용복까지도 가지고 귀국할 수 있었던 데에는 최승희의 팬이었던 그 부인의 도움이 컸다한다. 훗날 장개석과 같이 대만으로 와서 살았다.
실엔삔	6.25전쟁 때 중국의 문화부장(장관)을 지낸 사람. 최승희를 공식적으로 초청해 북경회극학원 무도반 교수로 있도록 조처했다.

*** 위 사람의 장 주후이(세계적인 여류 작가)비롯한 10여 명 ***

2. 그 밖의 사람과 단체

피카소	스페인의 화가. 최승희의 파리공연을 보고 격찬을 했으며 파리생활 때에 친숙한 사이가 되었다.
로버트 테일러	미국 영화배우. 최승희의 무용공연을 보고 친숙해졌으며 최승희를 할리우드 영화계에 소개하여 영화출연을 알선해 주었다. 그러나 미일전쟁으로 영화출연은 하지 못하였다.
스포코프스키	지휘자. 최승희 무용을 좋아하였고 친구관계 특히 최승희의 무용 사진에 흥미를 가졌다.
NBC	미국의 유태인계 흥행회사. 최승희의 뉴욕 공연을 맡았다.
헬렌파크 푸르스트	뉴욕의 명문학교인 달튼 학교의 교장. 동경체류 때에 최승희와 친교 하였으며 유럽공연 팸플릿에 '최승희의 예술'이라는 글을 썼다.

*** 위의 세계적인 다양한 분야의 스타들과 교류 하였다 ***

3. 최승희 문화교류의 주변 인물들

〈한국인〉

마해송	아동문학가. 잡지사 '모던일본'의 경영자. 최승희에 관한 모임이나 기사를 싣고 하여 적극적으로 최승희를 후원하였다.
조택원	이시이 바꾸 무용연구소의 후배로 최승희와 더불어 한국에 신무용을 심어준 선구자. 최승희를 좋아했다는 말이 있다.
김영랑	시인. 그의 시 '모란이 피기까지'는 최승희를 사모하는 마음에서 나온 것이라는 말도 있다. 최승희를 좋아해서 최승희가 있는 곳에 잘 나타나곤 했다 한다.
여운형	정치가. 호는 몽양이다. 해방 후 건국준비위원회 초대 위원장을 지냈으며 일제시대 최승희 후원회 발기인이 되고 해 최승희를 뒤에서 도와주었다.
송진우	전 동아일보 사장. 최승희 후원회 발기인.
모윤숙	시인. 최승희와는 친교가 깊었던 사람으로 최승희 무용에 대한 대담이나 논설적인 글을 발표하기도 하였다.
한설야	월북작가. 일제시대에는 안막과 같이 카프 회원이었으며 북한에서는 예술가 동맹위원장으로 있으면서 안막, 최승희와는 가장 친근한 사이로 지냈다.
서만일	작가. 북한작가동맹 서기장을 지냈다. 최승희 평전 '조선을 빛내고저'를 집필하였다. 안막과 같이 숙청되었다.
한성준	판소리고수. 민족무용가. 최승희에게 우리나라 춤을 가르쳤다.
손기정	베를린 올림픽 마라톤 우승자. 여운형, 송진우의 소개로 최승희와 만나 친밀한 사이가 되었으며 최승희를 가리켜 '무용을 통해 애국한 사람'이라 말하기도 했다.
윤태섭	작곡가. 최승희 무용에서 가장 뛰어난 작품은 반나체로 제자리에서 손만 움직여 보여주는 '보살춤'이다. 이 춤의 반주음악을 작곡했다.

*** 위 사람의 조동화, 차범석 등 57명 *** (정보 유출상 생략)

북한 애국열사릉에 세워진 최승희의 비문

(생몰연대가 1911~1969로 적혀 있다)